STARK

ABITUR-TRAINING PHYSIK

Lehmann · Schmidt

Gravitations-, elektrisches und magnetisches Feld

Technik · 12. Klasse

STARK

Bildnachweis
Umschlagbild, S. 37: PixelQuelle.de
S. 1, 5, 18, 34: nssdc.gsfc.nasa.gov
S. 17: Nasa – visipix.com
S. 103: Adrienne Hart-Davis/DHD Multimedia Gallery
S. 145: www.photocase.de

Bildarchiv der Firma Phywe AG Göttingen:
Seite 48, 53, 54, 55, 56, 71, 72, 74, 75, 76, 79, 92, 109, 126, 166

Bildarchiv der Leybold-Haeraeus GmbH Köln:
Seite 8, 41, 57, 85, 87, 99, 111, 118, 121, 123, 127, 128, 133, 147, 156, 167, 172, 174, 178, 180, 184

ISBN: 978-3-89449-121-5

© 2012 by Stark Verlagsgesellschaft mbH & Co. KG
www.stark-verlag.de
1. Auflage 2004

Das Werk und alle seine Bestandteile sind urheberrechtlich geschützt. Jede vollständige oder teilweise Vervielfältigung, Verbreitung und Veröffentlichung bedarf der ausdrücklichen Genehmigung des Verlages.

Inhalt

Vorwort

Gravitation **1**

1	**Das Weltbild von Ptolemäus bis heute**	**2**
1.1	Geozentrisches Weltbild von Ptolemäus	2
1.2	Heliozentrisches Weltbild von Nikolaus Kopernikus	2
1.3	Kepler'sche Gesetze	3
1.4	Modernes Weltbild	4
2	**Gravitationsgesetz**	**5**
2.1	Theoretische Herleitung des Gravitationsgesetzes	6
2.2	Bestimmung der Gravitationskonstanten	8
2.3	Massenbestimmung von Himmelskörpern	12
2.4	Satellitenbahnen	14
2.5	Schwerelosigkeit in der Raumkapsel	16
3*	**Gravitationsfeld**	**19**
3.1*	Der Feldbegriff	19
3.2*	Gravitationsfeldstärke	20
4*	**Arbeit und Energie im Gravitationsfeld**	**23**
4.1*	Feldarbeit im radialsymmetrischen Gravitationsfeld	23
4.2*	Kinetische und potenzielle Energie eines Satelliten	25
4.3*	Die kosmischen Geschwindigkeiten	31
5*	**Das Gravitationspotenzial**	**34**

Elektrisches Feld **37**

6	**Coulomb'sches Gesetz**	**38**
6.1	Die elektrische Ladung	38
6.2	Kraft zwischen elektrischen Ladungen	40
7	**Elektrische Feldstärke**	**47**
7.1	Der Begriff der elektrischen Feldstärke	47
7.2	Experimentelle Behandlung des radialsymmetrischen elektrischen Feldes	48
7.3	Darstellung des elektrischen Feldes durch Feldlinienbilder	51
7.4	Experimentelle Untersuchung des homogenen elektrischen Feldes im Plattenkondensator	56

Fortsetzung nächste Seite

8	**Arbeit im elektrischen Feld**	**60**
8.1	Homogenes elektrisches Feld	60
8.2	Radialsymmetrisches elektrisches Feld	60
8.3	Wegunabhängigkeit der Feldarbeit	61
9	**Potenzielle Energie im elektrischen Feld**	**62**
9.1	Homogenes elektrisches Feld	62
9.2	Radialsymmetrisches elektrisches Feld	63
10	**Potenzial und Spannung im elektrischen Feld**	**66**
10.1	Elektrisches Potenzial im homogenen Feld	66
10.2	Elektrisches Potenzial im radialsymmetrischen Feld	67
10.3	Die elektrische Spannung	69
11	**Experimentelle Untersuchung des elektrischen Potenzials**	**70**
11.1	Messprinzip eines statischen Spannungsmessers	70
11.2	Homogenes elektrisches Feld	71
11.3	Radialsymmetrisches elektrisches Feld (Coulombpotenzial)	72
11.4.	Potenzial im Inneren eines Faraday-Käfigs	74
11.5	Äquipotenzialflächen eines radialsymmetrischen elektrischen Feldes	75
12	**Zusammenhang zwischen Spannung und Feldstärke im homogenen elektrischen Feld**	**76**
12.1	Theoretische Überlegungen	76
12.2	Experimentelle Bestätigung	76
13	**Kapazität eines Kondensators**	**79**
13.1	Zusammenhang zwischen Plattenladung und Spannung bei einem Plattenkondensator	79
13.2	Untersuchung der Kapazität eines Plattenkondensators	81
13.3	Dielektrikum und relative Dielektrizitätszahl	82
13.4	Parallel- und Reihenschaltung von Kondensatoren	83
14	**Flächenladungsdichte**	**84**
14.1	Abhängigkeit der Influenzladung von der Plattenfläche	85
14.2	Grundgleichung des elektrischen Feldes	86
15	**Energie im Plattenkondensator**	**87**
15.1	Experimentelle Herleitung	87
15.2	Theoretische Herleitung	91
16	**Bestimmung der Elementarladung des Elektrons: Der Millikanversuch**	**92**
17	**Elektron im elektrischen Feld**	**94**
17.1	Erzeugung freier Elektronen durch Glühemission	94
17.2	Bewegung eines Elektrons in einem konstanten elektrischen Längsfeld	94

17.3 Bewegung eines Elektrons in einem konstanten
elektrischen Querfeld 96
17.4 Prinzip des Oszilloskops 100

Magnetisches Feld **103**

18 **Das Magnetfeld** **104**
18.1 Einführende Versuche 104
18.2 Begriff des Magnetfelds 105
18.3 Untersuchung von Magnetfeldern (Feldlinienbilder) 105
18.4 Deutung des Permanentmagnetismus 108
18.5 Kraft auf stromdurchflossenen Leiter im Magnetfeld 108

19 **Magnetische Flussdichte und magnetischer Fluss** **111**
19.1 Experimentelle Herleitung der Flussdichte 111
19.2 Vektorieller Charakter der magnetischen Flussdichte 114
19.3 Magnetischer Fluss im homogenen Feld 116

20 **Lorentzkraft** **118**
20.1 Kraftwirkung auf freie Ladungsträger (Elektronenstrahl) 118
20.2 Bestimmung der Kraft auf eine einzelne bewegte Ladung
im Magnetfeld 119

21 **Halleffekt** **120**
21.1 Modellversuch zum Halleffekt 121
21.2 Theoretische Überlegungen 121
21.3 Anwendung des Halleffektes (B-Bestimmung) 122

22 **Bewegung geladener freier Teilchen im homogenen Magnetfeld**... **125**
22.1 Bewegung senkrecht zum homogenen Magnetfeld 125
22.2 Bewegung mit beliebiger Orientierung zum
homogenen Magnetfeld 127

23 **Spezifische Ladung und Masse des Elektrons** **130**
23.1 Theoretische Herleitung 130
23.2 Experimentelle Bestätigung 130

24 **Überlagerung von Lorentzkraft und elektrischer Kraft** **133**
24.1 Experimentelle Untersuchung 133
24.2 Geschwindigkeitsfilter 134

25 **Magnetische Flussdichte einer leeren Spule** **137**
25.1 Experimentelle Untersuchung und Definition der
magnetischen Feldkonstanten 137
25.2 Überprüfung der Ergebnisse für kurze und lange Spulen 140
25.3 Magnetische Flussdichte der Erde 142

Fortsetzung nächste Seite

Elektromagnetische Induktion 145

26 Gleichförmig bewegter gerader Leiter im homogenen Magnetfeld 146
26.1 Experimentelle Untersuchung 146
26.2 Theoretische Herleitung einer Formel für die Induktionsspannung 147
26.3 Experimentelle Bestätigung der Formel für die Induktionsspannung .. 147
26.4 Offene und geschlossene rechteckige Leiterschleife im Magnetfeld ... 151

27 Induktionsgesetz in differenzieller Form 154
27.1 Induktionsspannung bei Änderung der wirksamen Fläche 154
27.2 Induktionsspannung bei Änderung der magnetischen Flussdichte 156
27.3 Induktionsspannung bei Änderung der wirksamen Fläche und der magnetischen Flussdichte 162

28 Lenz'sche Regel 163
28.1 Experimentelle Herleitung 163
28.2 Zusammenhang mit dem differenziellen Induktionsgesetz 164
28.3 Weiterführende Versuche zu Lenz'schen Regel: Kreis- und Wirbelströme 166

29 Sinusförmige Wechselspannung 170

30 Gleich- und Wechselstromkreis 172
30.1 Untersuchung von Spannung und Stromstärke 172
30.2 Untersuchung der Zeitabhängigkeit der Leistung 174
30.3 Elektrische Arbeit 175
30.4 Effektivwerte 176

31 Selbstinduktionsspannung 177
31.1 Ein- und Ausschaltvorgang 177
31.2 Induktivität einer langen Spule 181
31.3 Reihen- und Parallelschaltung von Spulen 182

32 Energieinhalt einer langen stromdurchflossenen Spule 183
32.1 Theoretische Herleitung 183
32.2 Experimentelle Bestätigung 184

Lösungen 187

Autoren: Eberhard Lehmann, Friedrich Schmidt

Vorwort

Liebe Schülerin, lieber Schüler,

der vorliegende Trainingsband Physik enthält die wichtigen Lerninhalte **Gravitation, elektrisches** und **magnetisches Feld** sowie **elektromagnetische Induktion**, die in der 12. Jahrgangsstufe der Fach- bzw. Berufsoberschule, Ausbildungsrichtung Technik, behandelt werden. Er eignet sich ideal zum **unterrichtsbegleitenden** Einsatz und zur Vorbereitung auf die **Abschlussprüfung**. Dabei kommt Ihnen der systematische Aufbau des Buches zugute:

- Die **auf das Wesentliche konzentrierte Darstellung des Unterrichtsstoffs** erleichtert Ihnen das selbstständige Durcharbeiten.
- **Anschauliche Experimente** verdeutlichen die physikalischen Sachverhalte und verhelfen Ihnen zu einem besseren Verständnis.
- Die **übersichtliche Darstellung des Versuchsaufbaus** ermöglicht es Ihnen, die Experimente problemlos nachzuvollziehen.
- **Einfache Prinzipskizzen** helfen Ihnen, sich auch kompliziertere Abläufe gut einzuprägen.
- **Messprotokolle** und deren grafische oder rechnerische Auswertung führen Sie schrittweise zum Verständnis physikalischer Begriffe und Gesetzmäßigkeiten.
- **Zahlreichen Aufgaben**, die jeweils mehrere Abschnitte verknüpfen, ermöglichen Ihnen die **eigenständige Bearbeitung** des Unterrichtsstoffs und bereiten Sie so gezielt auf das Anspruchsniveau der Abschlussprüfung vor.
- Sämtliche Aufgaben sind mit **ausführlichen Lösungen** versehen, die Ihnen die selbstständige Kontrolle Ihres Lernfortschritts ermöglicht.
- Die **Abbildungen und Fotos** stellen einen direkten Bezug des erworbenen physikalischen Wissens zur Umwelt und Technik her.

Hinweis: Die im Inhaltsverzeichnis gekennzeichneten Kapitel (3, 4, 5) und Aufgaben (6 bis 12) sind seit dem Schuljahr 2006/2007 nicht mehr im Lehrplan. Um Analogiebetrachtungen zwischen dem elektrischen Feld und dem Gravitationsfeld zu erleichtern und somit ein besseres Verständnis zu ermöglichen, sind diese Kapitel und die zugehörigen Aufgaben weiterhin im vorliegenden Trainingsbuch enthalten.

Wir wünschen Ihnen viel Erfolg bei der Arbeit mit diesem Buch.

Eberhard Lehmann   Friedrich Schmidt

Gravitation

Jupiter (hinten rechts) und seine vier größten Monde Io (hinten links), Europa (Mitte), Ganymed und Kallisto (vorne rechts). Nach Galileo Galilei, der sie erstmals im Jahr 1610 mit dem Fernrohr beobachtet hat, heißen sie auch *Galilei'sche Monde*. Ihre Entdeckung stand in Widerspruch zum bis dahin etablierten geozentrischen Weltbild, nach dem sich alle Himmelskörper um die Erde drehen.
Collage aus Originalaufnahmen der Raumsonde Voyager 1, März 1979

1 Das Weltbild von Ptolemäus bis heute

1.1 Geozentrisches Weltbild von Ptolemäus

Im Mittelpunkt der Welt befindet sich unbeweglich die kugelförmige Erde. Die Hohlkugel der Fixsternsphäre ist so weit von der Erde entfernt, dass die Fixsterne nur als Punkte erkennbar sind. Die Fixsternsphäre dreht sich im Laufe eines Tages einmal um die Erde.
Sonne, Mond und Planeten beschreiben Bahnen, die sich aus Kreisbahnen zusammensetzen lassen.

Claudius Ptolemäus (85–165), griechischer Astronom

1.2 Heliozentrisches Weltbild von Nikolaus Kopernikus

Die Sonne ruht im Mittelpunkt des Weltalls. Die Erde ist ein Planet; sie bewegt sich im Laufe eines Jahres auf einer Kreisbahn mit dem Mittelpunkt M um die Sonne. Dieser Punkt M liegt etwas seitlich von der Sonne. Der Fixsternhimmel ruht; die Erde rotiert im Laufe eines Tages einmal um ihre Drehachse.

Nikolaus Kopernikus (1473–1543), deutscher Astronom

1.3 Kepler'sche Gesetze

1. Kepler'sches Gesetz: Die Planetenbahnen sind Ellipsen, in deren einem Brennpunkt die Sonne steht (1609).

Johannes Kepler
(1571–1630),
deutscher Astronom

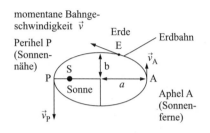

2. Kepler'sches Gesetz: Der von der Sonne nach einem Planeten gezogene Ortsvektor überstreicht in gleichen Zeiten gleiche Flächen (Flächensatz 1609).

$$\frac{\Delta A_1}{\Delta t} = \frac{\Delta A_2}{\Delta t} = \frac{\Delta A_3}{\Delta t} = \text{konst.}$$

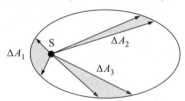

3. Kepler'sches Gesetz: Die Quadrate der Umlaufzeiten T_1 und T_2 zweier Planeten P_1 und P_2 verhalten sich wie die dritten Potenzen der großen Halbachsen a_1 und a_2 der Bahnellipsen (1619).

$$\frac{T_1^2}{T_2^2} = \frac{a_1^3}{a_2^3} \quad \Rightarrow \quad \frac{T^2}{a^3} = C_\text{S} = \text{konst.}$$

C_S = Kepler-Konstante des Sonnensystems

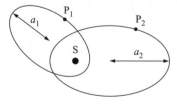

Da die Abweichung der Planetenbahnen (Ellipsen) von einer Kreisbahn in den meisten Fällen sehr gering ist, wird für die rechnerische Anwendung der Kepler'schen Gesetze folgende Annahme getroffen: Die Planeten bewegen sich auf Kreisbahnen, in deren Mittelpunkt das Zentralgestirn steht. Wir erhalten dann folgende Formulierungen für das **2. und 3. Kepler'sche Gesetz für Kreisbahnen:**

2. *Kepler'sches Gesetz:*

$$\frac{\Delta A}{\Delta t} = \frac{\frac{r^2 \pi}{2\pi} \cdot \Delta \varphi}{\Delta t} = \text{konstant}$$

$$\frac{\Delta A}{\Delta t} = \frac{r^2}{2} \cdot \frac{\Delta \varphi}{\Delta t} = \text{konstant}$$

Mit r = konstant folgt:

$$\frac{\Delta \varphi}{\Delta t} = \text{konstant}$$

Wegen $\frac{\Delta \varphi}{\Delta t} = \omega$ und $v = r\omega$ folgt für die Bahngeschwindigkeit:

v = konstant

3. *Kepler'sches Gesetz:*

$$\frac{T^2}{r^3} = \text{konstant}$$

1.4 Modernes Weltbild

Kein Punkt des Weltalls ist dadurch ausgezeichnet, dass er als sein ruhender Mittelpunkt angesehen werden könnte (Relativitätstheorie von Albert Einstein).
Die Sonne mit ihren Planeten gehört zur Milchstraße, die ca. $2 \cdot 10^{11}$ selbstleuchtende Sterne (Sonnen) enthält. Sie hat die Form einer Linse (Seitenansicht); der größte Durchmesser beträgt etwa 10^5 Lichtjahre. Die Entfernung der Sonne vom Milchstraßenzentrum misst etwa $4 \cdot 10^4$ Lichtjahre. Das bisher mithilfe von Teleskopen erfasste Universum enthält etwa 10^9 milchstraßenähnliche Sternsysteme (Galaxien).

Albert Einstein
(1879–1955),
deutscher Physiker

Aufgaben

1. Die Erde bewegt sich in guter Näherung auf einer Kreisbahn um die Sonne. Die große Halbachse kann als Bahnradius angesehen werden.

   a) Berechnen Sie den Betrag der Kepler-Konstanten C_S für das Sonnensystem und vergleichen Sie diesen Wert mit der Kepler-Konstanten C_E des Systems Erde-Mond.

   b) Was lässt sich über die Kepler-Konstante C für künstliche Erdsatelliten aussagen? Berechnen Sie den Bahnradius von Sputnik I (1957), der eine Umlaufdauer von 96 min hatte, sowie dessen Bahngeschwindigkeit.

   c) Berechnen Sie die Zentripetalbeschleunigung, welche die Erde bzw. der Mond auf ihrer jeweiligen Umlaufbahn erfahren.

2. Der Halley'sche Komet bewegt sich auf einer Ellipse um die Sonne mit der Umlaufdauer $T_H = 76$ a. Der minimale Abstand r_{min} des Kometen von der Sonne beträgt $89{,}7 \cdot 10^6$ km. Berechnen Sie die große Halbachse a und den maximalen Abstand r_{max} des Kometen von der Sonne.

Der Halley'sche Komet, fotografiert am 8.3.1986 von der europäischen Forschungssonde Giotto

2 Das Gravitationsgesetz

Die Kepler'schen Gesetze beschreiben nur die Bewegung der Planeten um die Sonne, sie geben aber keinerlei Auskünfte über die Ursache der Bewegung.
Isaac Newton gelang es, in seinem Hauptwerk *Philosophiae Naturalis Principia Mathematica (Mathematische Prinzipien der Naturlehre)* (1686) aus dem Erdradius, der Umlaufdauer des Mondes um die Erde, den Kepler'schen Gesetzen, den Gesetzen der Kreisbewegung und der Entfernung des Mondes von der Erde das Gravitationsgesetz herzuleiten.

Isaac Newton (1643–1727), englischer Physiker und Mathematiker

2.1 Theoretische Herleitung des Gravitationsgesetzes

Für die Planetenbahnen wird ein Kreis angenommen. Für den Betrag der Zentripetalkraft F_Z eines auf der Kreisbahn (Radius r) bewegten Körpers (Masse m, Umlaufzeit T) um das Zentralgestirn (Masse M) gilt dann:

$$F_Z = m\, r\, \omega^2$$
$$F_Z = m\, r\, \frac{4\pi^2}{T^2};$$

Mit
$$T^2 = C_E\, r^3$$
folgt:
$$F_Z = m\, 4\pi^2 \frac{r}{C_E\, r^3}$$
$$F_Z = \frac{4\pi^2}{C_E} \frac{m}{r^2}$$

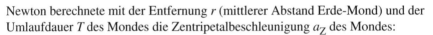

Mit
$$\frac{4\pi^2}{C_E} = \text{konstant}$$
folgt:

(1) $F_Z \sim m$ ($r =$ konst.)

(2) $F_Z \sim \dfrac{1}{r^2}$ ($m =$ konst.)

Newton berechnete mit der Entfernung r (mittlerer Abstand Erde-Mond) und der Umlaufdauer T des Mondes die Zentripetalbeschleunigung a_Z des Mondes:

$$\left.\begin{array}{l} r \approx 60\, r_E \quad \text{mit}\ r_E = 6{,}37 \cdot 10^6\,\text{m} \\ T = 27{,}32\,\text{d} = 2{,}36 \cdot 10^6\,\text{s} \end{array}\right\} \Rightarrow$$

$$a_Z = \frac{4\pi^2}{T^2} \cdot r = \frac{4 \cdot (3{,}14)^2 \cdot 60 \cdot 6{,}37 \cdot 10^6\,\text{m}}{(2{,}36 \cdot 10^6\,\text{s})^2}$$

$$a_Z = 2{,}71 \cdot 10^{-3}\,\tfrac{\text{m}}{\text{s}^2}$$

Newton verglich die Kraft, die erforderlich ist, um den Mond auf seiner Bahn zu halten, mit der Schwerkraft an der Oberfläche der Erde. Der Vergleich von a_Z mit der Fallbeschleunigung $g = 9{,}81\,\tfrac{\text{m}}{\text{s}^2}$ ergibt:

$$\frac{g}{a_Z} = \frac{9{,}81\,\tfrac{\text{m}}{\text{s}^2}}{2{,}71 \cdot 10^{-3}\,\tfrac{\text{m}}{\text{s}^2}} \approx 3600 = (60)^2$$

Wegen $r \approx 60\, r_E$ ergibt sich:
$$\frac{g}{a_Z} = \frac{r^2}{r_E^2}$$

Das Ergebnis brachte Newton auf den Gedanken, dass die Zentripetalkraft bei der Planetenbewegung und die Kraft, die einen fallenden Apfel beschleunigt, **ein und**

dieselbe Ursache haben. Diese Ursache beruht auf der Eigenschaft, dass zwischen allen Körpern eine Anziehungskraft (Gravitationskraft F_{Gr}) besteht. Wenn diese Annahme richtig ist, so muss die Anziehungskraft F_{Gr} nicht nur proportional zur Masse m des umlaufenden Körpers, sondern auch proportional zur Masse M des Zentralkörpers sein (Wechselwirkungsgesetz!), „actio est reactio":

(3) $F_{Gr} \sim M$ (r = konst. und m = konst.)

Zusammenfassung

(1) $F_{Gr} \sim m$
(2) $F_{Gr} \sim \dfrac{1}{r^2}$ $\Bigg\} \Rightarrow F_{Gr} \sim \dfrac{mM}{r^2}$
(3) $F_{Gr} \sim M$

bzw.

$$F_{Gr} = G\dfrac{mM}{r^2}$$ Gravitationsgesetz von Newton (1686)

Der auftretende Proportionalitätsfaktor G heißt **Gravitationskonstante**.

Newtons Gravitationsgesetz

Verallgemeinerung des Gravitationsgesetzes

Wir verallgemeinern das Gravitationsgesetz auf beliebige Massen m_1 und m_2 im Abstand r (r ist der Mittelpunktsabstand der Körper mit den Massen m_1 und m_2).

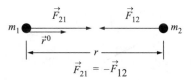

$\vec{F}_{12}$ ist die Kraft der Masse m_1 auf die Masse m_2.
$\vec{F}_{21}$ ist die Kraft der Masse m_2 auf die Masse m_1 (Gegenkraft).

Dann erhalten wir das für das Gravitationsgesetz:

$$F_{12} = G\dfrac{m_1 m_2}{r^2}$$ Betragsgleichung

$$\vec{F}_{12} = -G\dfrac{m_1 m_2}{r^2}\vec{r}^0$$ Vektorgleichung

Das Gravitationsgesetz gilt für Massenpunkte. Dabei denkt man sich die Massen der Körper in einem Punkt (Massenpunkt) vereinigt.

2.2 Bestimmung der Gravitationskonstanten

Die Gravitationskonstante wird mit einer Gravitationsdrehwaage (nach Cavendish 1798) bestimmt.

Versuch *Aufbau der Gravitationsdrehwaage*
An einem Torsionsfaden ist ein Spiegel befestigt. Unterhalb des Spiegels ist am Ende einer Querstange je eine Masse m angebracht.
Auf gleicher Höhe befinden sich zwei größere Massen M, welche drehbar gelagert sind. Über einen am Spiegel reflektierten Lichtstrahl lassen sich die Bewegungen der kleinen Kugel auf einer weit entfernten Skala nachweisen.

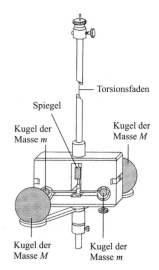

Versuchsaufbau (prinzipiell)

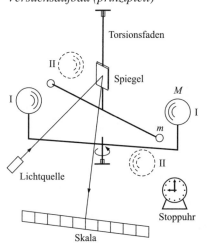

Schnittbild des Versuchsaufbaus

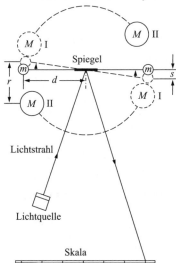

Versuchsdurchführung
In Kugelstellung I (gestrichelt) ist abzuwarten, bis der Lichtzeiger in Ruhe ist (Nullpunkt des Lichtzeigers). Die großen Kugeln werden in die Stellung II geschwenkt. In ihrer neuen Lage ziehen die großen Kugeln die kleinen an, welche so beschleunigt werden.

Messprinzip
Stellung I der großen Kugeln:
Der Torsionsfaden ist verdrillt.
Die rücktreibende Torsionskraft $\vec{F}_{Tor}$ hält der Gravitationskraft $\vec{F}_{Gr}$ das Gleichgewicht, sodass

$$\vec{F}_{Ges} = \vec{F}_{Gr} + \vec{F}_{Tor} = \vec{0}.$$

Damit beträgt die Kraft auf die Masse m:

$$\vec{F}_{Tor} = -\vec{F}_{Gr}$$
$$F_{Tor} = F_{Gr} \qquad (1)$$

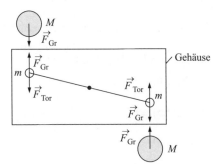

Stellung II der großen Kugeln (nach dem Umsetzen der großen Kugeln):
Die Torsionskraft wird frei und addiert sich zur wirkenden Gravitationskraft auf m. Man erhält für die Gesamtkraft $\vec{F}_{Ges}$:

$$\vec{F}_{Ges} = \vec{F}_{Gr} + \vec{F}_{Tor}$$

Mit Gleichung (1) folgt:
$$F_{Ges} = 2 F_{Gr}$$

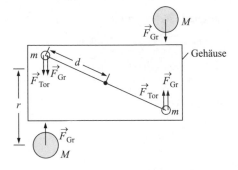

Für die Beschleunigung a der kleinen Massen m gilt:

$$a = \frac{F_{Ges}}{m} = \frac{2 F_{Gr}}{m}$$
$$a = \frac{2}{m} G \frac{mM}{r^2}$$
$$a = \frac{2GM}{r^2} \qquad (2)$$

Für den Fallweg s der kleinen Kugel gilt:
$$s = \tfrac{1}{2} a t^2$$
bzw.
$$a = \frac{2s}{t^2} \qquad (3)$$

Gleichsetzen von (2) und (3) ergibt:
$$\frac{2s}{t^2} = \frac{2GM}{r^2}$$
Somit:
$$G = \frac{s}{t^2} \cdot \frac{r^2}{M} \qquad (4)$$

Überlegungen zum Messverhalten mit dem Lichtzeiger
Drehung von m und Spiegel um den Winkel φ bedeutet Drehung des Lichtzeigers um den Winkel $2 \cdot \varphi$. Für kleine Winkel gilt:
$$\tan(\varphi) = \frac{s}{d} \quad \text{sowie}$$
$$\tan(\varphi) = \frac{\frac{S}{2}}{L}$$

Somit folgt:
$$\frac{s}{d} = \frac{S}{2L}$$
bzw.
$$s = \frac{Sd}{2L}$$

Einsetzen in (4) ergibt:
$$G = \underbrace{\frac{S}{t^2}}_{\substack{\text{zu messende}\\\text{Größe}}} \cdot \underbrace{\frac{dr^2}{2LM}}_{\substack{\text{feste}\\\text{Größe}}}$$

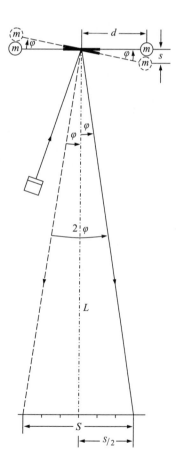

Messprotokoll
Feste Eigengrößen:
$$M = 1{,}46 \text{ kg}$$
$$r = 4{,}50 \text{ cm}$$
$$d = 5{,}00 \text{ cm}$$
$$L = 6{,}63 \text{ m}$$

Auslenkung S des Lichtzeigers in Abhängigkeit von der Fallzeit t:

t in s	0	15	30	45	60
S in mm	0	4	13	28	48

Auswertung
Es gilt:
$$\frac{dr^2}{2LM} = \frac{5{,}00 \cdot 10^{-2} \text{ m} \cdot (4{,}50 \cdot 10^{-2} \text{ m})^2}{2 \cdot 6{,}63 \text{ m} \cdot 1{,}46 \text{ kg}}$$
$$= 5{,}23 \cdot 10^{-6} \frac{\text{m}^2}{\text{kg}}$$

t²-S-Diagramm

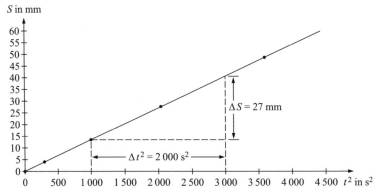

Es gilt:
$$\frac{S}{t^2} = \frac{\Delta S}{\Delta t^2}$$

ΔS und Δt^2 können dem eingezeichneten Steigungsdreieck entnommen werden (siehe Diagramm). Es ergeben sich folgende Werte:

$\Delta S = 27 \cdot 10^{-3}$ m

$\Delta t^2 = 2\,000$ s²

Berechnung von G:

$$G = \frac{27 \cdot 10^{-3}\,\text{m}}{2\,000\,\text{s}^2} \cdot 5{,}23 \cdot 10^{-6}\,\frac{\text{m}^2}{\text{kg}}$$

$$G = 7{,}06 \cdot 10^{-11}\,\frac{\text{m}^3}{\text{kg s}^2}$$

Sollwert:

$$G = 6{,}67 \cdot 10^{-11}\,\frac{\text{m}^3}{\text{kg s}^2}$$

Abweichung in Prozent:

$$f_\text{p} = \left| \frac{6{,}67 \cdot 10^{-11}\,\frac{\text{m}^3}{\text{kg s}^2} - 7{,}06 \cdot 10^{-11}\,\frac{\text{m}^3}{\text{kg s}^2}}{6{,}67 \cdot 10^{-11}\,\frac{\text{m}^3}{\text{kg s}^2}} \right| \cdot 100\,\%$$

$f_\text{p} = 5{,}9\,\%$

2.3 Massenbestimmung von Himmelskörpern

Das Gravitationsgesetz und die experimentelle Bestimmung der Gravitationskonstante G ermöglichen die Berechnung der Masse von Himmelskörpern.

Bestimmung der Erdmasse

Die Masse m_E der Erde kann beispielsweise aus der Fallbeschleunigung g auf der Erdoberfläche, dem Erdradius r_E und der Gravitationskonstanten G bestimmt werden.
Die Gewichtskraft F_G eines Probekörpers der Masse m an der Erdoberfläche ist die Gravitationskraft F_{Gr} zwischen der Erde und dem Probekörper.

Es gilt: Gewichtskraft = Gravitationskraft
$$F_G = F_{Gr}$$
$$m\,g = G\frac{m\,m_E}{r_E^2}$$

Daraus folgt:
$$m_E = \frac{g\,r_E^2}{G}$$

Berechnung:
$$m_E = \frac{9{,}81\,\text{m s}^{-2} \cdot (6{,}37 \cdot 10^6\,\text{m})^2}{6{,}67 \cdot 10^{-11} \text{m}^3\,\text{kg}^{-1}\,\text{s}^{-2}}$$

Erdmasse: $\mathbf{m_E = 5{,}97 \cdot 10^{24}\,kg}$

Bestimmung der Sonnenmasse

Betrachten wir die Kreisbewegung der Erde um die Sonne, so kann die Sonnenmasse m_S aus der Umlaufzeit $T = 1\,a$ der Erde um die Sonne, der Entfernung r der Erde von der Sonne und der Gravitationskonstanten G bestimmt werden. Die Zentripetalkraft F_Z, mit der die Erde auf der Kreisbahn um die Sonne gehalten wird, ist identisch mit der Gravitationskraft zwischen Sonne und Erde.

Es gilt: Zentripetalkraft = Gravitationskraft
$$\frac{4\pi^2\,m\,r}{T^2} = G\frac{m\,m_S}{r^2} \quad (m = \text{Erdmasse})$$

Daraus folgt:
$$m_S = \frac{4\pi^2 \cdot r^3}{T^2\,G}$$

Berechnung:
$$m_S = \frac{4 \cdot (3{,}14)^2 \cdot (1{,}496 \cdot 10^{11}\,\text{m})^3}{(3{,}156 \cdot 10^7\,\text{s})^2 \cdot 6{,}670 \cdot 10^{-11} \text{m}^3\,\text{kg}^{-1}\,\text{s}^{-2}}$$

Sonnenmasse: $\mathbf{m_S = 1{,}99 \cdot 10^{30}\,kg}$

Mit diesem Ansatz lässt sich stets die Masse eines Himmelskörpers berechnen, wenn er einen oder mehrere Satelliten bzw. Planeten besitzt.

Bestimmung der Mondmasse

Zur Bestimmung der Mondmasse m_M führt der Ansatz

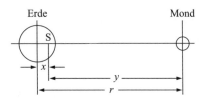

    Zentripetalkraft = Gravitationskraft

zu keinem Ergebnis, da die Mondmasse durch beidseitiges Kürzen wegfällt. Erde und Mond drehen sich um ihren gemeinsamen Schwerpunkt S mit der gleichen Umlaufdauer T (siehe Skizze). Der Schwerpunkt S liegt so, dass die Gravitationskraft zwischen Erde und Mond für beide Kreisbewegungen als Zentripetalkraft wirkt. Es gilt:

$$F_{Gr} = F_{Z\,Erde}$$
$$G \frac{m_E\, m_M}{r^2} = m_E \, x \, \frac{4\pi^2}{T^2}$$

$$F_{Gr} = F_{Z\,Mond}$$
$$G \frac{m_E\, m_M}{r^2} = m_M \, y \, \frac{4\pi^2}{T^2}$$

Daraus folgt
$$\frac{G\, m_E}{r^2} = y \, \frac{4\pi^2}{T^2}$$
und mit $y = r - x$:
$$\frac{G\, m_E}{r^2} = (r - x) \, \frac{4\pi^2}{T^2}$$

Somit erhält man:

$$x = \frac{G\, m_M\, T^2}{4\pi^2\, r^2} \quad (1) \qquad x = r - \frac{G\, m_E\, T^2}{4\pi^2\, r^2} \quad (2)$$

Gleichsetzen von (1) und (2) ergibt:

$$\frac{G\, m_M\, T^2}{4\pi^2\, r^2} = r - \frac{G\, m_E\, T^2}{4\pi^2\, r^2}$$

Es folgt:

$$m_M = \frac{4\pi^2\, r^3}{G\, T^2} - m_E$$

Berechnung:

$$m_M = \frac{4\,(3{,}141)^2\, (3{,}847\cdot 10^8\,\text{m})^3}{6{,}670\cdot 10^{-11}\,\text{m}^3\,\text{kg}^{-1}\,\text{s}^{-2}\cdot (2{,}360\cdot 10^6\,\text{s})^2} - 5{,}977\cdot 10^{24}\,\text{kg}$$

$$m_M = 6{,}048\cdot 10^{24}\,\text{kg} - 5{,}977\cdot 10^{24}\,\text{kg}$$

$$\mathbf{m_M = 7{,}10\cdot 10^{22}\,kg}$$

Genauer Wert:

$$m_M = 7{,}37\cdot 10^{22}\,\text{kg}$$

Mit diesem Wert für die Mondmasse ergibt sich aus Gleichung (2) für den Abstand x des Schwerpunktes S vom Erdmittelpunkt:

$$\mathbf{x = 4{,}52\cdot 10^6\,m}$$

2.4 Satellitenbahnen

Mögliche Satellitenbahnen

Bewegt sich ein Satellit auf einer Kreisbahn mit dem Radius r um die Erde, bei welcher der Bahnmittelpunkt mit dem Erdmittelpunkt M zusammenfällt, so bewegt sich der Satellit antriebslos. In diesem Fall wird die notwendige Zentripetalkraft $\vec{F}_Z$ durch die Gravitationskraft $\vec{F}_{Gr}$ aufgebracht.

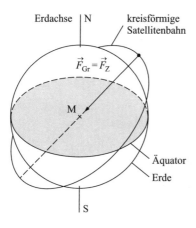
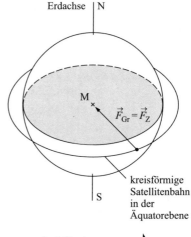

Um eine Kreisbahn zu durchlaufen, die nicht den Erdmittelpunkt M enthält, ist eine zusätzliche Antriebskraft $\vec{F}_a$ erforderlich. Es gilt in diesem Fall:

$$\vec{F}_Z = \vec{F}_{Gr} + \vec{F}_a$$

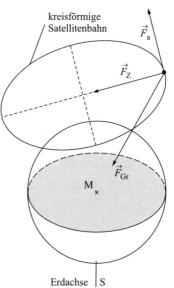

Berechnung von Satellitenbahnen

Bewegt sich ein Satellit der Masse m antriebslos auf einer Kreisbahn mit dem Radius r in der Zeit T um die Erde (Erdmasse m_E), so ist in jedem Bahnpunkt die Gravitationskraft F_{Gr} gleich der Zentripetalkraft F_Z. Es gilt:

$$F_{Gr} = F_Z$$
$$G \frac{m_E \, m}{r^2} = \frac{4 \pi^2 \, m \, r}{T^2}$$

oder:

$$\frac{T^2}{r^3} = \frac{4 \pi^2}{G \, m_E} \quad (*)$$

Der Ausdruck $\frac{T^2}{r^3}$ ist die Kepler-Konstante C_E des Systems Erde-Satellit.

Aus dieser Überlegung folgt:

(1) Jeder kreisförmigen Satellitenbahn mit dem Radius r ist eine ganz bestimmte Umlaufdauer T zugeordnet. Aus der obigen Gleichung folgt:

$$T = \sqrt{\frac{4 \pi^2 \, r^3}{G \, m_E}}$$

Mit der Bahngeschwindigkeit $v = \frac{2 \pi r}{T}$ folgt:

$$v = \sqrt{G \cdot \frac{m_E}{r}}$$

(2) Jeder kreisförmigen Satellitenbahn mit der Umlaufdauer T ist ein ganz bestimmter Radius r zugeordnet. Es folgt:

$$r = \sqrt[3]{\frac{G \, m_E \, T^2}{4 \pi^2}}$$

Dies zeigt, dass es unmöglich ist, bei einem Satelliten die Umlaufdauer und den Bahnradius gleichzeitig beliebig zu wählen.

Sonderfälle

(1) Für die kürzeste Umlaufdauer T_{min} eines Satelliten in Erdnähe $r \approx r_E$ ergibt sich:

$$T_{min} = \sqrt{\frac{4 \pi^2 \, r_E^3}{G \, m_E}}$$

$$T_{min} = \sqrt{\frac{4 \cdot (3{,}14)^2 \cdot (6{,}37 \cdot 10^6 \, \text{m})^3}{6{,}67 \cdot 10^{-11} \, \text{m}^3 \, \text{kg}^{-1} \, \text{s}^{-2} \cdot 5{,}977 \cdot 10^{24} \, \text{kg}}}$$

$$T_{min} = 5{,}06 \cdot 10^3 \, \text{s}$$

$$\mathbf{T_{min} = 84{,}3 \, min}$$

(2) Für einen Satelliten mit der Umlaufdauer $T = 1\,\text{d}$ ergibt sich der Bahnradius r zu:

$$r = \sqrt[3]{\frac{6{,}67 \cdot 10^{-11}\,\text{m}^3\,\text{kg}^{-1}\,\text{s}^{-2} \cdot 5{,}97 \cdot 10^{24}\,\text{kg}\,(24 \cdot 3600\,\text{s})^2}{4 \cdot (3{,}14)^2}}$$

$$r = 4{,}22 \cdot 10^7\,\text{m}$$

Ein Satellit, der in der Äquatorebene mit diesem Radius in östlicher Richtung kreist, hat dieselbe Winkelgeschwindigkeit wie die Erde bei ihrer täglichen Drehung und steht daher relativ zur Erde still. Man bezeichnet ihn daher als geostationären Satelliten oder Synchronsatelliten.

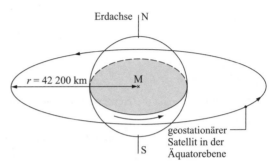

2.5 Schwerelosigkeit in der Raumkapsel

Die Astronauten in antriebslos fliegenden Raumkapseln scheinen zu schweben, man sagt, sie sind „schwerelos".

Erklärung eines ruhenden Beobachters (z. B. auf der Erde)

Eine antriebslose Raumkapsel bewegt sich als Ganzes genau so wie alle Teile in ihrem Inneren. Die ganze Gewichtskraft eines Körpers in der Raumkapsel wird zur Zentripetalbeschleunigung (Kreisbahn) benötigt. Zu einer Druckkraft auf die Unterlage bleibt nichts übrig, alle Gegenstände in der Raumkapsel fallen wie diese beschleunigt zum Erdmittelpunkt hin, bewegen sich also relativ zur Raumkapsel nicht, sie scheinen in ihr zu schweben.

Erklärung eines mitrotierenden Beobachters (Astronauten)

Auf der antriebslos durchlaufenen Kreisbahn besteht ein Gleichgewicht zwischen der Trägheitskraft (Zentrifugalkraft) und der Gewichtskraft. Der Astronaut fühlt sich „schwerelos".

Aufgaben

3. Ein Satellit umrundet antriebslos die Erde auf einer Kreisbahn in der Höhe $h = 6\,370$ km über der Erdoberfläche. Die Umlaufbahn liegt in der Äquatorialebene der Erde.

   a) Berechnen Sie die Umlaufzeit T dieses Satelliten in Bezug auf die Erde.

   b) Umlaufsinn des Satelliten und Umdrehungssinn der Erde stimmen überein. Welche Umlaufzeit t_1 misst ein Beobachter am Erdäquator?

   c) Umlaufsinn des Satelliten und Umdrehungssinn der Erde sind entgegengerichtet. Welche Umlaufzeit t_2 misst ein Beobachter am Erdäquator?

Erdoberfläche (Himalaja), fotografiert von einem Beobachtungssatelliten

4. In welcher Entfernung x vom Erdmittelpunkt würde eine auf der geraden Verbindung Erde–Mond befindliche Masse m in Ruhe bleiben? Der Abstand Erde–Mond wird mit r bezeichnet.
Gegeben:

$m_M = \frac{1}{81} m_E$ (m_E: Erdmasse; m_M: Mondmasse)

$r = 3{,}84 \cdot 10^8$ m

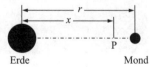

5. Ein Beobachtungssatellit der Masse m_S bewegt sich antriebslos auf einer Kreisbahn mit dem Radius r_S in der Äquatorialebene des Planeten Jupiter (Masse $m_J = 1{,}90 \cdot 10^{27}$ kg), der sich mit der Rotationsperiode $T_J = 9{,}92$ h um die Achse dreht. Der mittlere Radius des Jupiter beträgt $r_J = 7{,}13 \cdot 10^4$ km.

a) Berechnen Sie den Bahnradius r_S und den Betrag der Bahngeschwindigkeit $\vec{v}_S$ des Satelliten, wenn dieser über einem Punkt des Jupiteräquators bleiben soll.

b) Berechnen Sie den Betrag der Fallbeschleunigung $\vec{a}_J$ auf der Jupiteroberfläche und bestimmen Sie die minimale Umlaufdauer T_{min} für einen Jupitersatelliten.

c) Der größte Jupitermond Ganymed bewegt sich in guter Näherung auf einer Kreisbahn um den Jupiter und hat eine Umlaufdauer von $T_G = 7{,}16$ d.
Berechnen Sie die Entfernung r_G des Ganymed zum Jupitermittelpunkt unter Verwendung des Ergebnisses von Teilaufgabe a.

Der Jupitermond Ganymed, fotografiert von der Raumsonde Voyager 1 am 4. März 1979 aus der Distanz von 2,6 Millionen km

3 Das Gravitationsfeld

3.1 Der Feldbegriff

Jeder Körper übt auf andere Körper Gravitationskräfte aus. Der Raum, in dem die Gravitationskraft eines Körpers wirksam ist, nennen wir sein Gravitationsfeld. Um die räumliche Struktur des Gravitationsfeldes eines kugelförmigen Körpers K_1 mit der Masse m_1 ermitteln zu können, benötigt man einen Probekörper K_2 mit der Masse m_2, wobei $m_2 \ll m_1$ gelten soll.

Zeichnet man in vielen Raumpunkten um K_1 maßstäblich die wirkenden Kräfte auf den Probekörper, so entsteht ein anschauliches Bild vom Verlauf des Gravitationsfeldes von K_1.

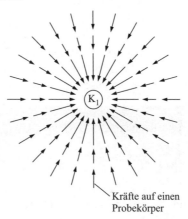

Kräfte auf einen Probekörper

Eine andere Möglichkeit der Veranschaulichung des Gravitationsfeldes bietet ein Feldlinienbild. Die Feldlinien sind nur gedachte Linien. Die Richtung der Feldlinien wird durch die Gravitationskraft des felderzeugenden Körpers K_1 auf den Probekörper K_2 festgelegt.
Man nennt das Gravitationsfeld einer isolierten Masse ein **radialsymmetrisches Feld** oder **Radialfeld**. Die Feldlinien enden immer in einer **Senke**.

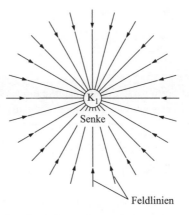

Feldlinienbild eines isolierten Körpers K_1 der Masse m

3.2 Die Gravitationsfeldstärke

Für die Gravitationskraft $\vec{F}_{12}$ des felderzeugenden Körpers K_1 auf den Probekörper K_2 gilt in vektorieller Darstellung:

$$\vec{F}_{12} = -\frac{G\,m_1\,m_2}{r^2}\vec{r}^{\,0}$$

Umformen ergibt:

$$\vec{F}_{12} = -\frac{G\,m_1}{r^2}\vec{r}^{\,0} m_2$$

Division durch m_2 führt auf:

$$\frac{\vec{F}_{12}}{m_2} = -\frac{G\,m_1}{r^2}\vec{r}^{\,0} \quad \text{(vektorielle Größe)}$$

Dieser Ausdruck ist dem Betrage nach konstant für alle Punkte P mit gleichem Abstand r von dem felderzeugenden Körper K_1 mir der Masse m_1. Diese Punkte liegen auf einer Kugelschale um K_1 mit dem Radius r.

Definition

$\dfrac{\vec{F}_{12}}{m_2}$ heißt Gravitationsfeldstärke $\vec{a}_{Gr}$. Es gelten die Vektorgleichungen

$$\vec{a}_{Gr}(r) = \frac{\vec{F}_{12}}{m_2} \quad \text{bzw.} \quad \vec{a}_{Gr}(r) = -\frac{G\,m_1}{r^2}\vec{r}^{\,0}.$$

$\vec{r}^{\,0}$ und $\vec{a}_{Gr}$ sind entgegengerichtet, man schreibt:

$$\vec{a}_{Gr}(r) = a_{Gr}(r)\vec{r}^{\,0}$$

mit

$$a_{Gr}(r) = -\frac{G\,m_1}{r^2}$$

Unter der Gravitationsfeldstärke eines Gravitationsfeldes (m_1) in einem Feldpunkt versteht man den Quotienten aus der Gravitationskraft $\vec{F}$, welche auf eine in diesem Punkt befindliche Probemasse ausgeübt wird, und der Probemasse m_2.

Einheitenbetrachtung für die Gravitationsfeldstärke

$$1\frac{\text{m}^3\,\text{kg}}{\text{s}^2\,\text{kg}\,\text{m}^2} = 1\frac{\text{m}}{\text{s}^2}$$

Die Gravitationsfeldstärke besitzt die Einheit einer Beschleunigung. Aus diesem Grund wird sie auch **Gravitationsbeschleunigung** genannt.

Beispiel
Grafische Darstellung der Gravitationsfeldstärke a_{Gr} der Erde für $r_E \leq r \leq 4\, r_E$ (r_E = Erdradius)
Es gilt:
$$a_{Gr}(r) = -\frac{G\, m_E}{r^2} \quad (m_E = \text{Erdmasse})$$
Es ist sinnvoll, für $|a_{Gr}(r_E)|$ den Ortsfaktor $g = 9{,}81\, \frac{m}{s^2}$ zu setzen.

r	r_E	$2\, r_E$	$3\, r_E$	$4\, r_E$
a_{Gr} in $\frac{m}{s^2}$	$-9{,}81$	$-2{,}45$	$-1{,}09$	$-0{,}61$

r-a_{Gr}-*Diagramm*

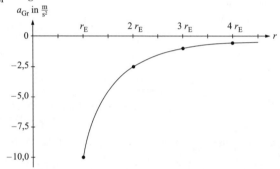

Gravitationsfeldstärke in Erdnähe

Die Gravitationsfeldstärke auf der Erdoberfläche beträgt $|a_{Gr}(r_E)| = g = 9{,}81\, \frac{m}{s^2}$.
In relativ kleinen Höhen über der Erdoberfläche wird die Gravitationsfeldstärke als konstant angenommen. Der relative Fehler, der hierbei zulässig ist, soll höchstens 1,0 % betragen. Die zulässige Höhe h ergibt sich aus dem Ansatz:

$$a_{Gr} = \frac{99}{100}\, g$$

$$\frac{G\, m_E}{(r_E + h)^2} = \frac{99}{100} \cdot \frac{G\, m_E}{r_E^2}$$

$$\frac{1}{(r_E + h)^2} = \frac{99}{100 \cdot r_E^2}$$

$$(r_E + h)^2 = \frac{100 \cdot r_E^2}{99}$$

$$r_E + h = 10\, r_E \cdot \frac{1}{\sqrt{99}}$$

$$h = r_E \left(\frac{10}{\sqrt{99}} - 1 \right)$$

Berechnung: $h = 6{,}37 \cdot 10^6\, m \cdot (1{,}005 - 1)$

$$h = 3{,}21 \cdot 10^4\, m$$

Für geringe Höhen ($h = 30$ km) kann die Gravitationskraft bzw. die Gravitationsfeldstärke als konstant angenommen werden. Man nennt solch ein Gravitationsfeld **homogen**. Die Feldlinien verlaufen parallel und äquidistant.

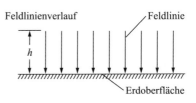

Überlagerung von Gravitationsfeldern

Betrachtet man in einem Raum zwei Körper K_1 und K_2, so erzeugt jeder von ihnen ein Gravitationsfeld und damit bezüglich einer Probemasse eine resultierende Gravitationskraft $\vec{F}_{res}$. $\vec{F}_1$ und $\vec{F}_2$ sind die von K_1 und K_2 auf den Probekörper ausgeübten Gravitationskräfte. Für die resultierende Gravitationskraft $\vec{F}_{res}$ gilt:

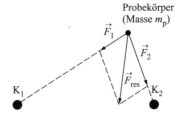

$$\vec{F}_{res} = \vec{F}_1 + \vec{F}_2$$

Unter Verwendung der Gravitationsfeldstärken $\vec{a}_1$ und $\vec{a}_2$ am Ort der Probemasse m_p folgt:

$$\vec{F}_{res} = m_p\, \vec{a}_1 + m_p\, \vec{a}_2$$

bzw. $\vec{F}_{res} = m_p (\vec{a}_1 + \vec{a}_2)$

Division der Gleichung durch m_p ergibt:

$$\frac{\vec{F}_{res}}{m_p} = \vec{a}_1 + \vec{a}_2$$

Der Quotient $\frac{\vec{F}_{res}}{m_p}$ ist die resultierende Gravitationsfeldstärke $\vec{a}_{res}$ am Ort P des Probekörpers. Es gilt:

$$\vec{a}_{res} = \vec{a}_1 + \vec{a}_2$$

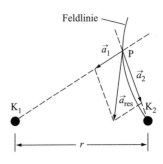

Im Punkt P gilt:

$\vec{a}_1$: Gravitationsfeldstärke im Punkt P erzeugt durch K_1

$\vec{a}_2$: Gravitationsfeldstärke im Punkt P erzeugt durch K_2

$\vec{a}_{res} = \vec{a}_1 + \vec{a}_2$: resultierende Gravitationsfeldstärke im Punkt P.

Zeichnet man in vielen Raumpunkten maßstäblich die resultierenden Kräfte auf den Probekörper, so entsteht ein anschauliches Bild vom Verlauf des resultierenden Gravitationsfeldes von K_1 und K_2.
Diese Darstellung lässt sich zu einem Feldlinienbild ergänzen. Die nebenstehende Abbildung zeigt den Feldlinienverlauf eines Doppelsterns mit gleichgroßen Massen.

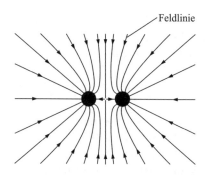

Aufgabe 6. Zwei Körper K_1 und K_2 mit der gleichen Masse $m = 10{,}0 \cdot 10^{25}$ kg haben den Abstand $d = 4{,}0 \cdot 10^7$ m. Ein Punkt P hat von K_1 die Entfernung $r_1 = 3{,}0 \cdot 10^7$ m und von K_2 die Entfernung $r_2 = 5{,}0 \cdot 10^7$ m.
Berechnen Sie die resultierende Gravitationsfeldstärke $|\vec{a}_{\text{res}}|$ im Punkt P, die von K_1 und K_2 erzeugt wird.

4 Arbeit und Energie im Gravitationsfeld

4.1 Feldarbeit im radialsymmetrischen Gravitationsfeld

Der Körper K der Masse m bewegt sich frei fallend im Gravitationsfeld der Erde E vom Punkt P_1 zum Punkt P_2 (siehe Abbildung).
Bei der Bewegung des Körpers K verrichtet die Gravitationskraft $\vec{F}(r)$ die Feldarbeit W_{12}. Die beschleunigende Feldkraft $\vec{F}(r)$ vergrößert sich auf dem Weg $\vec{s}$ von P_1 nach P_2.

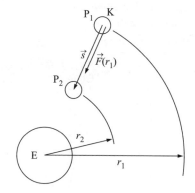

r-F(r)-Diagramm

Im *r-F(r)*-Diagramm entspricht die getönte Fläche der Feldarbeit W_{12}.

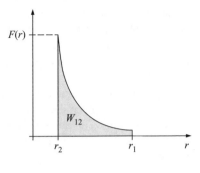

$$W_{12} = -\int_{r_1}^{r_2} F(r)\, \mathrm{d}r = -\int_{r_1}^{r_2} \frac{G\, m_E\, m}{r^2}\, \mathrm{d}r$$

G = Gravitationskonstante
m_E = Masse der Erde
m = Masse des Probekörpers
r = Entfernung der Massenpunkte

$$W_{12} = -G\, m_E\, m \left(-\frac{1}{r}\right)_{r_1}^{r_2}$$

$$\boxed{W_{12} = G\, m_E\, m \left(\frac{1}{r_2} - \frac{1}{r_1}\right)}$$

Für W_{12} schreibt man auch $W(r_1; r_2)$.

Die Feldarbeit W_{12} ist **positiv**, wenn die Bewegung des Körpers K in der Feldrichtung erfolgt ($r_2 < r_1$).

Die Feldarbeit W_{12} ist **null**, wenn die Bewegung des Körpers K auf der Oberfläche einer zur Erde konzentrischen Kugel erfolgt. In diesem Fall ist $r_2 = r_1$.

Die Feldarbeit W_{12} ist **negativ**, wenn die Bewegung des Körpers entgegen der Feldrichtung erfolgt ($r_2 > r_1$). Man spricht in diesem Fall von Hubarbeit.

Die Feldarbeit W_{12} ist nur vom Startpunkt P_1 und Endpunkt P_2 des Weges abhängig, jedoch nicht von seinem Verlauf zwischen diesen beiden Punkten (Wegunabhängigkeit).

Es gilt:
$$W_{s_1} = W_{s_2} = W_{s_3} = W_{P_1 P_2}$$
und
$$W_{P_1 P_3} = 0$$

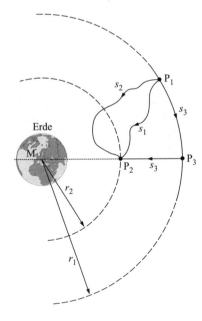

4.2 Kinetische und potenzielle Energie eines Satelliten

Wir berechnen die kinetische und potenzielle Energie eines Satelliten der Masse m auf einer Kreisbahn um die Erde (Masse m_E) in Abhängigkeit vom Bahnradius r.

Kinetische Energie

Für die antriebslose Satellitenbewegung auf einer Kreisbahn um die Erde gilt:
Zentripetalkraft = Gravitationskraft

$$F_Z = F_{Gr}$$

$$\frac{m v^2}{r} = G \frac{m\, m_E}{r^2}$$

Umformen ergibt:

$$m v^2 = G\, m\, m_E\, \frac{1}{r}$$

$$\underbrace{\frac{m v^2}{2}}_{\text{kinetische Energie } E_k} = \frac{1}{2} m \underbrace{\frac{G\, m_E}{r}}_{v^2}$$

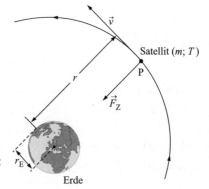

Satellit $(m;\,T)$

Erde

Man erhält also für die kinetische Energie:

$$E_k(r) = \frac{G\, m\, m_E}{2r}$$

r-E_k-Diagramm für $m = 1{,}0$ kg
Wertetabelle (r_E = Erdradius):

r	r_E	$2\,r_E$	$3\,r_E$	$4\,r_E$
E_k in 10^7 J	3,13	1,57	1,04	0,78

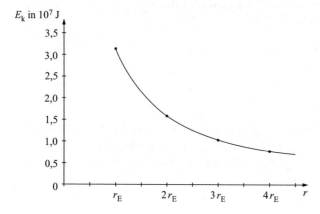

Potenzielle Energie

Befindet sich ein Körper K der Masse m im Abstand h über der Erdoberfläche, so hat er Arbeitsfähigkeit, da seine Gravitationskraft beim freien Fall an ihm Beschleunigungsarbeit verrichten kann. Diese Arbeitsfähigkeit heißt **potenzielle Energie E_p** der Erdanziehung.

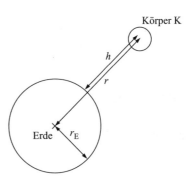

Für die Feldarbeit gilt:
$$W(r; r_E) = G\, m\, m_E \left(\frac{1}{r_E} - \frac{1}{r}\right) > 0 \text{ wegen } r_E < r$$

Beim Fallen des Körpers K nimmt die potenzielle Energie E_p ab. Somit gilt:
$$W(r; r_E) = -\Delta E_p$$
oder
$$W(r; r_E) = -(E_p(r_E) - E_p(r))$$

Somit erhalten wir:
$$G\, m\, m_E \left(\frac{1}{r_E} - \frac{1}{r}\right) = E_p(r) - E_p(r_E)$$

Für die potenzielle Energie der Erdanziehung $E_p(r)$ folgt:
$$E_p(r) = -G\, m\, m_E \frac{1}{r} + G\, m\, m_E \frac{1}{r_E} + E_p(r_E) \quad (*)$$

Das Bezugsniveau der potenziellen Energie E_p kann frei gewählt werden. Es gibt zwei ausgezeichnete Möglichkeiten für die Wahl des Nullniveaus der potenziellen Energie E_p.

(1) Man setzt die potenzielle Energie E_p auf der Erdoberfläche gleich null, d. h. es gilt $E_p(r_E) = 0$. Somit folgt aus (*):

$$E_p(r) = -G\, m\, m_E \frac{1}{r} + G\, m\, m_E \frac{1}{r_E} \quad \text{bzw.}$$

$$\boxed{E_p(r) = -G\, m\, m_E \left(\frac{1}{r} - \frac{1}{r_E}\right)} \quad (r_E \leq r)$$

Durch die Wahl des Nullniveaus der potenziellen Energie auf der Erdoberfläche haben alle Körper im Weltall eine von null verschiedene potenzielle Energie. Insbesondere ergibt sich für sehr weit von der Erde entfernte Körper ($r \to \infty$) die potenzielle Energie:
$$\lim_{r \to \infty} E_{pot}(r) = G\, m\, m_E \frac{1}{r_E}$$

(2) Man setzt die potenzielle Energie E_p im Unendlichen gleich Null, d. h. es gilt $\lim_{r \to \infty} E_p(r) = 0$. Somit folgt aus (*):

$$E_p(r) = -G\, m\, m_E \frac{1}{r} \quad (r_E \leq r)$$

Hinweis: Die hier erhaltenen Ergebnisse können auch auf andere Gravitationsfelder angewandt werden.

r-E_p-Diagramm für m = 1,0 kg
Wertetabelle (r_E = Erdradius):

	r	r_E	$2\,r_E$	$3\,r_E$	$4\,r_E$
Nullniveau von E_p auf der Erdoberfläche:	E_p in 10^7 J	0	3,13	4,17	4,69
Nullniveau von E_p im Unendlichen:	E_p in 10^7 J	−6,26	−3,13	−2,09	−1,56

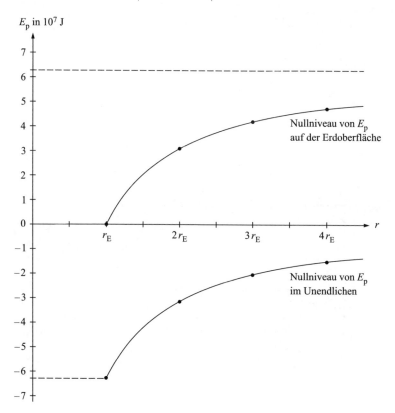

Gesamtenergie

Nullniveau der potenziellen Energie E_p auf der Erdoberfläche

(1) kinetische Energie: $E_k(r) = \frac{1}{2} G\, m\, m_E \frac{1}{r}$

(2) potenzielle Energie: $E_p(r) = -G\, m\, m_E \frac{1}{r} + G\, m\, m_E \frac{1}{r_E}$

(3) Gesamtenergie: $E_{Ges}(r) = E_k(r) + E_p(r)$

$E_{Ges}(r) = \frac{1}{2} G\, m\, m_E \frac{1}{r} - G\, m\, m_E \frac{1}{r} + G\, m\, m_E \frac{1}{r_E}$

Damit erhalten wir insgesamt:

$$E_{Ges}(r) = -\frac{1}{2} G\, m\, m_E \frac{1}{r} + G\, m\, m_E \frac{1}{r_E}$$

r-E_{Ges}-Diagramm für $m = 1{,}0$ kg

Wertetabelle (r_E = Erdradius):

r	r_E	$2\,r_E$	$3\,r_E$	$4\,r_E$
(1) E_k in 10^7 J	3,13	1,57	1,04	0,78
(2) E_p in 10^7 J	0	3,13	4,17	4,69
(3) E_{Ges} in 10^7 J	3,13	4,70	5,21	5,47

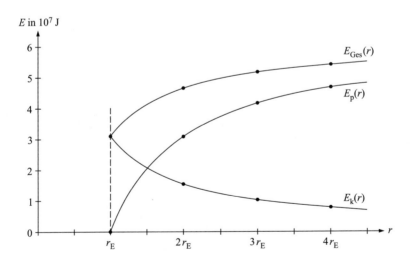

Nullniveau der potenziellen Energie E_p im Unendlichen
(1) kinetische Energie: $E_k(r) = \frac{1}{2} G\, m\, m_E \frac{1}{r}$
(2) potenzielle Energie: $E_p(r) = -G\, m\, m_E \frac{1}{r}$
(3) Gesamtenergie: $E_{Ges}(r) = E_k(r) + E_p(r) = \frac{1}{2} G\, m\, m_E \frac{1}{r} - G\, m\, m_E \frac{1}{r}$

Wir erhalten also:

$$E_{Ges}(r) = -\frac{1}{2} G\, m\, m_E \frac{1}{r} < 0$$

r-E_{Ges}-Diagramm für m = 1,0 kg
Wertetabelle:

r	r_E	$2r_E$	$3r_E$	$4r_E$
(1) E_k in 10^7 J	3,13	1,57	1,04	0,78
(2) E_p in 10^7 J	-6,26	-3,13	-2,09	-1,56
(3) E_{Ges} in 10^7 J	-3,13	-1,57	-1,04	-0,78

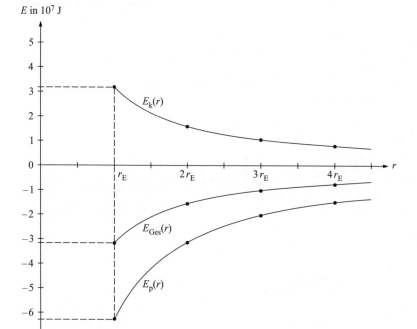

Energiedifferenzen für zwei Satellitenbahnen

Umkreist ein Satellit der Masse m die Erde auf einer Bahn mit dem Radius r_1, so gilt für die Gesamtenergie E_{Ges} je nach Wahl des Nullniveaus der potenziellen Energie E_p die folgende Unterscheidung:

Nullniveau von E_p im Unendlichen	Nullniveau von E_p auf der Erdoberfläche
$E_{Ges}(r_1) = -\frac{1}{2} G\, m\, m_E \frac{1}{r_1}$	$E_{Ges}(r_1) = -\frac{1}{2} G\, m\, m_E \frac{1}{r_1} + G\, m\, m_E \frac{1}{r_E}$

Bei einem Bahnwechsel des Satelliten auf eine erdnähere oder erdfernere Kreisbahn mit dem Radius r_2 gilt für die Gesamtenergie E_{Ges}:

$E_{Ges}(r_2) = -\frac{1}{2} G\, m\, m_E \frac{1}{r_2}$	$E_{Ges}(r_2) = -\frac{1}{2} G\, m\, m_E \frac{1}{r_2} + G\, m\, m_E \frac{1}{r_E}$

Für die Energiedifferenz $\Delta E_{Ges} = E_{Ges}(r_2) - E_{Ges}(r_1)$ ergibt sich:

$\Delta E_{Ges} = -\frac{1}{2} G\, m\, m_E \frac{1}{r_2} -$ $-\left(-\frac{1}{2} G\, m\, m_E \frac{1}{r_1}\right)$	$\Delta E_{Ges} = -\frac{1}{2} G\, m\, m_E \frac{1}{r_2} + G\, m\, m_E \frac{1}{r_E} -$ $-\left(-\frac{1}{2} G\, m\, m_E \frac{1}{r_1} + G\, m\, m_E \frac{1}{r_E}\right)$
$\Delta E_{Ges} = \frac{1}{2} G\, m\, m_E \left(\frac{1}{r_1} - \frac{1}{r_2}\right)$	$\Delta E_{Ges} = \frac{1}{2} G\, m\, m_E \left(\frac{1}{r_1} - \frac{1}{r_2}\right)$

Die Energiedifferenz ΔE_{Ges} ist somit unabhängig von der Wahl des Nullniveaus der potenziellen Energie E_p.

Es gilt:
$\Delta E_{Ges} > 0$ für $r_1 < r_2$ und
$\Delta E_{Ges} < 0$ für $r_1 > r_2$.

4.3 Die kosmischen Geschwindigkeiten

Die 1. kosmische Geschwindigkeit

Im dritten Band der *Mathematischen Prinzipien der Naturlehre* stellt Newton Überlegungen zur Abschussgeschwindigkeit eines künstlichen Mondes an. Dabei ergibt sich die Frage, mit welcher Geschwindigkeit v_1 ein Stein der Masse m von einer Bergspitze waagrecht weggeworfen werden muss, damit er zur Bergspitze zurückkehrt und sich auf diese Weise als künstlicher Mond auf einer Kreisbahn in Erdnähe um die Erde herum bewegt.

Überlegungen Newtons zur Abschussgeschwindigkeit eines künstlichen Mondes

Es gilt: Zentripetalkraft = Gravitationskraft

$$m \frac{v_1^2}{r_E} = G \frac{m \, m_E}{r_E^2}$$

Daraus folgt:

$$v_1^2 = G \frac{m_E \, r_E}{r_E^2} = g \, r_E$$

$$v_1 = \sqrt{\frac{G \, m_E}{r_E}} = \sqrt{g \, r_E}$$

Berechnung:

$$v_1 = \sqrt{9{,}81 \tfrac{m}{s^2} \cdot 6{,}37 \cdot 10^6 \, m}$$

$$v_1 = 7{,}90 \cdot 10^3 \tfrac{m}{s}$$

$$\mathbf{v_1 = 7{,}90 \, \tfrac{km}{s}}$$

v_1 bezeichnet man als 1. kosmische Geschwindigkeit.

Die 2. kosmische Geschwindigkeit (Fluchtgeschwindigkeit)

Gesucht ist die Geschwindigkeit v_2, die einem Körper der Masse m beim Start von der Erdoberfläche erteilt werden muss, damit er das Gravitationsfeld der Erde verlässt und im Unendlichen zur Ruhe kommt.
Das Nullniveau der potenziellen Energie E_p soll im Unendlichen liegen. Damit gilt für die Gesamtenergie E_{Ges} auf der Erdoberfläche:

$$E_{Ges}(r_E) = \tfrac{1}{2} m \, v_2^2 - G \, m \, m_E \cdot \tfrac{1}{r_E}$$

Da die Gesamtenergie E_{Ges} des Körpers im Unendlichen null sein soll, folgt mit dem Energieerhaltungssatz:

$$\tfrac{1}{2} m \, v_2^2 - G \, m \, m_E \cdot \tfrac{1}{r_E} = 0$$

Somit:

$$v_2 = \sqrt{\frac{2\,G\,m_E}{r_E}} \text{ bzw. } v_2 = \sqrt{2\,g\,r_E}$$

Mit der 1. kosmischen Geschwindigkeit $v_1 = \sqrt{g\,r_E}$ folgt:

$$v_2 = \sqrt{2} \cdot v_1$$

Berechnung:

$$v_2 = \sqrt{2} \cdot 7{,}90 \cdot 10^3 \,\tfrac{m}{s}$$

$$\mathbf{v_2 = 11{,}18 \cdot 10^3 \,\tfrac{m}{s}}$$

Ein mit v_2 abgeschossener Körper kann sich zwar aus dem Anziehungsbereich der Erde lösen, kreist aber wie die Erde um die Sonne. Mit dieser Geschwindigkeit v_2 würde ein Meteor aus dem Unendlichen auf die Erdoberfläche auftreffen, wenn die Lufthülle ihn nicht abbremsen oder zum Verglühen bringen würde.

Aufgaben

7. Ein Körper der Masse $m = 3{,}20 \cdot 10^2$ kg fällt aus der Höhe $h_1 = 3{,}6 \cdot 10^7$ m in die Höhe $h_2 = 4{,}0 \cdot 10^5$ m über der Erdoberfläche.

    a) Berechnen Sie die vom Gravitationsfeld der Erde am Körper K verrichtete Feldarbeit W.

    b) Ermitteln Sie die Geschwindigkeit v, die der Körper K beim freien Fall aus dieser Höhe h_1 erreicht, wenn er sich zu Beginn der Bewegung im Ruhezustand befindet.

8. Der Nachrichtensatellit Symphonie (Masse $m_S = 320$ kg) wurde im Jahr 1974 zunächst auf eine kreisförmige Umlaufbahn (Parkbahn) in der Höhe $h_1 = 4{,}0 \cdot 10^5$ m über der Erdoberfläche gebracht. Durch erneutes Zünden der Triebwerke gelangte der Satellit schließlich über eine Halbellipsenbahn auf die eigentliche Synchronbahn in der Höhe $h_2 = 3{,}6 \cdot 10^7$ m über dem Erdboden (siehe Abbildung).

    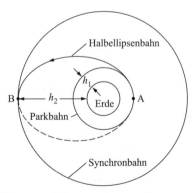

    a) Welche Energie ΔE_a muss dem Satelliten zugeführt werden, um ihn von der Erdoberfläche auf die Parkbahn zu bringen?

    b) Berechnen Sie die Energie ΔE_b, die man dem Nachrichtensatelliten zuführen muss, um ihn von der Parkbahn in die eigentliche Synchronbahn zu heben.

c) Die Synchronbahn erreichte der Satellit Symphonie über die Halbellipsenbahn. Durch kurzzeitiges Zünden der Triebwerke im Punkt A wurde die Geschwindigkeit so erhöht, dass der Satellit im Punkt A die Parkbahn verließ und in die Halbellipsenbahn überging. Auf dieser bewegte er sich antriebslos zum Punkt B. Berechnen Sie die Flugzeit t_{AB} auf der Halbellipse von Punkt A zum Punkt B.

9. Die Bahnen der Kometen sind zumeist lang gestreckte Ellipsen. So bewegt sich der Halley'sche Komet auf einer Ellipsenbahn um die Sonne. Der minimale Abstand von der Sonne beträgt $r_{min} = 89{,}7 \cdot 10^6$ km und der maximale Abstand $r_{max} = 5{,}29 \cdot 10^9$ km. Die maximale Geschwindigkeit des Kometen beträgt $v_{max} = 53{,}8\,\frac{km}{s}$.

    a) Erklären Sie, wie sich die Bewegung des Halley'schen Kometen auf der Ellipsenbahn mit dem Energieerhaltungssatz in Einklang bringen lässt.

    b) Berechnen Sie die minimale Geschwindigkeit v_{min} des Halley'schen Kometen.

10. Zwei Satelliten A und B umkreisen die Erde auf einer Kreisbahn mit dem Radius r.
    Erklären Sie (ohne Berechnungen), welche zwei Flugmanöver vom Astronauten des Satelliten B durchgeführt werden müssen, um von seiner Sicht aus an der Vorderseite des Satelliten A anzudocken (Rendez-vous-Manöver).

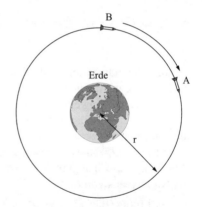

11. Während der Mondlandung von Neil Armstrong und Edwin Aldrin am 21. Juli 1969 mit der Mondfähre „Eagle" umkreiste Michael Collins den Mond im Kommandoteil von Apollo 11 in einer Höhe von $h = 110$ km über der Mondoberfläche. Die Umlaufzeit auf dieser Parkbahn betrug $T_K = 119$ Minuten. Der Mond hat den Radius $r_M = 1\,738$ km, die Gravitationskonstante beträgt $G = 6{,}67 \cdot 10^{-11}\,\frac{m^3}{kg\,s^2}$.

    a) Berechnen Sie mithilfe der gegeben Größen die Mondmasse m_M.

b) Die Landefähre hatte insgesamt die Masse $m_L = 1\,000$ kg. Berechnen Sie die Energie ΔE, die man der Landefähre mithilfe von Bremsraketen entziehen muss, damit sie sanft, d. h. mit $v = 0$, auf der Mondoberfläche aufsetzt.

Blick auf die Raumfähre „Eagle" bei deren Rückkehr zum Kommandoteil.
Fotografiert von Michael Collins am 21.7.1969

5 Das Gravitationspotenzial

Um das Gravitationsfeld in der Umgebung einer felderzeugenden Masse zu beschreiben, wurde die Gravitationsfeldstärke verwendet. Es hat sich als vorteilhaft erwiesen, eine weitere Feld beschreibende Größe einzuführen. In jedem Punkt P eines Gravitationsfeldes kann einem Probekörper der Masse m eindeutig die potenzielle Energie E_P zugeordnet werden. Beispielsweise gilt für die potenzielle Energie E_P eines Probekörpers der Masse m im Gravitationsfeld der Erde (Masse m_E) in Abhängigkeit vom Mittelpunktsabstand r bei entsprechender Wahl des Nullniveaus von E_P

auf der Erdoberfläche: | im Unendlichen:

$$E_P(r) = -G\, m\, m_E \cdot \left(\frac{1}{r} - \frac{1}{r_E}\right) \qquad E_P(r) = -G\, m\, m_E \cdot \frac{1}{r}$$

Der Quotient aus der potenziellen Energie E_P und der Masse m des Probekörpers kann als Feld beschreibende Größe verwendet werden, da dieser von der Probemasse m unabhängig ist.

Definition

Die Größe $\frac{E_P}{m}$ wird **Gravitationspotenzial V im Punkt P** genannt.
Die Einheit des Gravitationspotenzials ist $1\,\frac{J}{kg}$.

Das Potenzial V im Gravitationsfeld der Erde beträgt im Abstand r vom Erdmittelpunkt bei entsprechender Wahl des Nullniveaus für das Gravitationspotenzial

auf der Erdoberfläche:

$$V(r) = -G\, m_E \cdot \left(\frac{1}{r} - \frac{1}{r_E}\right)$$

im Unendlichen:

$$V(r) = -G\, m_E \cdot \frac{1}{r}$$

Das Gravitationspotenzial V ist eine Feld beschreibende skalare physikalische Größe.

Grafische Darstellung des Gravitationspotenzials für die Erde

Nullniveau für das Gravitationspotenzial auf der Erdoberfläche
Wertetabelle:

r	r_E	$2\,r_E$	$3\,r_E$	$4\,r_E$	$5\,r_E$	$6\,r_E$
V in 10^7 J kg^{-1}	0	3,13	4,17	4,69	5,01	5,22

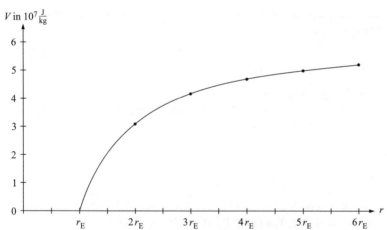

Nullniveau für das Gravitationspotenzial im Unendlichen
Wertetabelle:

r	r_E	$2\,r_E$	$3\,r_E$	$4\,r_E$	$5\,r_E$	$6\,r_E$
V in 10^7 J kg^{-1}	−6,26	−3,13	−2,09	−1,56	−1,25	−1,04

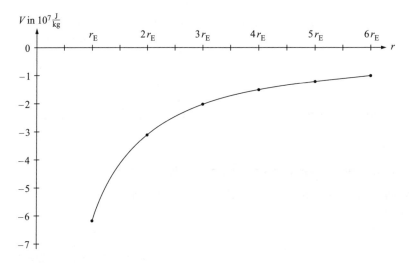

Hinweis: Die hier erhaltenen Ergebnisse können auch auf andere Gravitationsfelder angewandt werden.

Bedeutung des Gravitationspotenzials

Kennt man die Potenzialwerte V_1 und V_2 zweier Punkte P_1 und P_2 in einem Gravitationsfeld, so kann man sofort die Verschiebungsarbeit W_{12} für einen Probekörper der Masse m berechnen. Es gilt:

$$W_{12} = m \cdot (V_1 - V_2)$$

Aufgabe

12. Zwei Körper K_1 und K_2 mit der gleichen Masse $m = 10{,}0 \cdot 10^{25}$ kg haben den Abstand $d = 4{,}0 \cdot 10^7$ m. Ein Punkt P hat von K_1 die Entfernung $r_1 = 3{,}0 \cdot 10^7$ m und von K_2 die Entfernung $r_2 = 5{,}0 \cdot 10^7$ m.
Berechnen Sie das resultierende Gravitationspotenzial V_{res} im Punkt P, das von K_1 und K_2 erzeugt wird.

Hinweis: Das Nullniveau des Gravitationspotenzials soll im Unendlichen liegen.

Elektrisches Feld

Hochfrequenzentladung in einer *Plasmakugel*. Zwischen der (hier sichtbaren) zentralen inneren Kugel und der äußeren großen Kugelhülle ist ein starkes elektrisches Wechselfeld angelegt. Einzelne Atome des im Kugelinneren befindlichen Edelgases werden durch radioaktive Umgebungsstrahlung ionisiert und durch das Wechselfeld radial beschleunigt. Durch Stöße entstehen weitere Ionen, es bildet sich ein Plasma aus neutralen Atomen, Ionen und Elektronen innerhalb eines Entladungsschlauchs („Blitz").

6 Coulomb'sches Gesetz

6.1 Die elektrische Ladung

Eigenschaften

Versuch Wir reiben einen drehbar gelagerten Hartgummistab an einem Katzenfell. Nähert man diesem Hartgummistab
a) einen weiteren an einem Katzenfell geriebenen Hartgummistab,
b) einen am Katzenfell geriebenen Glasstab,
so lässt sich folgendes beobachten:

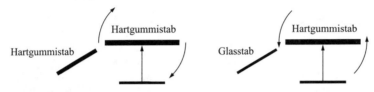

Ergebnis
a) Die Stäbe stoßen sich ab;
b) die Stäbe ziehen sich an.

Folgerung: Auf den Stäben treten durch Reibung elektrische Ladungen auf: im Fall a gleichartige Ladungen, welche sich abstoßen, und im Fall b verschiedenartige Ladungen, welche sich anziehen.

Nachweisgeräte für elektrische Ladungen

a) Um elektrische Ladungen nachzuweisen, nützt man die abstoßende Kraft zwischen gleichartigen Ladungen aus. Geräte, die auf diesem Messprinzip beruhen, nennt man **Elektroskope** (siehe Skizze).

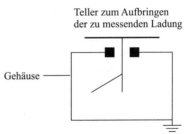

b) Stromempfindlicher **Messverstärker** (Ladungsmesser)
Mit dem Messverstärker können besonders einfach elektrische Ladungen nachgewiesen werden. Ladungsmesser dieser Art sind bereits werksseitig geeicht, sodass eine Ladungsmessung in Coulomb möglich ist.
Die SI-Einheit der Ladung ist 1 Coulomb (C).

Anwendung des Messverstärkers (MV)

Versuch 1 Ladungsmessung des geriebenen Hartgummistabs bzw. Glasstabs.

Ergebnis: Das Anzeigegerät des MV reagiert auf die unterschiedlichen elektrischen Ladungen durch entgegengesetzte Zeigerausschläge.

Versuch 2

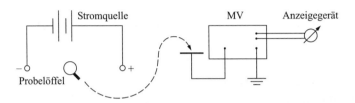

a) Berührung des Probelöffels mit dem Pluspol (Minuspol) der Stromquelle,
b) Messung der auf dem Probelöffel befindlichen Ladung mithilfe des MV.

Ergebnis: Der MV zeigt den gleichen Ausschlag wie bei der Berührung mit dem Glas- bzw. Hartgummistab. Damit ist gezeigt, dass der geriebene Glasstab positive Ladungen (Elektronenmangel) und der geriebene Hartgummistab negative Ladung (Elektronenüberschuss) trägt.

Versuch 3 Wir bringen durch mehrmaliges Löffeln Ladungen vom Pluspol oder Minuspol der Stromquelle zum MV.

Ergebnis: Die dem MV zugeführte Ladung vergrößert sich durch das Löffeln auf ganzzahlige Vielfache. Die elektrische Ladung besitzt somit Mengencharakter.

Versuch 4 Wir bringen nacheinander mit dem Probelöffel Ladungen vom Plus- und Minuspol der Stromquelle zum MV.

Ergebnis: Der zunächst sichtbare Ausschlag des Anzeigegerätes des MV geht nach der zweiten Berührung mit dem Probelöffel wieder auf null zurück. Hieraus folgt, dass sich positive und negative Ladungen in ihrer Wirkung aufheben.

Versuch 5 Elektrische Influenz in Leitern

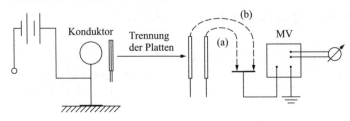

Die ungeladenen Doppelplatten werden in die Nähe der positiv geladenen Konduktorkugel gebracht. Anschließend werden die Platten getrennt und einzeln mit dem MV in Berührung gebracht.

Ergebnis: Wie im Versuch 4 geht der zunächst sichtbare Ausschlag des Anzeigegerätes bei (a) nach Berühren mit der zweiten Platte (b) auf null zurück.

Erklärung: In der Doppelplatte werden durch den Einfluss der positiven Ladung der Konduktorkugel Ladungen getrennt. Diese Ladungstrennung heißt **elektrische Influenz**.

Versuch 6   Wir nähern eine geladene Konduktorkugel einem Metallstäbchen, welches an einem Faden drehbar aufgehängt ist.

Ergebnis: Das Metallstäbchen stellt sich so ein, dass seine Längsrichtung auf den Konduktor weist. Außerdem wird es vom geladenen Konduktor angezogen.

Erklärung: Im neutralen Metallstäbchen werden die elektrischen Ladungen unter dem Einfluss der Konduktorladung verschoben. Das Metallstäbchen wird zu einem so genannten **Dipol**.

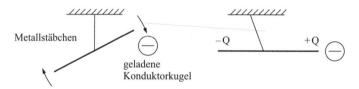

Auf die gegengleichen Ladungen $+Q$ und $-Q$ wirken Kräfte, die das Metallstäbchen drehen. Das Stäbchen zeigt die Richtung der elektrischen Kraft an.

6.2 Kraft zwischen elektrischen Ladungen

Zwischen elektrischen Ladungen wirken Kräfte. Wir untersuchen, von welchen Größen diese Kräfte abhängen.

Experimentelle Herleitung des Coulomb'schen Gesetzes

Versuch   *Versuchsaufbau*
Verwendet wird ein elektronischer Kraftmesser in Verbindung mit einem t-y-Schreiber. Zur Ladungsaufnahme dienen zwei Kugeln. Kugel 1 ist starr an dem Kraftaufnehmer befestigt. In gleicher Höhe wie Kugel 1 befindet sich Kugel 2. Diese ist auf einem Wagen befestigt, der durch eine Fahrbahn geführt wird. Der Schreibarm des Schreibers kann durch eine Schnurverbindung den Wagen auf der

Fahrbahn bewegen. Die für den Versuch notwendigen Ladungen liefern zwei Hochspannungsnetzgeräte (HSQ). Ein Ladungsmesser misst die auf die Kugeln aufgebrachten Ladungen.

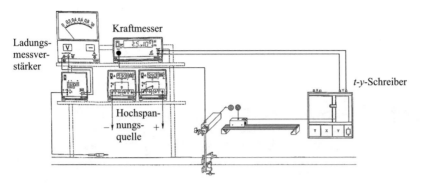

Schaltskizze

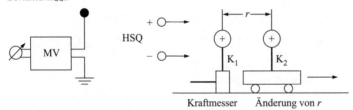

Versuchsdurchführung
Auf die Kugeln K_1 und K_2 wird mithilfe der HSQ die Ladung Q_1 und Q_2 aufgebracht. Zwischen den geladenen Kugeln wirkt die Coulombkraft $\vec{F}$. Der Betrag der wirkenden Coulombkraft kann am elektronischen Kraftmesser abgelesen werden. Wir messen die Coulombkraft $\vec{F}$ zwischen den geladenen Kugeln in Abhängigkeit vom Abstand r (Entfernung der Kugelmittelpunkte) und der Ladungen Q_1 und Q_2.

a) Zusammenhang zwischen der Kraft F und dem Abstand r
   Bei konstanter Ladung Q_1 und Q_2 wird die Kraft F bei veränderbarem Abstand r bestimmt.

   Messprotokoll
   $Q_1 = 0{,}8 \cdot 10^{-8}$ C
   $Q_2 = 0{,}8 \cdot 10^{-8}$ C

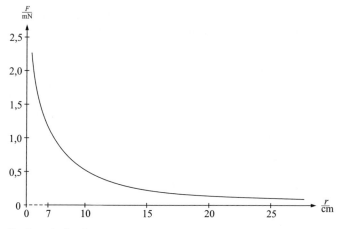

Rechnerische Auswertung

r in 10^{-2} m	7,0	10,0	13,0	16,0	19,0	22,0	25,0
F in mN	1,13	0,53	0,32	0,21	0,15	0,11	0,09
$F \cdot r^2$ in 10^{-3} Nm²	5,5	5,3	5,4	5,4	5,4	5,3	5,6

Grafische Auswertung im $\frac{1}{r^2}$-F-Diagramm

$\frac{1}{r^2}$ in $\frac{10^2}{m^2}$	2,00	1,00	0,59	0,39	0,28	0,21	0,16
F in mN	1,13	0,53	0,32	0,21	0,15	0,11	0,09

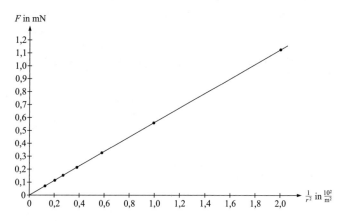

Ergebnis

$F \sim \frac{1}{r^2}$ ($Q_1 =$ konst., $Q_2 =$ konst.)

b) Zusammenhang zwischen der Kraft F und der Ladung Q_1
   Bei konstantem Abstand r und konstanter Ladung Q_2 wird die Kraft F bei verschiedener Ladung Q_1 gemessen.

Messprotokoll und rechnerische Auswertung
$r = 6{,}0 \cdot 10^{-2}$ m
$Q_2 = 2{,}5 \cdot 10^{-8}$ C

Q_1 in 10^{-8} C	0,5	1,1	1,6	2,1	2,7
F in mN	0,4	0,8	1,1	1,5	1,9
$\frac{F}{Q_1}$ in $\frac{\text{mN}}{10^{-8}\text{C}}$	0,8	0,7	0,7	0,7	0,7

Grafische Auswertung im Q_1-F-Diagramm

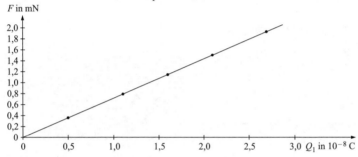

Ergebnis
$F \sim Q_1$ ($Q_2 =$ konst., $r =$ konst.)

c) Zusammenhang zwischen der Kraft F und der Ladung Q_2
   Bei konstantem Abstand r und konstanter Ladung Q_1 wird die Kraft F bei verschiedener Ladung Q_2 gemessen.

Messprotokoll und rechnerische Auswertung
$r = 6{,}0 \cdot 10^{-2}$ m
$Q_1 = 2{,}4 \cdot 10^{-8}$ C

Q_2 in 10^{-8} C	0,6	1,2	1,6	2,2	2,7
F in mN	0,4	0,8	1,1	1,4	1,8
$\frac{F}{Q_2}$ in $\frac{\text{mN}}{10^{-8}\text{C}}$	0,7	0,7	0,7	0,6	0,7

Grafische Auswertung im Q_2-F-Diagramm

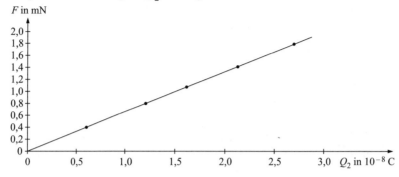

Ergebnis
$F \sim Q_2$ (Q_1 = konst., r = konst.)

Zusammenfassung der Einzelergebnisse von a, b und c

$$F \sim \frac{Q_1 Q_2}{r^2}$$

$$F = k \frac{Q_1 Q_2}{r^2}$$

Coulombgesetz (1785)
(Betragsgleichung)

Charles Coulomb, (1736–1806),
französischer Physiker

Wir bestimmen den Proportionalitätsfaktor k. Aus

$$F = k \frac{Q_1 Q_2}{r^2}$$

folgt:

$$k = \frac{F r^2}{Q_1 Q_2}$$

Mit den Messwerten aus Messreihe b

$F = 1{,}1 \cdot 10^{-3}$ N,
$r = 6{,}0 \cdot 10^{-2}$ m,
$Q_1 = 1{,}6 \cdot 10^{-8}$ C,
$Q_2 = 2{,}5 \cdot 10^{-8}$ C

erhalten wir:
$$k = \frac{1{,}1 \cdot 10^{-3}\,\text{N} \cdot (6{,}0 \cdot 10^{-2}\,\text{m})^2}{1{,}6 \cdot 10^{-8}\,\text{C} \cdot 2{,}5 \cdot 10^{-8}\,\text{C}}$$
$$k = 9{,}9 \cdot 10^9\,\frac{\text{N m}^2}{\text{C}^2}$$

Sollwert:
$$k = 9{,}0 \cdot 10^9\,\frac{\text{N m}^2}{\text{C}^2}$$

Prozentuale Abweichung f_p:
$$f_\text{p} = \left| \frac{9{,}9 \cdot 10^9\,\frac{\text{N m}^2}{\text{C}^2} - 9{,}0 \cdot 10^9\,\frac{\text{N m}^2}{\text{C}^2}}{9{,}0 \cdot 10^9\,\frac{\text{N m}^2}{\text{C}^2}} \right| \cdot 100\,\% = 10\,\%$$

Wie später theoretisch gezeigt wird, besteht zwischen dem Proportionalitätsfaktor k des Coulombgesetzes und der elektrischen Feldkonstanten (Dielektrizitätskonstante des Vakuums) ε_0 der Zusammenhang:

$$k = \frac{1}{4\pi\varepsilon_0} = 9{,}0 \cdot 10^9\,\frac{\text{N m}^2}{\text{C}^2}$$

mit $\varepsilon_0 = 8{,}85 \cdot 10^{-12}\,\frac{\text{C}^2}{\text{N m}^2} = 8{,}85 \cdot 10^{-12}\,\frac{\text{C}}{\text{V m}}$

Damit lautet das Coulombgesetz für punktförmige Ladungen im Vakuum:

$$F = \frac{1}{4\pi\varepsilon_0} \cdot \frac{Q_1 Q_2}{r^2}$$

Vektorielle Darstellung des Coulombgesetzes

Entsprechend der unterschiedlichen Ladungsarten ergeben sich bei Berücksichtigung des Vorzeichens der Ladung zwei Fälle für die Richtung der Coulombkräfte:

a) **Anziehung:** $Q_1 \cdot Q_2 < 0$

Fall 1: $Q_1 < 0$ und $Q_2 > 0$
$\vec{F}_{12}$ ist die Kraft der Ladung Q_1 auf die Ladung Q_2, $\vec{F}_{21}$ ist die Kraft der Ladung Q_2 auf die Ladung Q_1 (Gegenkraft).

$$\vec{F}_{12} = -\vec{F}_{21}$$
$$\vec{F}_{12} = k \cdot \frac{Q_1 Q_2}{r^2}\,\vec{r}^{\,0}$$

Der Fall 2: $Q_1 > 0$ und $Q_2 < 0$ zeigt das gleiche Ergebnis wie Fall 1.

b) **Abstoßung:** $Q_1 \cdot Q_2 > 0$

Fall 1: $Q_1 > 0$ und $Q_2 > 0$

$\vec{F}_{12} = -\vec{F}_{21}$

$\vec{F}_{12} = k \cdot \dfrac{Q_1 Q_2}{r^2} \vec{r}^{\,0}$

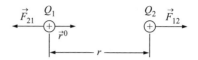

Auch hier zeigt der Fall 2: $Q_1 < 0$ und $Q_2 < 0$ das gleiche Ergebnis wie Fall 1.

Aufgaben

13. a) Berechnen Sie den Betrag der elektrischen Kraft F_C zwischen Atomkern und Elektron eines Wasserstoffatoms.

b) Vergleichen Sie diesen Wert F_C mit der Gravitationskraft F_{Gr} zwischen Atomkern und Elektron.

14. Zwei als Massenpunkte zu betrachtende Körper der Masse m_1 und m_2 tragen die positiven Ladungen Q_1 und Q_2 mit $m_1 = m_2 = 1{,}0 \cdot 10^{-3}$ kg und $Q_1 = 1{,}0 \cdot 10^{-13}$ C. Wie groß muss die Ladung Q_2 sein, damit sich Gravitationskraft und Coulombkraft aufheben?

15. Zwei gleiche Kugeln mit der Gewichtskraft von je $0{,}5 \cdot 10^{-2}$ N sind an zwei je $l = 1{,}00$ m langen, oben an demselben Punkt befestigten Fäden aufgehängt und tragen gleiche Ladungen $Q_1 = Q_2 = Q$. Die Kugeln haben wegen der Abstoßung den Abstand $d = 0{,}20$ m. Berechnen Sie den Betrag der Ladung auf den Kugeln.

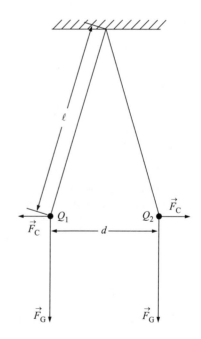

7 Elektrische Feldstärke

7.1 Der Begriff der elektrischen Feldstärke

Der Raum, in dem die Coulombkraft einer Ladung wirksam ist, nennen wir sein elektrisches Feld (vgl. Gravitationsfeld.) Im Gegensatz zum Gravitationsfeld müssen beim elektrischen Feld zwei Fälle unterschieden werden, da die felderzeugende Ladung positiv oder negativ sein kann. Zur Untersuchung elektrischer Felder werden nur **positive** Probeladungen herangezogen. Somit ergeben sich für die Orientierung der Coulombkräfte folgende Möglichkeiten:

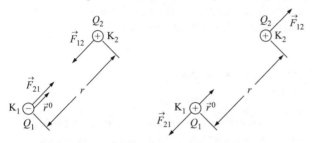

K_1 = Körper mit der felderzeugenden Ladung Q_1
K_2 = Körper mit der Probeladung Q_2 ($Q_2 \ll Q_1$)

$$\vec{F}_{12} = k \cdot \frac{Q_1 Q_2}{r^2} \vec{r}^{\,0}$$

Umformen ergibt:

$$\vec{F}_{12} = k \cdot \frac{Q_1}{r^2} \vec{r}^{\,0} \cdot Q_2$$

Division durch Q_2 ergibt:

$$\frac{\vec{F}_{12}}{Q_2} = \frac{k\,Q_1}{r^2} \vec{r}^{\,0}$$

Dieser Ausdruck ist unabhängig von der Probeladung Q_2 und dem Betrage nach konstant für alle Punkte P mit gleichem Abstand r von der felderzeugenden Ladung Q_1. Diese Punkte liegen auf einer Kugelschale um K_1 mit dem Radius r.

> Definition
>
> $\dfrac{\vec{F}_{12}}{Q_2}$ wird elektrische Feldstärke $\vec{E}$ der Ladung Q_1 im Punkt P genannt.
>
> Es gilt: $\vec{E}(r) = \dfrac{k\,Q_1}{r^2} \vec{r}^{\,0}$

An einem festen Ort des elektrischen Feldes ist der Quotient aus der Coulombkraft $\vec{F}$ auf einen geladenen Probekörper und der Ladung Q_p des Probekörpers konstant.

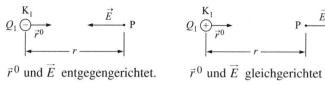

$\vec{r}^0$ und $\vec{E}$ entgegengerichtet. $\vec{r}^0$ und $\vec{E}$ gleichgerichtet

Man schreibt $\vec{E} = E \cdot \vec{r}^0$ mit:

$$E = \frac{k\, Q_1}{r^2}$$

Die Einheit für die elektrische Feldstärke ergibt sich zu:

$$1\frac{\text{N m}^2}{\text{C}^2}\,\frac{\text{C}}{\text{m}^2} = 1\frac{\text{N}}{\text{C}}$$

Das Außenfeld einer elektrisch geladenen Kugel stimmt überein mit dem Feld einer punktförmigen Ladung gleicher Größe im Mittelpunkt der Kugel.

7.2 Experimentelle Behandlung des radialsymmetrischen elektrischen Feldes

Für die elektrische Feldstärke E des radialsymmetrischen elektrischen Feldes einer Ladung Q gilt aufgrund der vorhergehenden theoretischen Betrachtungen:

$$E(r) = \frac{1}{4\pi\varepsilon_0} \cdot \frac{Q}{r^2}$$

Versuch   *Versuchsaufbau*

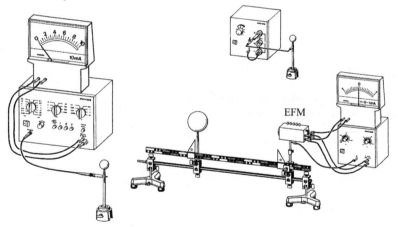

Hinweis: Die Wirkungsweise des verwendeten Elektrofeldmeters (EFM) beruht auf Influenz und wird später ausführlicher erläutert (vgl. S. 86).

Schaltskizze

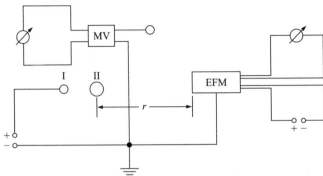

Versuchsdurchführung
Mithilfe eines geeichten EFM wird die elektrische Feldstärke E einer felderzeugenden Ladung Q (Konduktor II) am Ort des EFM gemessen. Durch kurzzeitiges Berühren des mit einer Stromquelle verbundenen Konduktors I wird der Konduktor II aufgeladen und trägt dann die Ladung Q. Die aufgebrachte Ladung ermittelt man mit dem stromempfindlichen Messverstärker (Ladungsmesser). Man bestimmt die elektrische Feldstärke E in Abhängigkeit von der felderzeugenden Ladung Q bei konstantem Abstand r (Entfernung von EFM und Mittelpunkt des Konduktors II) bzw. in Abhängigkeit vom Abstand r bei konstanter Ladung Q.

a) Untersuchung der Abhängigkeit der elektrischen Feldstärke E von der felderzeugenden Ladung Q
Messprotokoll und rechnerische Auswertung
$r = $ konst.

Q in 10^{-9} C	14,0	21,0	29,0	35,0	41,0
E in $\frac{kN}{C}$	1,7	2,5	3,4	4,2	5,1
$\frac{E}{Q}$ in $10^9 \frac{kN}{C^2}$	0,12	0,12	0,12	0,12	0,12

Grafische Auswertung im Q-E-Diagramm

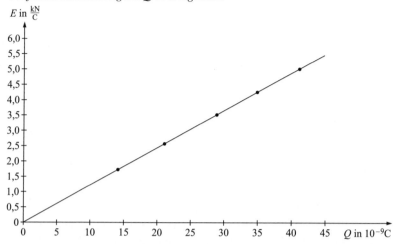

Ergebnis
$E \sim Q$ (r = konst.)

b) Untersuchung der Abhängigkeit der elektrischen Feldstärke E vom Abstand r
   Messprotokoll und rechnerische Auswertung
   Q = konst.

r in 10^{-2} m	20,0	30,0	40,0	50,0	60,0
E in $\frac{kN}{C}$	39,0	18,0	10,0	6,0	4,5
$E \cdot r^2$ in $\frac{kN\,m^2}{C}$	1,56	1,62	1,60	1,50	1,62
$\frac{1}{r^2}$ in $10\,m^{-2}$	2,5	1,1	0,6	0,4	0,3

Grafische Auswertung im $\frac{1}{r^2}$-E-Diagramm

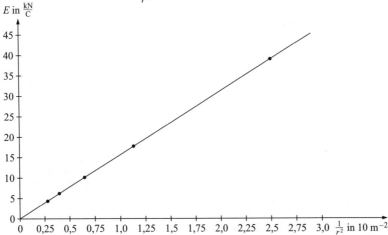

Ergebnis

$E \sim \frac{1}{r^2}$ (Q = konst.)

Zusammenfassung der Ergebnisse aus a und b

$E \sim \frac{Q}{r^2}$ bzw. $E = k \cdot \frac{Q}{r^2}$

Der Wert des Proportionalitätsfaktors k folgt aus dem Coulombgesetz:

$k = \frac{1}{4\pi\varepsilon_0}$

7.3 Darstellung des elektrischen Feldes durch Feldlinienbilder

Bei der Behandlung des Gravitationsfeldes haben wir das Feldlinienbild einer isolierten punktförmigen Masse dargestellt.
Analog dazu ergibt sich das Feldlinienbild einer isolierten negativ geladenen Metallkugel („Punktladung").

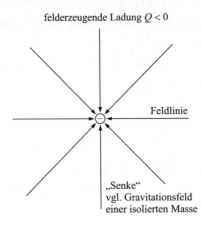

Da die felderzeugende Ladung auch positiv sein kann, erhalten wir das nebenstehende Feldlinienbild.

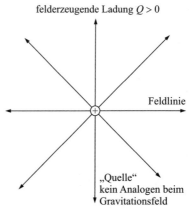

Man nennt diese Felder radialsymmetrisch.

Überlagerung elektrischer Felder

Die elektrischen Felder zweier Punktladungen Q_1 und Q_2 überlagern sich vektoriell.

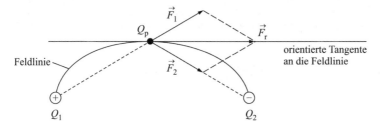

$\vec{F}_1$: Kraft der Ladung Q_1 auf die Probeladung Q_p

$\vec{F}_2$: Kraft der Ladung Q_2 auf die Probeladung Q_p

Für die resultierende Kraft $\vec{F}_r$ auf die Probeladung gilt:

$$\vec{F}_r = \vec{F}_1 + \vec{F}_2$$

Im radialsymmetrischen Feld der Ladungen Q_1 bzw. Q_2 gilt:

$$\vec{F}_1 = Q_p \cdot \vec{E}_1 \text{ bzw. } \vec{F}_2 = Q_p \cdot \vec{E}_2$$

Somit folgt

$$\vec{F}_r = Q_p \cdot \vec{E}_1 + Q_p \cdot \vec{E}_2$$

oder:

$$\vec{F}_r = Q_p (\vec{E}_1 + \vec{E}_2)$$

Man setzt für die resultierende elektrische Feldstärke im Punkt P:

$$\vec{E}_r := \vec{E}_1 + \vec{E}_2$$

Es folgt:

$$\vec{E}_r = \frac{\vec{F}_r}{Q_p}$$

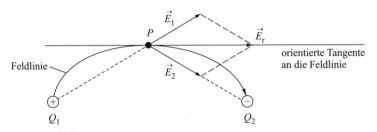

Bemerkungen zu den elektrischen Feldlinien
1. Die Feldlinien beginnen auf den positiven Ladungen („Quellen") und enden auf den negativen Ladungen („Senken").
2. Die Feldlinien treten senkrecht aus der Leiteroberfläche aus (im Unterschied zu Gravitationsfeldlinien).

Experimentelle Veranschaulichung des elektrischen Feldes

Versuch   *Versuchsaufbau*

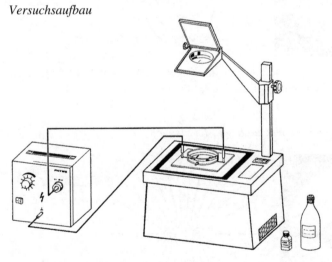

Versuchsdurchführung
In einer Schale mit Rizinusöl werden Grießkörner gleichmäßig verteilt. In die Schale werden Elektroden unterschiedlicher Form gebracht und an eine Hochspannungsquelle angeschlossen.

Ergebnis: Die Grießkörner ordnen sich zu Ketten entlang der so genannten elektrischen Feldlinien an.

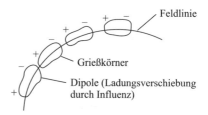

Erklärung: Die Grießkörner werden im elektrischen Feld zu kleinen Dipolen (Ladungsverschiebung innerhalb der Grießkörner) und schließen sich mit ihren entgegengesetzt geladenen Enden zusammen.

Wir betrachten im Folgenden verschiedene Ladungsverteilungen.

Elektrisches Feld zweier gegengleich geladener Metallkugeln

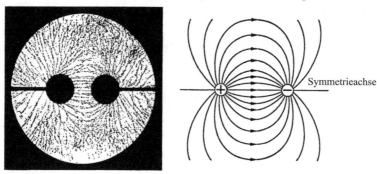

Symmetrieachse ist die Verbindungslinie der Kugelmittelpunkte. In keinem Punkt nimmt die Feldstärke den Wert null an. Dieses Feld besitzt kein Analogon bei Gravitationsfeldern.

Elektrisches Feld zweier gleich geladener Metallkugeln

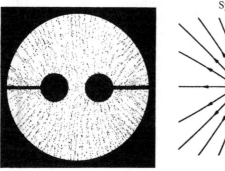
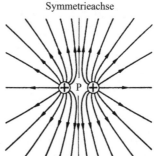

Elektrisches Feld zweier verschieden geladener konzentrischer Ringe

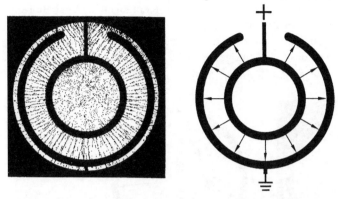

Es liegt ein radialsymmetrisches Feld vor (Symmetriezentrum = Mittelpunkt). Durch die äußere Ringelektrode wird das Feld nicht verformt (gestört), sondern nur nach außen begrenzt. Der Innenraum der inneren Ringelektrode ist feldfrei (Faraday-Käfig). Keine Analogie zum Gravitationsfeld.

Elektrisches Feld einer positiv geladenen Metallkugel mit geerdeter Metallplatte

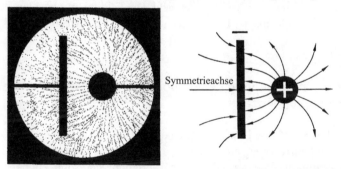

Das Feld ist symmetrisch zur Mittelsenkrechten auf die Metallplatte. Das Feld ist nicht radialsymmetrisch, es ist inhomogen. Keine Analogie zum Gravitationsfeld.

Elektrisches Feld zweier ungleichnamig geladener Platten

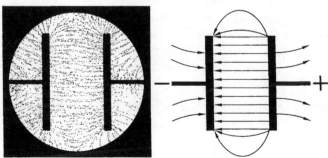

Überall in Betrag und Richtung gleiche Feldstärke (Feldlinien verlaufen parallel (Richtung!) und äquidistant (Betrag!)). Analogon zum homogenen Gravitationsfeld. Dabei entspricht die negative Platte der Erdoberfläche. Der Innenraum des Kondensators besitzt ein homogenes elektrisches Feld, der Rand ein inhomogenes Feld. Im Außenraum ist das Feld stark geschwächt.

Elektrisches Feld eines geladenen Elektroskops

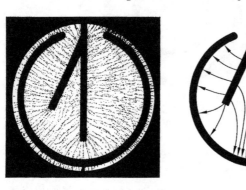

Es handelt sich um ein inhomogenes elektrisches Feld. Die Feldlinien schneiden sich nicht und treten senkrecht aus der Leiteroberfläche aus. Keine Analogie zum Gravitationsfeld.

7.4 Experimentelle Untersuchung des homogenen elektrischen Feldes im Plattenkondensator

Im elektrischen Feld wird auf eine Probeladung eine Kraft ausgeübt. Insbesondere zeigte sich, dass die Kraftwirkung eines radialsymmetrischen elektrischen Feldes nach außen hin abnimmt. Eine spezielle Ladungsverteilung und somit ein besonderes elektrisches Feld tritt beim Plattenkondensator auf. Wir untersuchen im Folgenden das elektrische Feld in Inneren eines Plattenkondensators.

Versuch Wir bringen zwischen die Platten eines geladenen Kondensators eine isolierte Konduktorkugel, welche am Kraftaufnehmer eines Newtonmeters befestigt ist. Anschließend wird auf die Konduktorkugel eine Probeladung Q_p gebracht (Messung mithilfe eines Messverstärkers). Diese Ladung erfährt im elektrischen Feld des Plattenkondensators eine Kraft F.

    a) Bei festem Ort der Konduktorkugel messen wir die Kraft F in Abhängigkeit von der aufgebrachten Probeladung Q_p.

b) Bei konstanter Probeladung Q_p auf der Konduktorkugel untersuchen wir die Feldstärke E im Plattenkondensator; dabei ist es zweckmäßig, die Konduktorkugel nur parallel zu den Kondensatorplatten zu verschieben.

Die Probeladung muss sehr klein gegenüber der Kondensatorladung sein, da größere Ladungen durch ihre Kraftwirkung die Ladungsverteilung in der Umgebung und damit das zu untersuchende elektrische Feld stark verändern würden.

Versuchsaufbau

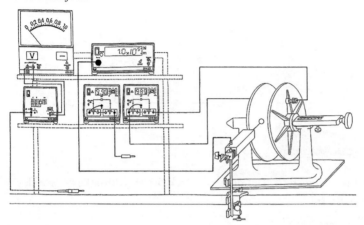

Schaltskizze

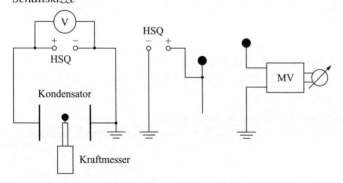

Messprotokoll und rechnerische Auswertung

a) Die Ladung des Plattenkondensators ist konstant

Q_p in 10^{-8} C	0,5	1,6	2,7
F in mN	0,5	1,7	2,7
$\dfrac{F}{Q_p}$ in $\dfrac{mN}{10^{-8}C}$	1,0	1,1	1,0

Grafische Auswertung im Q_p-F-Diagramm

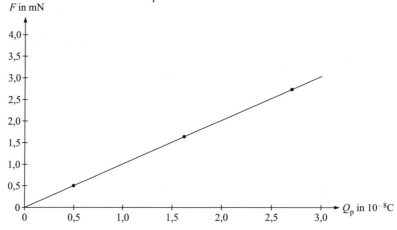

Ergebnis

$F \sim Q_p$ oder $\dfrac{F}{Q_p}$ = konstant.

Der Quotient ist gemäß der Definition die elektrische Feldstärke am Ort des Konduktors. Es gilt:

$E = \dfrac{F}{Q_p}$ = konstant bzw. $\vec{E} = \dfrac{\vec{F}}{Q_p}$

b) Die elektrische Feldstärke ist an jeder Stelle im Inneren des Plattenkondensators gleich.

Ergebnis aus a und b: Die elektrische Feldstärke ist im gesamten Kondensator konstant, d. h. das elektrische Feld ist dort homogen.
Vergleichen Sie hierzu das Feldlinienbild im Plattenkondensator S. 55. Das Randfeld des Kondensators ist inhomogen.

Technische Anwendung der Elektrostatik
Luftreinigung durch Elektrofilter oder Erstellen von Fotokopien durch Xerographie.

16. Eine Metallkugel vom Radius $R = 4{,}5$ cm trägt eine positive Ladung $Q = 1{,}0 \cdot 10^{-9}$ C.

a) Geben Sie den Betrag der elektrischen Feldstärke mit eingesetzten Zahlenwerten in Abhängigkeit vom Abstand r an.

b) Berechnen Sie den Betrag der elektrischen Feldstärke im Bereich $R \leq r \leq 3R$.

c) Stellen Sie den Verlauf der elektrischen Feldstärke für $R \leq r \leq 3R$ grafisch dar.

d) Geben Sie den Betrag der elektrischen Feldstärke im Innern der Kugel an und ergänzen Sie entsprechend das Diagramm von Teilaufgabe c.

e) Berechnen Sie die Kraft auf einen Heliumkern (α-Teilchen), der sich in der Entfernung $r_\alpha = 13{,}5$ cm vom Kugelmittelpunkt befindet.

17. Ein kugelförmiger Luftballon ist außen mit Graphit leitend bestrichen und isoliert aufgehängt. Sein Radius beträgt 2,5 cm. Auf dem Ballon ist die Ladung Q gleichmäßig verteilt. In der Entfernung $d = 52{,}5$ cm vom Kugelmittelpunkt ruft diese Ladung die elektrische Feldstärke $E_0 = 100$ NC^{-1} hervor.

a) Berechnen Sie den Betrag der Ladung Q.

b) Der Ballon wird nun aufgeblasen, der neue Radius beträgt 5,0 cm. Ermitteln Sie die Feldstärke E_1, die sich in der Entfernung d vom Kugelmittelpunkt einstellt.

18. Gegeben sind zwei positive Ladungen mit $Q_1 = 8{,}5$ nC und $Q_2 = 5{,}5$ nC. Auf der Verbindungsgeraden der beiden Ladungen befindet sich im Abstand $s = 10{,}0$ cm von der Ladung Q_1 ein Punkt P, in dem die elektrische Feldstärke null ist.

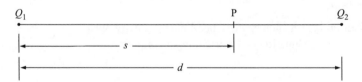

Berechnen Sie den Abstand d der beiden Punktladungen.

8 Arbeit im elektrischen Feld

8.1 Homogenes elektrisches Feld

Ein Körper mit der positiven Ladung Q (siehe Abb. A) bewegt sich im homogenen elektrischen Feld mit der Feldstärke $\vec{E}$ längs des Weges $\vec{s}$ vom Punkt 1 zum Punkt 2. Dabei verrichtet die konstante Feldkraft $\vec{F}$ an dem Körper die Beschleunigungsarbeit W_{12}.

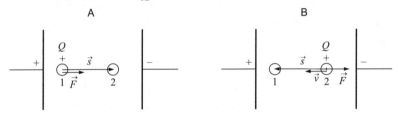

Für die Feldarbeit W_{12} gilt:
$$W_{12} = \vec{F} \circ \vec{s} = Q\,\vec{E} \circ \vec{s}$$
$$W_{12} = F\,s = Q\,E\,s$$

Die Feldarbeit W_{12} ist positiv, weil die Vektoren $\vec{F}$ und $\vec{s}$ in die gleiche Richtung weisen. Beginnt der Körper seine Bewegung im Punkt 2 mit der Geschwindigkeit $\vec{v}$ (siehe Abb. B), so bremst ihn die Feldkraft $\vec{F}$ ab, bis er im Punkt 1 zur Ruhe kommt. Für die Arbeit W_{21} der Feldkraft gilt:

$$W_{21} = \vec{F} \circ \vec{s} = Q\,\vec{E} \circ \vec{s}$$
$$W_{21} = -F\,s = -Q\,E\,s$$

Die Feldarbeit W_{21} ist negativ, weil die Vektoren $\vec{F}$ und $\vec{s}$ in entgegengesetzte Richtung weisen.

Die Feldarbeit im homogenen elektrischen Feld ist **positiv**, wenn die Verschiebung der positiven Ladung **in** der Feldrichtung erfolgt.

8.2 Radialsymmetrisches elektrisches Feld

Ein Körper mit der positiven Ladung Q_2 bewegt sich im radialsymmetrischen elektrischen Feld einer negativ geladenen Kugel K längs des Weges $\vec{s}$ vom Punkt 1 zum Punkt 2 (siehe Abbildung). Die Feldarbeit W_{12} ist positiv, weil die Vektoren $\vec{F}(r)$ und $\vec{s}$ gleichgerichtet sind.

Im Unterschied zum homogenen elektrischen Feld, bei dem die Feldkraft konstant ist, vergrößert sich $\vec{F}(r)$ auf dem Weg $\vec{s}$ von 1 nach 2.

$$W_{12} = -\int_{r_1}^{r_2} F(r)\,dr$$

$$= \int_{r_1}^{r_2} \frac{1}{4\pi\varepsilon_0} \frac{Q_1 Q_2}{r^2}\,dr \quad \text{mit } Q_1 Q_2 < 0$$

$$W_{12} = \frac{Q_1 Q_2}{4\pi\varepsilon_0}\left[-\frac{1}{r}\right]_{r_1}^{r_2}$$

$$\boxed{W_{12} = \frac{Q_1 Q_2}{4\pi\varepsilon_0}\left(\frac{1}{r_1} - \frac{1}{r_2}\right)}$$

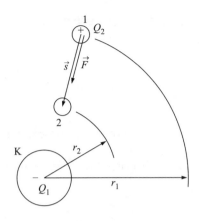

Im elektrischen Feld tritt ein zweiter Fall auf: $Q_1 Q_2 > 0$.
Für die Feldarbeit gilt die gleiche Formel wie oben.

8.3 Wegunabhängigkeit der Feldarbeit

Die Feldarbeit der Ladung Q_2 im radialsymmetrischen elektrischen Feld der Ladung Q_1 ist vom zurückgelegten Weg unabhängig. Es gelten die analogen Überlegungen wie im Gravitationsfeld.

Aufgabe

19. Ein radialsymmetrisches elektrisches Feld wird durch die Ladung $Q = 1{,}0\,\text{nC}$ erzeugt. Die Ladung befindet sich auf einer Metallkugel mit dem Radius $r_0 = 1{,}0\,\text{cm}$.
In das elektrische Feld wird eine Probeladung $q = 4{,}0\,\text{pC}$ gebracht.
Berechnen Sie die Feldarbeit W, um die Probeladung vom Punkt P_1 mit $r_1 = 2{,}0\,\text{cm}$ zum Punkt P_2 mit $r_2 = 4{,}0\,\text{cm}$ zu verschieben.

9 Potenzielle Energie im elektrischen Feld

Ebenso wie ein Körper im Gravitationsfeld potenzielle Energie besitzt, hat auch eine Ladung im elektrischen Feld potenzielle Energie.

9.1 Homogenes elektrisches Feld

Für die Feldarbeit W_{12} der positiven Ladung Q im homogenen elektrischen Feld $\vec{E}$ gilt:
$$W_{12} = \vec{F} \circ \vec{s}$$
$$W_{12} = F \cdot s = Q\,E\,s$$

Bei der Bewegung der Ladung Q von P_1 nach P_2 verringert sich das Arbeitsvermögen der Ladung Q, d. h. ihre potenzielle Energie E_p nimmt um W_{12} ab. Zwischen der Feldarbeit W_{12} und der Änderung der potenziellen Energie ΔE_p besteht der Zusammenhang:
$$W_{12} = -\Delta E_p$$
bzw.
$$W_{12} = -(E_p(x) - E_p(d))$$

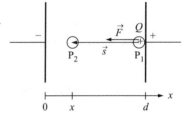

Mit
$$W_{12} = Q\,E\,(d-x)$$
ergibt sich:
$$Q\,E\,(d-x) = E_p(d) - E_p(x)$$
$$E_p(x) = Q\,E\,x - Q\,E\,d + E_p(d)$$

Festlegung des Bezugsniveaus der potenziellen Energie

a) Nullniveau der potenziellen Energie auf der negativen Kondensatorplatte, d. h. $E_p(0) = 0$

Mit der Formel für die potenzielle Energie folgt:
$$E_p(0) = Q\,E\,0 - Q\,E\,d + E_p(d) = 0$$
Somit:
$$E_p(d) = Q\,E\,d.$$
Für $E_p(x)$ ergibt sich:
$$\boxed{E_p(x) = Q\,E\,x} \qquad (0 \leq x \leq d)$$

x-E_p-Diagramm
für $Q = 1{,}0 \cdot 10^{-9}$ C, $E = 1{,}0 \cdot 10^3 \frac{N}{C}$, $d = 8{,}0 \cdot 10^{-2}$ m

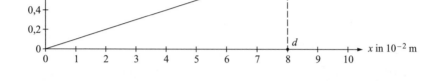

b) Nullniveau der potenziellen Energie auf der positiven Kondensatorplatte, d. h. $E_p(d) = 0$
Für $E_p(x)$ ergibt sich somit:

$E_p(x) = Q\,E\,x - Q\,E\,d$ $(0 \leq x \leq d)$

x-E_p-Diagramm
für $Q = 1{,}0 \cdot 10^{-9}$ C, $E = 1{,}0 \cdot 10^3 \frac{N}{C}$, $d = 8{,}0 \cdot 10^{-2}$ m

9.2 Radialsymmetrisches elektrisches Feld

Die felderzeugende Ladung Q_1 befindet sich auf einer leitenden Kugel mit dem Radius r_0. Die potenzielle Energie E_p der Probeladung Q_2 im Abstand $r \geq r_0$ vom Mittelpunkt der Kugel lässt sich aus dem Zusammenhang
$$W_{12} = -\Delta E_p$$
herleiten. In Analogie zum Gravitationsfeld wählen wir den Bezugspunkt für die potenzielle Energie auf der Kugeloberfläche bzw. im Unendlichen.

a) Nullniveau der potenziellen Energie auf der Kugeloberfläche

$$E_p(r) = \frac{Q_1 Q_2}{4\pi\varepsilon_0} \cdot \frac{1}{r} - \frac{Q_1 Q_2}{4\pi\varepsilon_0} \cdot \frac{1}{r_0} \quad \text{bzw.}$$

$$E_p(r) = \frac{Q_1 Q_2}{4\pi\varepsilon_0}\left(\frac{1}{r} - \frac{1}{r_0}\right) \quad (r_0 \leq r)$$

b) Nullniveau der potenziellen Energie im Unendlichen

$$E_p(r) = \frac{Q_1 Q_2}{4\pi\varepsilon_0} \cdot \frac{1}{r} \quad (r_0 \leq r)$$

r-E_p-Diagramm
für $|Q_1| = 1,0 \cdot 10^{-9}$ C, $|Q_2| = 1,0 \cdot 10^{-12}$ C, $r_0 = 2,5 \cdot 10^{-2}$ m

a) $Q_1 Q_2 < 0$ (anziehende Kräfte)

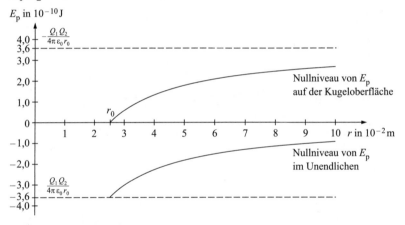

b) $Q_1 Q_2 > 0$ (abstoßende Kräfte)

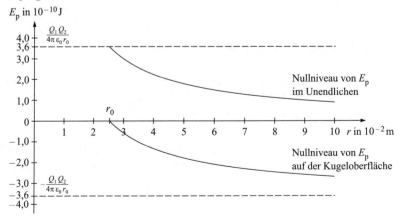

Aufgaben

20. Ein Plattenkondensator mit der elektrischen Feldstärke $E = 1{,}0 \cdot 10^5 \frac{N}{C}$ hat einen Plattenabstand von $d = 4{,}0$ cm. Ein Körper mit der Ladung $Q = 1{,}0$ nC soll von der negativen zur positiven Platte verschoben werden.

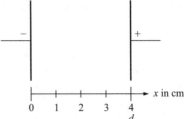

a) Stellen Sie die potenzielle Energie E_p der Ladung Q in Abhängigkeit vom Abstand x grafisch dar, wenn das Nullniveau der potenziellen Energie auf der negativen Platte liegt.

b) Der Körper mit der Ladung Q wird bei $x = d$ aus dem Ruhezustand freigegeben. Berechnen Sie die Auftreffgeschwindigkeit v_E auf der negativ geladenen Kondensatorplatte und die Flugdauer t_F des Körpers, wenn dieser die Masse $m = 2{,}0$ μg hat.

21. Eine positiv geladene Metallkugel mit dem Radius $r_0 = 2{,}0$ cm trägt die Ladung $Q = 2{,}0 \cdot 10^{-7}$ C. Im elektrischen Feld von Q befindet sich die positive Probeladung $q = 1{,}0 \cdot 10^{-10}$ C.

a) Zeichnen Sie die r-E_p-Diagramme der Probeladung q, wenn das Nullniveau der potenziellen Energie auf der Kugeloberfläche bzw. im Unendlichen liegt ($r_0 \leq r \leq 5\, r_0$).

b) Geben Sie die potenzielle Energie E_p im Inneren der Hohlkugel an. Begründung!

22. Nach der Bohr'schen Theorie für das Wasserstoffatom kann das Elektron den Atomkern (Proton) nur auf bestimmten Kreisbahnen, den so genannten Quantenbahnen, umlaufen. Die kleinste Kreisbahn des Elektrons (1. Quantenbahn) hat den Radius $r_1 = 5{,}3 \cdot 10^{-11}$ m.

Veranschaulichung des Bohr'schen Atommodells

a) Berechnen Sie die Geschwindigkeit v_1 des Elektrons auf der 1. Quantenbahn.

b) Berechnen Sie die Gesamtenergie E_{Ges} des Elektrons auf der 1. Quantenbahn.
Hinweis: Das Nullniveau der potenziellen Energie soll im Unendlichen liegen.

c) Berechnen Sie die Energiedifferenz ΔE, um das Elektron von der 1. Quantenbahn ins Unendliche zu bringen.
Welche Bedeutung hat dieser Energiebetrag für das Wasserstoffatom?

10 Potenzial und Spannung im elektrischen Feld

In jedem Punkt P eines elektrischen Feldes $\vec{E}$ kann einer Probeladung q eindeutig die potenzielle Energie E_p zugeordnet werden. Diese ist abhängig von der Wahl des Nullniveaus und von der Größe der Probeladung.

Der Quotient aus der potenziellen Energie E_p und der Probeladung q kann als feldbeschreibende Größe verwendet werden, da dieser von der Probeladung q unabhängig ist.

Definition — Die Größe $\dfrac{E_p}{q}$ wird **elektrisches Potenzial** φ im Punkt P genannt.

Die Einheit des elektrischen Potenzials ist $1\,\dfrac{J}{C} = 1$ Volt (V).

10.1 Elektrisches Potenzial im homogenen Feld

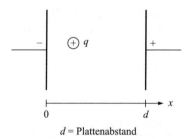

d = Plattenabstand

Nullniveau von E_p bei $x = 0$:

$$\varphi(x) = E\,x \qquad (0 \leq x \leq d)$$

Nullniveau von E_p bei $x = d$:

$$\varphi(x) = E\,x - E\,d \qquad (0 \leq x \leq d)$$

$x\text{-}\varphi\text{-Diagramm}$
für $E = 1{,}0 \cdot 10^3 \frac{V}{m}$, $d = 8{,}0 \cdot 10^{-2}$ m

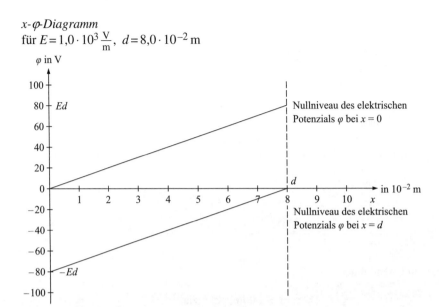

10.2 Elektrisches Potenzial im radialsymmetrischen Feld

Eine leitende Kugel mit dem Radius r_0 trägt die felderzeugende Ladung Q. Für das elektrische Potenzial φ des Punktes P im Abstand r vom Kugelmittelpunkt gilt bei Wahl des Nullniveaus der potenziellen Energie E_p:

a) auf der Kugeloberfläche

$$\varphi(r) = \frac{Q}{4\pi\varepsilon_0}\left(\frac{1}{r} - \frac{1}{r_0}\right) \quad (r_0 \leq r)$$

$r\text{-}\varphi\text{-Diagramme}$
für $Q = \pm 1{,}0 \cdot 10^{-9}$ C, $r_0 = 2{,}0 \cdot 10^{-2}$ m

r in 10^{-2} m	2,0	4,0	6,0	8,0	10,0
φ in V	0	±225	±300	±337	±360

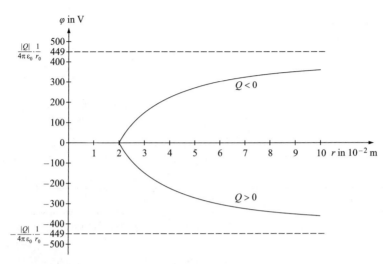

b) im Unendlichen

$$\varphi(r) = \frac{Q}{4\pi\varepsilon_0}\frac{1}{r} \quad (r_0 \leq r) \quad \text{Coulombpotenzial}$$

r-φ-Diagramme
für $Q = \pm 1,0 \cdot 10^{-9}$ C, $r_0 = 2,0 \cdot 10^{-2}$ m

r in 10^{-2} m	2,0	4,0	6,0	8,0	10,0
φ in V	±449	±225	±150	±112	±90

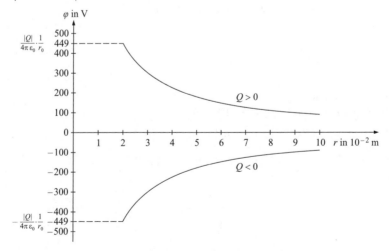

Als Bezugspunkt (Nullniveau) des elektrischen Potenzials wählt man oft den Erdboden (man hat „geerdet"). Alle mit dem Bezugspunkt leitend verbundenen Teile haben das gleiche elektrische Potenzial wie dieser.

10.3 Die elektrische Spannung

Die Feldarbeit W_{12} einer Probeladung q zwischen zwei Punkten P_1 und P_2 ist von der Größe der Probeladung q abhängig. Der Quotient aus der Feldarbeit W_{12} und der Probeladung q kann als feldbeschreibende Größe verwendet werden, da dieser von der Probeladung q unabhängig ist.

Definition

> Die Größe $\frac{W_{12}}{q}$ wird elektrische **Spannung** U_{12} zwischen den Punkten P_1 und P_2 genannt.

Es gilt:

> $U_{12} = \frac{W_{12}}{q}$ Einheit der elektrischen Spannung: $1 \frac{J}{C} = 1$ Volt (V)

Zusammenhang zwischen elektrischer Spannung U und elektrischem Potenzial φ

Ist φ_1 das elektrische Potenzial im Punkt P_1 und φ_2 im Punkt P_2, so kann die elektrische Spannung U_{12} als Potenzialdifferenz dargestellt werden. Es gilt:

> $U_{12} = \varphi_1 - \varphi_2$

Das elektrische Potenzial ist eine Feldgröße, die den einzelnen Punkten des elektrischen Feldes zugeordnet ist.
Eine Spannung (Potenzialdifferenz) ist stets einem Punktepaar des elektrischen Feldes zugeordnet.

Aufgabe

23. Eine leitende Hohlkugel mit dem Radius $R = 1{,}0$ cm trägt die felderzeugende Ladung $Q = \pm 5{,}0$ nC. Das Nullniveau des elektrischen Potenzials liegt im Unendlichen.
    a) Berechnen Sie das elektrische Potenzial φ auf der Kugeloberfläche.
    b) Stellen Sie den Potenzialverlauf für $R \leq r \leq 12\,R$ in einem r-φ-Diagramm dar.
    c) Welche Potenzialdifferenz durchläuft eine Probeladung $q = 1{,}0$ pC vom Feldpunkt $P_1(r_1 = 4{,}0$ cm$)$ zum Feldpunkt $P_2(r_2 = 12{,}0$ cm$)$? Berechnen Sie jeweils die verrichtete Feldarbeit.
    d) Geben Sie den Potenzialverlauf im Inneren der Kugel an und ergänzen Sie das r-φ-Diagramm im Bereich $0 \leq r \leq R$.

11 Experimentelle Untersuchung des elektrischen Potenzials

Das elektrische Potenzial ist im Unterschied zur elektrischen Feldstärke eine messtechnisch leicht zugängliche physikalische Größe. Als Messgerät dient ein statischer Spannungsmesser, dessen Wirkungsweise im Folgenden erklärt wird.

11.1 Messprinzip eines statischen Spannungsmessers

Bei der experimentellen Untersuchung des elektrischen Feldes wurde das Feldlinienbild eines Elektroskops (Gerät zur Ladungsanzeige) dargestellt (siehe S. 56). Die elektrischen Feldlinien verlaufen zwischen dem isolierten Teil (beweglicher Zeiger) und dem geerdeten Gehäuse des Elektroskops. Anfangs- und Endpunkt der Feldlinien haben unterschiedliches Potenzial. Erhöht man die Ladung auf dem isolierten Teil des Elektroskops, so erhöht sich die elektrische Feldstärke und damit die Potenzialdifferenz zum Gehäuse.

Ordnet man bestimmten Zeigerstellungen entsprechende Potenzialdifferenzen zu, so kann man das Elektroskop als geeichten Spannungsmesser verwenden. Im Unterschied zu stromführenden Spannungsmessern spricht man in diesem Fall von einem statischen Spannungsmesser (Elektrometer).

Um Potenzialdifferenzen in beliebigen elektrischen Feldern bestimmen zu können, verbindet man den Zeiger des Elektrometers mit einer Messsonde (stabförmiger Leiter). Bringt man die Sondenspitze zu einem Punkt eines elektrischen Feldes, so zeigt das Elektrometer die Potenzialdifferenz zwischen dem Feldpunkt und dem geerdeten Gehäuse (Nullpotenzial) des Elektrometers an.

Befindet sich die Sondenspitze im elektrischen Feld, so werden auf ihr Influenzladungen gebunden, die den Feldverlauf am Messort und somit die Potenzialmessung stören. Die Influenzladungen auf der Sondenspitze werden durch Ionen einer Gasflamme (Flammensonde) neutralisiert.

Mit dem beschriebenen Messverfahren untersuchen wir den Potenzialverlauf verschiedener elektrischer Felder.

11.2 Homogenes elektrisches Feld

Versuch

Versuchsaufbau
Man bringt die Flammensonde in das elektrische Feld eines Plattenkondensators und ermittelt mithilfe des Elektrometers den Potenzialverlauf.
Eine Platte des Kondensators wird geerdet, sie besitzt somit das Potenzial 0 V.

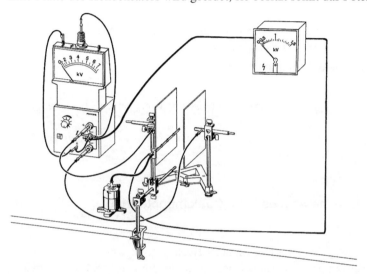

Schaltskizze

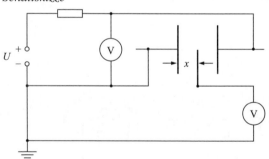

Versuchsdurchführung
a) Die theoretisch hergeleitete Formel für das elektrische Potenzial $\varphi = E\,x$ ist zu bestätigen. Dazu messen wir das Potenzial φ des elektrischen Feldes in Abhängigkeit vom Abstand x zur geerdeten Platte. Dabei wird die Flammensonde längs der elektrischen Feldlinien verschoben.
b) Die Flammensonde wird in einer Ebene senkrecht zu den elektrischen Feldlinien verschoben.

Messprotokoll und Auswertung

x in 10^{-2} m	5,0	10,0	15,0	20,0
φ in V	250	500	750	1000
$\frac{\varphi}{x}$ in $\frac{kV}{m}$	5,0	5,0	5,0	5,0

Ergebnis
a) Die theoretisch ermittelte Proportionalität wird durch die Messreihe bestätigt.
b) Das elektrische Potenzial bleibt gleich.

Dies führt zu folgender Definition:

Definition

Flächen, die das gleiche elektrische Potenzial besitzen, heißen **Äquipotenzialflächen**.
Beim Plattenkondensator sind das alle Ebenen parallel zu den Plattenflächen im Inneren des Kondensators.

11.3 Radialsymmetrisches Feld (Coulombpotenzial)

Versuch

Versuchsaufbau
Ein Konduktor (Metallkugel K) ist mit einer Hochspannungsquelle verbunden. Zur Spannungsmessung zwischen geladenem Konduktor und dem Erdpotenzial verwendet man ein Elektrometer mit Flammensonde.

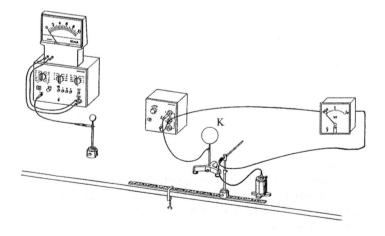

Schaltskizze

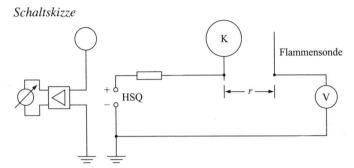

Versuchsdurchführung
Die theoretisch hergeleitete Formel für das elektrische Potenzial

$$\varphi(r) = \frac{Q}{4\pi\varepsilon_0} \cdot \frac{1}{r}$$

ist zu bestätigen. Dazu ändert man bei konstanter Konduktorladung Q den Abstand r zwischen Sondenspitze und Konduktormittelpunkt bzw. bei konstantem Abstand r die Ladung Q auf dem Konduktor. Das Erdpotenzial wird auf 0 V festgelegt. Die gemessene Spannung entspricht deshalb dem Potenzial am Messort.

a) Experimentelle Überprüfung der Abhängigkeit des elektrischen Potenzials φ vom Abstand r (Q = konstant)

Messprotokoll und rechnerische Auswertung

r in 10^{-2} m	7,5	8,5	9,5	10,5	11,5
φ in V	1000	900	800	700	650
$\varphi \cdot r$ in $10 \cdot$ V m	7,5	7,7	7,6	7,4	7,5

b) Experimentelle Überprüfung der Abhängigkeit des elektrischen Potenzials φ von der felderzeugenden Ladung Q (r = konstant)

Messprotokoll und rechnerische Auswertung

Q in 10^{-9} C	7,0	15,0	22,0
φ in V	325	650	1000
$\frac{\varphi}{Q}$ in $10^{10} \frac{V}{C}$	4,6	4,3	4,5

Ergebnis: Die theoretisch ermittelten Proportionalitäten werden durch die Messreihen in a und b bestätigt.

11.4 Potenzial im Inneren eines Faraday-Käfigs

Versuch   *Versuchsaufbau*

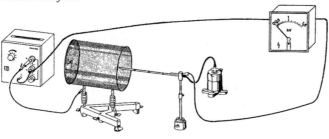

Schaltskizze

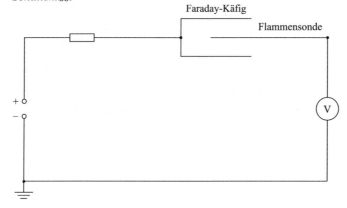

Versuchsdurchführung
An verschiedenen Messorten des Faraday-Käfigs wird mit der Flammensonde das elektrische Potenzial bestimmt.

Ergebnis: Das elektrische Potenzial im Inneren des Faraday-Käfigs ist konstant.

Vergleichen Sie hierzu die Aufgabe 23 und das Feldlinienbild auf S. 55.

11.5 Äquipotenzialflächen eines radialsymmetrischen elektrischen Feldes

Versuch

Versuchsaufbau

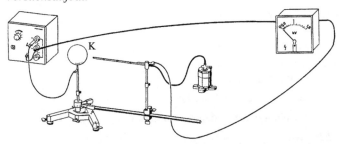

Versuchsdurchführung
Die Flammensonde wird so um die Konduktorkugel K bewegt, dass die Messorte auf konzentrischen Kreisen liegen, in deren Mittelpunkt sich die felderzeugende Ladung befindet. Für unterschiedliche Radien ist der Potenzialverlauf festzustellen.

Ergebnis: Für jeden fest vorgegebenen Radius r erhält man einen konstanten Wert für das elektrische Potenzial. Im radialsymmetrischen elektrischen Feld sind die Äquipotenzialflächen konzentrische Kugeln, in deren Mittelpunkt die felderzeugende Ladung ist.

Aufgabe

24. Eine positiv geladene leitende Hohlkugel vom Radius $R = 0{,}5$ cm besitzt das elektrische Potenzial
$$\varphi(r) = 9{,}0 \cdot 10 \text{ Vm} \cdot \frac{1}{r};$$
r wird ab Kugelmittelpunkt gerechnet.

a) Zeichnen Sie die Äquipotenziallinien als Schnitt von Äquipotenzialflächen und Zeichenebene für die Potenziale:
$\varphi_1 = 9{,}0 \cdot 10^3$ V; $\varphi_2 = 4{,}5 \cdot 10^3$ V; $\varphi_3 = 3{,}0 \cdot 10^3$ V; $\varphi_4 = 1{,}5 \cdot 10^3$ V

b) Berechnen Sie die Arbeit, die verrichtet wird, um die negative Probeladung $q = -2{,}0$ nC vom Punkt A ($r_1 = 6{,}0$ cm) zum Punkt B ($r_2 = 9{,}0$ cm) zu verschieben.

c) Berechnen Sie mithilfe der Verschiebungsarbeit aus Teilaufgabe b die zwischen den Punkten A und B bestehende Potenzialdifferenz U_{AB}.

d) Welches elektrische Potenzial φ_B hat der Punkt B, wenn der Punkt A das Potenzial $\varphi_A = 1{,}5 \cdot 10^3$ V besitzt?

12 Zusammenhang zwischen Spannung und Feldstärke im homogenen elektrischen Feld

12.1 Theoretische Überlegungen

Wird ein Körper mit der Ladung Q von der positiv geladenen zur negativ geladenen Kondensatorplatte verschoben, so gilt für die Verschiebungsarbeit W_{12}:

$W_{12} = Q\,E\,d$ $\qquad d =$ Plattenabstand

$E =$ elektrische Feldstärke

Für die Spannung U_{12} zwischen den Kondensatorplatten gilt:

$$U_{12} = \frac{W_{12}}{Q} = \frac{Q\,E\,d}{Q} \quad \text{bzw.} \quad U_{12} = E\,d$$

Schreibt man für die Spannung U_{12} zwischen den Kondensatorplatten kurz U, so folgt:

$$\boxed{U = E\,d} \quad \text{bzw.} \quad \boxed{E = \frac{U}{d}}$$

Beim Plattenkondensator bestehen besonders einfache Beziehungen zwischen Spannung und Feldstärke. Die elektrische Feldstärke E lässt sich durch die messtechnisch leicht zugänglichen Größen Spannung U und Plattenabstand d ermitteln.

12.2 Experimentelle Bestätigung

Versuch *Versuchsaufbau*
Das Elektrofeldmeter wird an der geerdeten Platte des Kondensators befestigt und die Feldstärke im Plattenkondensator gemessen.

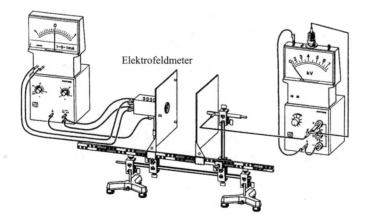

Schaltskizze

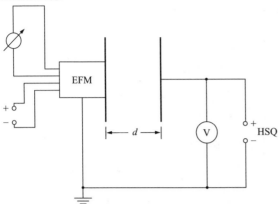

Versuchsdurchführung
Mithilfe des Elektrofeldmeters messen wir die elektrische Feldstärke E in Abhängigkeit vom Plattenabstand d bei konstanter Spannung U bzw. in Abhängigkeit von der Spannung U bei konstantem Plattenabstand d.

a) Untersuchung des Zusammenhangs zwischen E und U
   Messprotokoll und rechnerische Auswertung
   $d = 1{,}0 \cdot 10^{-2}\,\text{m} = \text{konst.}$

U in kV	0,20	0,40	0,60	0,80
E in $\frac{\text{kV}}{\text{m}}$	20,0	40,0	60,0	80,0
$\frac{E}{U}$ in $\frac{10^3}{\text{m}}$	0,1	0,1	0,1	0,1

Grafische Auswertung im U-E-Diagramm

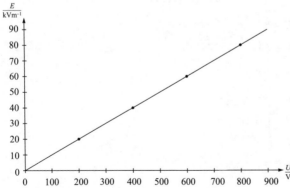

Ergebnis
$E \sim U$ ($d = \text{konst.}$)

b) Untersuchung des Zusammenhangs zwischen E und d
Messprotokoll und rechnerische Auswertung
$U = 0{,}8 \text{ kV} = \text{konst.}$

d in 10^{-2} m	1,0	2,0	3,0	4,0
E in $\frac{\text{kV}}{\text{m}}$	80,0	40,0	26,7	20,0
$\frac{1}{d}$ in $\frac{1}{\text{m}}$	100	50	33	25
$E\,d$ in kV	0,8	0,8	0,8	0,8

Grafische Auswertung im $\frac{1}{d}$-E-Diagramm

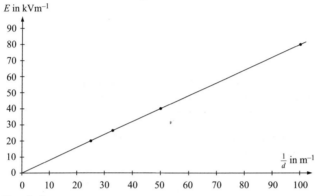

Ergebnis
$E \sim \frac{1}{d}$ ($U = \text{konst.}$)

Zusammenfassung

Es gilt: $\qquad E \sim U \qquad\qquad (d = \text{konst.})$

und $\qquad\qquad E \sim \frac{1}{d} \qquad\qquad (U = \text{konst.})$

Somit gilt: $\qquad E \sim \frac{U}{d}$

oder $\qquad\qquad E = k\frac{U}{d}$

Bestimmung von k: $\quad k = \frac{E\,d}{U}$

Messwerte: $\qquad E = 20 \text{ kV m}^{-1}$
$\qquad\qquad\qquad d = 1{,}0 \cdot 10^{-2} \text{ m}$
$\qquad\qquad\qquad U = 0{,}20 \text{ kV}$

Berechnung: $\qquad k = \dfrac{20 \text{ k Vm}^{-1} \cdot 1{,}0 \cdot 10^{-2} \text{ m}}{0{,}20 \text{ kV}} = 1$

Ergebnis
$E = \frac{U}{d}$

Aufgabe 25. Ein Plattenkondensator mit dem Plattenabstand $d = 4{,}0$ cm wird an eine Spannungsquelle angeschlossen. Der Minuspol der Quelle hat das elektrische Potenzial $\varphi_1 = -750$ V und wird mit der linken Platte verbunden. Der Pluspol der Quelle hat das elektrische Potenzial $\varphi_2 = +500$ V und wird mit der rechten Platte verbunden.

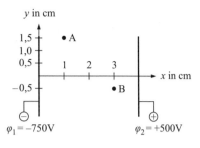

a) Zeichnen Sie ein x-φ-Diagramm für $0 \leq x \leq d$.
b) Bestimmen Sie rechnerisch die Stelle x_0, für die gilt: $\varphi(x_0) = 0$ V.
c) Geben Sie mit eingesetzten Größenwerten die elektrische Feldstärke E für $0 \leq x \leq d$ an. Zeichnen Sie für diesen Bereich das x-E-Diagramm.
d) Berechnen Sie die Verschiebungsarbeit, um die Ladung $q = 2{,}0$ nC vom Punkt A(1,0 cm; 1,5 cm) zum Punkt B(3,0 cm; −0,5 cm) zu transportieren.

13 Kapazität eines Kondensators

Verbindet man die Platten eines Kondensators mit den Polen einer Spannungsquelle, so werden die Kondensatorplatten ungleich elektrisch geladen.

13.1 Zusammenhang zwischen Plattenladung und Spannung bei einem Plattenkondensator

Versuch *Versuchsaufbau*

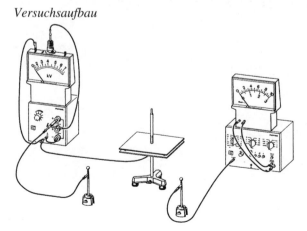

Eine Platte des Kondensators ist geerdet (0 V). Die gegenüberliegende Platte wird kurzzeitig leitend mit dem zweiten Pol der Spannungsquelle verbunden und dadurch aufgeladen.

Schaltskizze

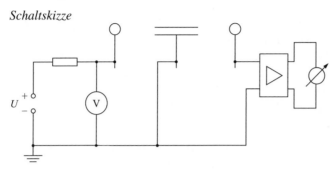

Versuchsdurchführung
Der Kondensator wird bei verschiedenen Spannungen U aufgeladen und anschließend jeweils die aufgeflossene Ladung Q mit dem Messverstärker bestimmt.

Messprotokoll und rechnerische Auswertung

U in V	50	100	150	200	250
Q in 10^{-9} C	21	42	63	84	106
$\frac{Q}{U}$ in $10^{-9} \frac{C}{V}$	0,42	0,42	0,42	0,42	0,42

Ergebnis
$Q \sim U$

Hinweis: Diese Proportionalität gilt für alle Kondensatoren, unabhängig von ihrer Bauart.

Wir führen in die obige Beziehung den Proportionalitätsfaktor C ein und erhalten folgenden Definition:

Definition

Der Proportionalitätsfaktor C heißt **Kapazität** des Kondensators; er ist ein Maß dafür, welche Ladungsmenge der Kondensator aufnehmen kann.

Es gilt:

$Q = C\,U$ Einheit der Kapazität: $1 \frac{C}{V} = 1$ Farad (F)

13.2 Untersuchung der Kapazität eines Plattenkondensators

a) Abhängigkeit der Kapazität C von der Plattenfläche A
Im Versuchsaufbau von S. 79 werden nacheinander Kondensatoren verschiedener Plattenflächen verwendet. Bei konstanter Spannung U und konstantem Plattenabstand d am Kondensator bestimmt man die Kapazität C des jeweiligen Kondensators.

Messprotokoll und rechnerische Auswertung
$U = 250$ V
$d = 1{,}0$ mm

A in 10^{-2} m^2	1,25	2,50	5,00
Q in 10^{-9} C	27	55	105
C in 10^{-9} F	0,11	0,22	0,42
$\frac{C}{A}$ in $\frac{10^{-9} \text{F}}{\text{m}^2}$	8,8	8,8	8,4

Ergebnis
$C \sim A$ (U = konst., d = konst.)

b) Abhängigkeit der Kapazität C vom Plattenabstand d
Im Versuchsaufbau von S. 79 wird der Plattenabstand d eines Kondensators bei konstanter Spannung U verändert. Man bestimmt die Kapazität C des Kondensators in Abhängigkeit vom Plattenabstand d.

Messprotokoll und rechnerische Auswertung
$A = 5{,}00 \cdot 10^{-2}$ m^2
$U = 250$ V

d in 10^{-3} m	1,0	2,0	3,0	4,0
Q in 10^{-9} C	105	55	39	29
C in 10^{-9} F	0,42	0,22	0,16	0,12
$C \cdot d$ in 10^{-13} Fm	4,2	4,4	4,7	4,6

Ergebnis
$C \sim \frac{1}{d}$ (A = konst., U = konst.)

Zusammenfassung der Einzelergebnisse von a und b
$$C \sim \frac{A}{d}$$
$$C = \varepsilon_0 \frac{A}{d}$$

ε_0 heißt **elektrische Feldkonstante**.

Bestimmung des Proportionalitätsfaktors ε_0 mithilfe der Messwerte aus b
Es gilt:
$$\varepsilon_0 = \frac{C\,d}{A}$$
Berechnung:
$$\varepsilon_0 = \frac{0{,}42 \cdot 10^{-9}\,\text{F} \cdot 1{,}0 \cdot 10^{-3}\,\text{m}}{5{,}00 \cdot 10^{-2}\,\text{m}^2} = 8{,}40 \cdot 10^{-12}\,\text{Fm}^{-1}$$
Sollwert:
$$\varepsilon_0 = 8{,}85 \cdot 10^{-12}\,\text{Fm}^{-1}$$
prozentuale Abweichung f_p:
$$f_p = \left| \frac{8{,}85 \cdot 10^{-12}\,\text{Fm}^{-1} - 8{,}40 \cdot 10^{-12}\,\text{Fm}^{-1}}{8{,}85 \cdot 10^{-12}\,\text{Fm}^{-1}} \right| \cdot 100\,\%$$
$$f_p = 5{,}1\,\%$$

13.3 Dielektrikum und relative Dielektrizitätszahl

Bringt man zwischen die Platten des Kondensators einen isolierenden Stoff (z. B. Glas), sodass das gesamte elektrische Feld ausgefüllt ist, so erhöht sich die Kapazität um einen bestimmten Faktor. Man bezeichnet diesen Faktor als **relative Dielektrizitätszahl** ε_r und den isolierenden Stoff als **Dielektrikum**. Für Vakuum gilt $\varepsilon_r = 1$, für Luft ist ε_r nur geringfügig größer und für Glas liegt er zwischen 2 und 10. Die relativen Dielektrizitätszahlen anderer Stoffe entnimmt man entsprechenden Tabellen.
Die Beziehung
$$C = \varepsilon_0 \frac{A}{d}$$
gilt streng für das Vakuum. Ein Plattenkondensator mit Dielektrikum hat die Kapazität:
$$\boxed{C = \varepsilon_r\, \varepsilon_0 \frac{A}{d}}$$

13.4 Parallel- und Reihenschaltung von Kondensatoren

a) Parallelschaltung
Schaltet man zwei Kondensatoren parallel, so liegen beide an der gleichen Spannung U. Die Gesamtladung Q ergibt sich dann folgendermaßen:
$$Q = Q_1 + Q_2$$
oder
$$C\,U = C_1\,U + C_2\,U$$
Daraus folgt für die Ersatzkapazität C:
$$C = C_1 + C_2$$

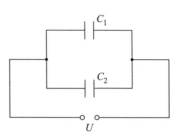

Allgemein gilt:

$$C = C_1 + C_2 + \ldots + C_n$$

b) Reihenschaltung
Werden zwei in Reihe geschaltete Kondensatoren an eine Spannungsquelle angeschlossen, so fließt auf die eine Platte von C_1 die Ladung Q. Dadurch wird auf der zweiten Platte von C_1 die Ladung $-Q$ influenziert. Diese Ladung erzeugt dann auf einer Platte von C_2 die Ladung Q. Diese influenziert wieder auf der zweiten Platte von C_2 die Ladung $-Q$. Somit befindet sich auf beiden Kondensatoren die gleiche Ladung Q. An den Kondensatoren entstehen dadurch die Spannungen $U_1 = \dfrac{Q}{C_1}$ und $U_2 = \dfrac{Q}{C_2}$.

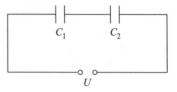

Da
$$U = U_1 + U_2,$$
ergibt sich:
$$\frac{Q}{C} = \frac{Q}{C_1} + \frac{Q}{C_2}$$
Daraus folgt für die Ersatzkapazität C:
$$\frac{1}{C} = \frac{1}{C_1} + \frac{1}{C_2}$$
Allgemein gilt:

$$\frac{1}{C} = \frac{1}{C_1} + \frac{1}{C_2} + \ldots + \frac{1}{C_n}$$

Aufgabe

26. Ein ungeladener Kondensator der Kapazität $C = 10\ \mu F$ und ein ohmscher Widerstand $R = 2{,}0\ M\Omega$ sind in Reihe geschaltet und werden zum Zeitpunkt $t_0 = 0$ s an eine Gleichspannungsquelle mit der Spannung $U_0 = 100$ V angeschlossen (siehe Skizze). Mit einem Mikroamperemeter wird der Ladestrom I in Abhängigkeit von der Zeit t gemessen:

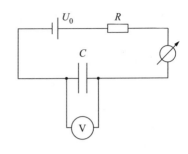

t in s	0	10	20	40	60
I in µA	50,0	30,3	18,4	6,8	2,5

a) Zeichnen Sie den zeitlichen Verlauf des Stromes in ein t-I-Diagramm.

b) Berechnen Sie für die angegebenen Zeitpunkte die Kondensatorspannung U_C und zeichnen Sie das zugehörige t-U_C-Diagramm.

c) Berechnen Sie die Ladung Q_1, die der Kondensator zum Zeitpunkt $t_1 = 30$ s besitzt.

d) Zeigen Sie durch Rechnung, dass bei der Stromstärke $I_1 = 18{,}4\ \mu A$ die Spannungsquelle mehr Leistung abgibt, als im ohmschen Widerstand in Joule'sche Wärme umgesetzt wird, und erklären Sie den Unterschied.

14 Flächenladungsdichte

Bringt man zwei verbundene Leiterplatten in das homogene elektrische Feld eines Plattenkondensators, so werden auf den Leiteroberflächen Ladungen influenziert. Zur Messung der influenzierten Ladungen werden die Platten im elektrischen Feld getrennt und außerhalb des Feldes über einen Messverstärker entladen. Die Influenzladungen auf den Leiterplatten sind betragsgleich, aber von entgegengesetztem Vorzeichen.

14.1 Abhängigkeit der Influenzladung von der Plattenfläche

Versuchsaufbau

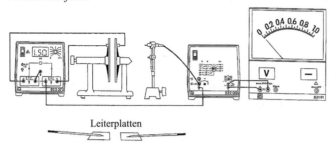

Leiterplatten

Schaltskizze

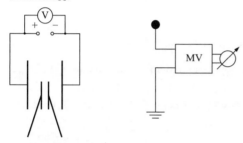

Versuchsdurchführung
Wir messen bei konstanter Spannung U am Kondensator die Ladungsmenge Q auf den verschiedenen Influenzplatten und der Kondensatorplatte.

Messprotokoll und rechnerische Auswertung
$U = 3{,}5$ kV = konstant

A in cm^2	88	176	794
Q in 10^{-9} C	15	30	133
$\frac{Q}{A}$ in $\frac{10^{-9} \text{C}}{\text{cm}^2}$	0,17	0,17	0,17

Ergebnis

$Q \sim A$ bzw. $\frac{Q}{A}$ = konstant

Die Konstante $\frac{Q}{A}$ heißt **Flächenladungsdichte D**.
Es folgt:

$$D = \frac{Q}{A}$$

Einheit der Flächenladungsdichte: $1 \frac{\text{C}}{\text{m}^2}$

14.2 Grundgleichung des elektrischen Feldes

Es gilt im Plattenkondensator:

(1) $D = \frac{Q}{A}$

(2) $Q = C\,U$

(3) $C = \varepsilon_0 \frac{A}{d}$

(4) $U = E\,d$

Setzt man (2), (3) und (4) in (1) ein, so erhält man:

$$D = \frac{Q}{A}$$
$$D = \frac{\varepsilon_0\,A}{d}\frac{U}{A}$$
$$D = \varepsilon_0 \frac{E\,d}{d}$$

$\boxed{D = \varepsilon_0\,E}$ Grundgleichung des elektrischen Feldes

Diese Gleichung wurde für das homogene elektrische Feld hergeleitet. Man kann zeigen, dass sie auch für das radialsymmetrische elektrische Feld gilt.
Für eine geladene Konduktorkugel (Ladung Q, Radius R) folgt somit für die Flächenladungsdichte

$$D = \frac{Q}{4\,\pi\,R^2}$$

Wegen $D = \varepsilon_0\,E$ ergibt sich

$$\varepsilon_0\,E = \frac{Q}{4\,\pi\,R^2}$$

Für die elektrische Feldstärke E folgt:

$$E = \frac{1}{4\,\pi\,\varepsilon_0}\frac{Q}{R^2}$$

Der Vergleich mit der auf S. 48 hergeleiteten Formel

$$E = k\frac{Q}{R^2}$$

ergibt:

$$k = \frac{1}{4\,\pi\,\varepsilon_0}$$

Hinweis: Wegen $D = \varepsilon_0\,E$ lässt sich die Bestimmung der elektrischen Feldstärke E auf die messtechnisch leicht zugängliche Flächenladungsdichte D zurückführen. Dabei influenziert das zu messende elektrische Feld an der Oberfläche eines Leiters (Platte im EFM) Ladungen, deren Flächenladungsdichte proportional der elektrischen Feldstärke an der Leiteroberfläche ist (**Messprinzip des Elektrofeldmeters EFM**).

15 Energie im Plattenkondensator

15.1 Experimentelle Herleitung

Schließt man einen Kondensator der Kapazität C an eine Spannungsquelle der Spannung U, so wird der Kondensator aufgeladen. Er trägt dann die Ladung $Q = C\,U$.

Beim Ladevorgang muss die Stromquelle Arbeit gegen die wirkenden Coulombkräfte verrichten. Diese wird als elektrische Energie im elektrischen Feld des Kondensators gespeichert. Zur Bestimmung der Energie im Plattenkondensator wird dieser über einen Energiemesser entladen. Der im Versuch verwendete Energiemesser besteht aus einem Leistungsmesser und einem Integrator. Der Leistungsmesser bildet beim Entladevorgang das Produkt aus Spannung und Stromstärke (= Leistung P). Der Integrator ermittelt aus der Leistung P die während des Entladevorganges frei werdende Energie (mathematisch $W = \int P\,\mathrm{d}t$).

Versuch *Versuchsaufbau*

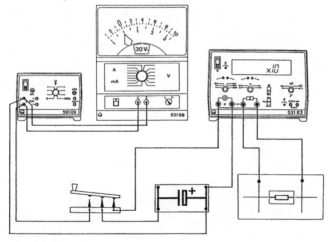

Schaltskizze

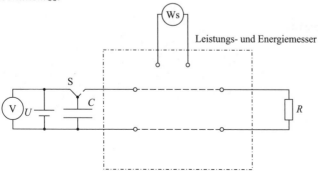

Versuchsdurchführung
Ein Kondensator wird durch die Spannungsquelle U aufgeladen. Nach Umlegen des Schalters S entlädt er sich über den Energiemesser. Das Messgerät zeigt an, dass bei der Entladung elektrische Arbeit verrichtet wird.
Wir untersuchen die Abhängigkeit der elektrischen Energie W des Kondensators von der angelegten Spannung U bzw. von der Kapazität C.

a) Abhängigkeit von der Spannung U

   Messprotokoll und rechnerische Auswertung
   $C = 0{,}024\ \mathrm{F} = \mathrm{konst.}$

U in V	10,0	20,0	30,0
W in J	1,2	4,7	10,5
U^2 in V^2	100	400	900
$\frac{W}{U^2}$ in $10^{-2} \frac{\mathrm{J}}{\mathrm{V}^2}$	1,2	1,2	1,2

   Grafische Auswertung im U^2-W-Diagramm

   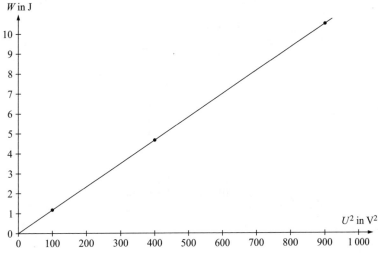

   Ergebnis
   $W \sim U^2$ ($C = \mathrm{konst.}$)

b) Abhängigkeit von der Kapazität C

Messprotokoll und rechnerische Auswertung
$U = 30{,}0 \text{ V} = \text{konst.}$

C in F	0,024	0,032	0,043
W in J	10,2	13,5	18,0
$\frac{W}{C}$ in $10^2 \frac{\text{J}}{\text{F}}$	4,3	4,2	4,2

Grafische Auswertung im C-W-Diagramm

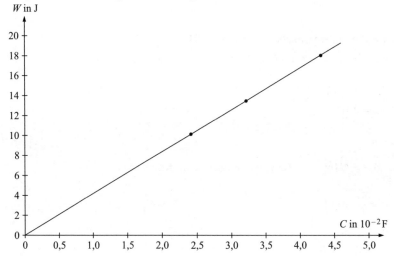

Ergebnis
$W \sim C$ ($U = \text{konst.}$)

Zusammenfassung von a und b
Es gilt: $W \sim U^2$ ($C = \text{konst.}$)
und $W \sim C$ ($U = \text{konst.}$)
Somit gilt: $W \sim C U^2$
oder $W = k\, C U^2$

Bestimmung der Proportionalitätskonstante
$$k = \frac{W}{C \cdot U^2}$$
Messwerte aus b:
$W = 4{,}7 \text{ J}$
$U = 20{,}0 \text{ V}$
$C = 0{,}024 \text{ F}$
Berechnung:
$$k = \frac{4{,}7 \text{ J}}{0{,}024 \text{ F} \cdot (20{,}0 \text{ V})^2} = 0{,}49$$
Sollwert:
$k = 0{,}5$ (theoretische Herleitung S. 91)
Prozentuale Abweichung f_p:
$$f_p = \left| \frac{0{,}5 - 0{,}49}{0{,}5} \right| \cdot 100 \%$$
$f_p = 2{,}0 \%$

Ergebnis

$$\boxed{W = \tfrac{1}{2} C U^2}$$ (elektrische Energie im Kondensator)

Mit $C = \frac{Q}{U}$ folgt:
$$W = \tfrac{1}{2} \frac{Q}{U} U^2$$
$$\boxed{W = \tfrac{1}{2} Q U}$$

Mit $U = \frac{Q}{C}$ folgt:
$$W = \tfrac{1}{2} C \left(\frac{Q}{C}\right)^2$$
$$\boxed{W = \tfrac{1}{2} \frac{Q^2}{C}}$$

15.2 Theoretische Herleitung

Ein Kondensator der Kapazität C trägt bei der angelegten Spannung U_E die Ladung Q_E. Um auf den Kondensator die Ladung Q_E zu bringen, ist die Arbeit W notwendig, welche sich grafisch als Inhalt der im Q-U-Diagramm getönten Fläche darstellen lässt. Diese Arbeit wird mithilfe der Integralrechnung ermittelt.

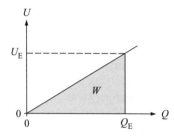

Es gilt:

$$W = \int_0^{Q_E} U \, dQ$$

Mit

$$U = \frac{Q}{C}$$

folgt:

$$W = \int_0^{Q_E} \frac{Q}{C} \, dQ = \frac{1}{C} \int_0^{Q_E} Q \, dQ = \frac{1}{2} \frac{Q_E^2}{C}$$

oder

$$W_{el} = \frac{1}{2} C U_E^2$$

Aufgabe

27. Ein Plattenkondensator mit der Kapazität C wird an einer Spannungsquelle auf die Spannung U aufgeladen.

    a) Der Plattenkondensator wird von der Spannungsquelle abgetrennt und sein Plattenabstand d verdoppelt.
    Wie ändern sich dabei die Kapazität, die Ladung, die Spannung, die elektrische Feldstärke und die Energie des Kondensators?

    b) Der Versuch wird wiederholt, nur bleibt diesmal die Spannungsquelle mit dem Kondensator verbunden. Wie ändern sich nun diese fünf Größen?

    c) Wie ist die Energiedifferenz im Fall a bzw. b zu erklären?

16 Bestimmung der Elementarladung des Elektrons: Der Millikanversuch

Robert Millikan hat 1909 ein Verfahren gefunden, mit dem die Elementarladung e direkt bestimmt werden kann.

Robert Millikan (1868–1953), amerikanischer Physiker

Versuch

Versuchsaufbau (Millikangerät)

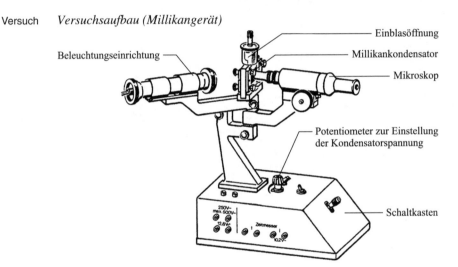

Prinzipskizze des Millikankondensators

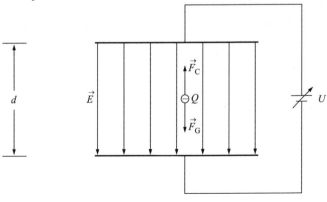

Bestimmung der Elementarladung des Elektrons: Der Millikanversuch

Versuchsdurchführung
In das elektrische Feld des Plattenkondensators werden elektrisch negativ geladene Öltröpfchen (Ladung Q und Masse m) mit einem Zerstäuber eingeblasen. Auf ein Öltröpfchen wirkt die Coulombkraft $\vec{F}_C$ und die Gravitationskraft $\vec{F}_G$. Mithilfe der regelbaren Spannungsquelle kann die elektrische Feldstärke $\vec{E}$ so verändert werden, dass die Beträge der beiden Kräfte gleich sind. Für diesen Schwebefall lässt sich die Ladung der Öltröpfchen ermitteln.

Für den Gleichgewichtszustand gilt:
$$F_C = F_G \quad \text{(Schwebebedingung)}$$
oder
$$Q \cdot E = m\,g$$

Mit $E = \frac{U}{d}$ und $m = \rho\,V$ folgt:

$$Q\frac{U}{d} = \rho\,V\,g \quad \begin{cases} V = \text{Volumen des Öltröpfchens} \\ \rho = \text{Dichte des Öltröpfchens} \end{cases}$$

Auflösen nach Q:
$$Q = \frac{\rho\,V\,g\,d}{U}$$

Für ein kugelförmiges Öltröpfchen mit dem Radius r gilt $V = \frac{4}{3}\pi r^3$. Somit folgt:
$$Q = \frac{4\pi r^3 \rho\,g\,d}{3U}$$

Der Radius des Öltröpfchens wird mithilfe eines Mikroskops gemessen. Bei der Berechnung der Ladung Q zeigt sich, dass diese immer ein ganzzahliges Vielfaches von $1{,}6 \cdot 10^{-19}$ C ist. Man nennt diese Ladung daher **Elementarladung** e. Es gilt:

$$\boxed{e = 1{,}602 \cdot 10^{-19}\,\text{C}}$$

Für die Ladung Q eines Elektrons gilt:
$$Q = -e$$

Aufgabe

28. Im elektrischen Feld eines horizontal liegenden Plattenkondensators (Abstand $d = 7{,}0 \cdot 10^{-3}$ m) schwebt ein geladener Tropfen Olivenöl (Radius $r = 1{,}2 \cdot 10^{-6}$ m). Die Kondensatorspannung beträgt $U = 700$ V. Berechnen Sie die Ladung des Öltröpfchens.

17 Elektron im elektrischen Feld

Glühende Metalle emittieren bei hohen Temperaturen ($T > 2\,000$ K) Elektronen. Dieser Effekt wird zur Erzeugung freier Elektronen ausgenutzt (Glühemission).

17.1 Erzeugung freier Elektronen durch Glühemission

Beim Einschalten der Heizspannung U_H bildet sich in der Umgebung der Glühkathode eine Elektronenwolke aus. Legt man zwischen die Glühkathode und die Anode eine Spannung U, so fließt durch das Vakuum ein Elektronenstrom.

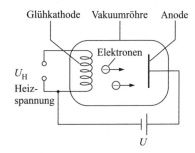

17.2 Bewegung eines Elektrons in einem konstanten elektrischen Längsfeld

Durch die Anodenspannung U zwischen Glühkathode und Anode einer Vakuumröhre werden die Glühelektronen zur Anode hin beschleunigt. Auf jedes Elektron wirkt dabei die Coulombkraft $\vec{F}_C$.

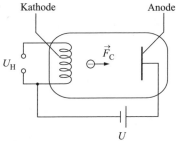

Ist e die Elementarladung und $\vec{E}$ die elektrische Feldstärke zwischen der Glühkathode und der Anode, so gilt:

$$F_C = e\,E$$

Die konstante Coulombkraft erteilt dem Elektron der Masse m die konstante Beschleunigung a. Mit dem zweiten Newton'schen Gesetz folgt:

$$m\,a = e\,E$$
$$a = \frac{e\,E}{m}$$

Bezeichnet man den Abstand zwischen der Glühkathode und der Anode mit d, so folgt mit $E = \frac{U}{d}$ die Gleichung:

$$a = \frac{e\,U}{m\,d} \quad (*)$$

Treten die Elektronen mit der Geschwindigkeit v_0 aus der Glühkathode aus, so ergibt sich mit der zeitunabhängigen Bewegungsgleichung der Zusammenhang zwischen der Momentangeschwindigkeit v und dem zurückgelegten Weg x:

$$2\,a\,x = v^2 - v_0^2$$

Für $x = d$ erhält man den Geschwindigkeitsbetrag v_E der Elektronen beim Auftreffen auf die Anode.
Es gilt:

$$2\,a\,d = v_E^2 - v_0^2$$

Somit:

$$v_E = \sqrt{v_0^2 + 2\,a\,d}$$

Mit (*) ergibt sich:

$$v_E = \sqrt{v_0^2 + 2\frac{e\,U}{m\,d}\cdot d}$$

$$v_E = \sqrt{v_0^2 + 2\frac{e\,U}{m}}$$

Da die Elektronen die Glühkathode mit einer vernachlässigbaren Austrittsgeschwindigkeit v_0 verlassen, ergibt sich:

$$\boxed{v_E = \sqrt{2\frac{e}{m}U}}$$

Es zeigt sich, dass die Endgeschwindigkeit v_E beim Erreichen der Anode von der Anodenspannung U abhängt. Diese Anordnung bezeichnet man als Beschleunigungskondensator und die Anodenspannung U als Beschleunigungsspannung. Bewegt sich das Elektron im Beschleunigungskondensator von der Kathode zur Anode, so nimmt die kinetische Energie E_k des Teilchens zu.
Für die Zunahme der kinetischen Energie E_k gilt:

$$\Delta E_k = \tfrac{1}{2} m\,v_E^2 - 0$$

Mit

$$v_E = \sqrt{2\frac{e}{m}U}$$

folgt:

$$\Delta E_k = \tfrac{1}{2} m \cdot 2\frac{e}{m} U$$

$$\Delta E_k = e\,U$$

Die Änderung der kinetischen Energie des Elektrons hängt nur von der Beschleunigungsspannung U und der Ladung e ab.
Das Produkt $e\,U$ entspricht der Abnahme der potenziellen Energie des Elektrons beim Durchlaufen des Beschleunigungskondensators. Ein Elektron gewinnt beim Durchlaufen der Spannung $U = 1$ V die kinetische Energie

$\Delta E_k = 1,6 \cdot 10^{-19} \text{C} \cdot 1 \text{V}$
$\Delta E_k = 1,6 \cdot 10^{-19} \text{J}.$

Aus Zweckmäßigkeitsgründen definiert man als Energieeinheit:

$1 \text{eV} = 1,6 \cdot 10^{-19} \text{J}$ (Elektronenvolt)

17.3 Bewegung eines Elektrons in einem konstanten elektrischen Querfeld

Die folgende Abbildung zeigt eine Glühkathodenröhre mit einem Ablenkkondensator (Braun'sche Röhre).

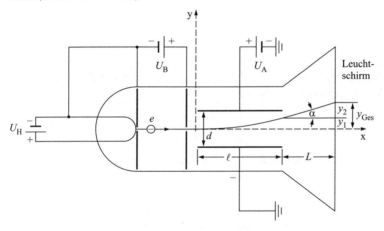

Nach dem Einschalten der Heizspannung U_H werden Elektronen durch Glühemission frei und treten mit vernachlässigbar kleiner Geschwindigkeit in den Beschleunigungskondensator ein. In diesem werden die Elektronen durch die anliegende Beschleunigungsspannung U_B auf die Geschwindigkeit v_0 beschleunigt. Die Elektronen gelangen durch eine Öffnung in der Anode (Lochanode) in das homogene elektrische Querfeld des Ablenkkondensators.

Theoretische Herleitung der Bahnkurve

Bewegung der Elektronen in x-Richtung
In dieser Richtung wirkt keine Kraft auf die Elektronen.
Zeit-Weg-Gleichung in x-Richtung
$$x = v_0 \, t \qquad (1)$$
Bewegung der Elektronen in y-Richtung
Auf die Elektronen wirkt die konstante Coulombkraft $F = e\,E$ (Betragsgleichung). Mit
$$E = \frac{U_A}{d}$$
ergibt sich:
$$F = e\,\frac{U_A}{d}$$
Diese konstante Kraft bewirkt nach dem zweiten Newton'schen Gesetz eine zeitlich konstante Beschleunigung a_y.
Für die beschleunigende Kraft F auf die Elektronen der Masse m gilt:
$$F = m\,a_y$$
Gleichsetzen der Terme ergibt:
$$m\,a_y = \frac{e\,U_A}{d}$$
Somit:
$$a_y = \frac{e\,U_A}{m\,d}$$
Zeit-Weg-Gleichung in y-Richtung
$$y = \frac{a_y}{2} t^2 \qquad (2)$$
Die Bahngleichung der Elektronen im Ablenkkondensator ergibt sich, wenn man y in Abhängigkeit von x darstellt. Aus (1) erhält man:
$$t = \frac{x}{v_0}$$
Eingesetzt in (2):
$$y = \frac{a_y}{2}\left(\frac{x}{v_0}\right)^2$$

Mit $a_y = \frac{e\,U_A}{m\,d}$ ergibt sich die Bahngleichung:
$$\boxed{y = \frac{e\,U_A}{2\,m\,d}\,\frac{1}{v_0^2}\,x^2} \qquad (3)$$

Die Elektronen durchlaufen also im Ablenkkondensator eine **Parabelbahn**.

Durchlaufen die Elektronen vor dem Eintritt in den Ablenkkondensator eine Beschleunigungsspannung U_B, so gilt für den Geschwindigkeitsbetrag v_0 der Teilchen:

$$v_0 = \sqrt{2\frac{e}{m}U_B}$$

Für die Bahngleichung der Elektronen im Ablenkkondensator ergibt sich somit:

$$y = \frac{eU_A}{2md} \frac{1}{2\frac{e}{m}U_B} x^2$$

bzw. $\quad y = \frac{1}{4}\frac{U_A}{U_B d} x^2 \quad$ (4)

Gesamtablenkung des Elektronenstrahls
Nach dem Verlassen des Ablenkkondensators bewegen sich die Elektronen kräftefrei und geradlinig mit der erlangten Geschwindigkeit weiter. Die Gesamtablenkung y_{Ges} des Elektronenstrahls aus seiner ursprünglichen Bahn setzt sich aus der Ablenkung y_1 im Ablenkkondensator und der Ablenkung y_2 im feldfreien Raum bis zum Leuchtschirm zusammen.
Es gilt:

$$y_{Ges} = y_1 + y_2$$

Aus (4) folgt mit $x = l$:

$$y_1 = \frac{1}{4}\frac{U_A}{U_B d} l^2$$

Wegen $\tan(\alpha) = \frac{y_2}{L}$ gilt:

$$y_2 = L \cdot \tan(\alpha)$$

Aus (4) ergibt sich die 1. Ableitung:

$$y'(x) = \frac{dy(x)}{dx} = \frac{1}{2}\frac{U_A}{U_B d} \cdot x$$

Mit $\tan(\alpha) = y'(l)$ folgt:

$$\tan(\alpha) = \frac{1}{2}\frac{U_A}{U_B d} \cdot l$$

Somit folgt:

$$y_2 = L \cdot \frac{1}{2}\frac{U_A}{U_B d} \cdot l$$

Insgesamt ergibt sich:

$$y_{Ges} = \frac{1}{2}\frac{U_A}{U_B d} \cdot l\left(\frac{l}{2} + L\right)$$

Die gesamte Herleitung ist analog für positive Ladungsträger wie z. B. Protonen möglich.

Experimentelle Überprüfung der Bahnkurve

Versuch *Versuchsaufbau*

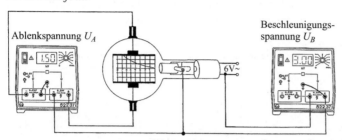

Versuchsdurchführung
Wir überprüfen die Form der Bahnkurve mit einer Elektronenstrahlablenkröhre. Dabei streift der Elektronenstrahl an einem Schirm mit einem x-y-Koordinatensystem entlang.
Die Schirmoberfläche ist mit einem fluoreszierenden Material überzogen. Auf diese Weise lässt sich die Bahnkurve der Elektronen sichtbar machen.

Messwerte
Beschleunigungsspannung $U_B = 3{,}0\,\text{kV}$
Ablenkspannung $U_A = 1{,}3\,\text{kV}$
Ablenkung $y = 2{,}0\,\text{cm}$
Plattenabstand $d = 5{,}4\,\text{cm}$
Kondensatorlänge $x = l = 10{,}0\,\text{cm}$

Rechnerische Überprüfung der Ablenkung mit den Messwerten:

$$y = \frac{1}{4} \frac{U_A}{U_B\, d} l^2$$

Berechnung:

$$y = \frac{1{,}3 \cdot 10^3\,\text{V}}{4 \cdot 3{,}0\,10^3\,\text{V} \cdot 5{,}4 \cdot 10^{-2}\,\text{m}} \cdot (10{,}0 \cdot 10^{-2}\,\text{m})^2$$

$$y = 2{,}0 \cdot 10^{-2}\,\text{m}$$

Ergebnis: Der berechnete Wert stimmt gut mit dem experimentell ermittelten überein.

17.4 Prinzip des Oszilloskops

Eine Weiterentwicklung der Braun'schen Röhre ist das Oszilloskop. Man verwendet es zur Messung zeitlich veränderlicher Spannungen.

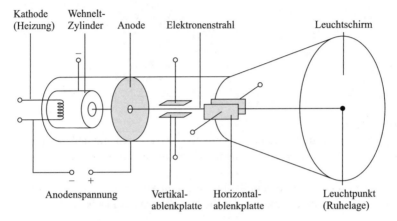

Nach Verlassen der Glühwendel werden die Elektronen durch die Anodenspannung auf die notwendige Geschwindigkeit beschleunigt. Durch den negativ geladenen Wehnelt-Zylinder werden die Elektronen zu einem Strahl gebündelt.

Vertikalablenkung des Elektronenstrahls

Legt man an die Vertikalablenkplatten eine Gleichspannung, so ergibt sich eine Verschiebung des Leuchtpunktes in vertikaler Richtung.

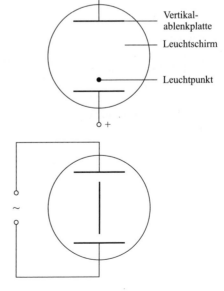

Legt man an die Vertikalablenkplatten eine Wechselspannung, so ergibt sich eine Ablenkung des Elektronenstrahls nach oben und unten.

Horizontalablenkung des Elektronenstrahls

Legt man an die Horizontalablenkplatten eine Gleichspannung, so ergibt sich eine Verschiebung des Leuchtpunktes in horizontaler Richtung.

Legt man an die Horizontalablenkplatten eine Sägezahnspannung, so ergibt sich eine Ablenkung des Elektronenstrahls nach rechts mit anschließendem Rücksprung auf den Ausgangspunkt.

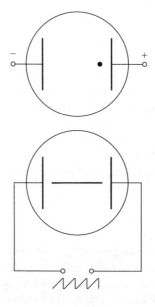

Überlagerung beider Ablenkungen

Legt man an die Vertikalablenkplatten eine Wechselspannung und zugleich an die Horizontalablenkplatten eine Sägezahnspannung, so erhält man eine Sinuskurve für die Wechselspannung.

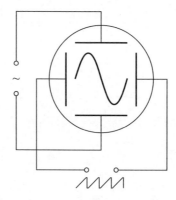

Aufgabe 29. a) In einem Beschleunigungskondensator sollen ruhende Elektronen durch die Beschleunigungsspannung U_B auf die kinetische Energie 700 eV beschleunigt werden.
Bestimmen Sie die notwendige Beschleunigungsspannung U_B und den Betrag v_0 der Geschwindigkeit dieser Elektronen.

b) Die Elektronen treten mit der Geschwindigkeit $v_0 = 1,6 \cdot 10^7 \frac{m}{s}$ im Punkt P senkrecht in das homogene elektrische Feld eines Ablenkkondensators (siehe Abbildung).

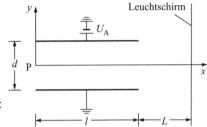

Es sind folgende Größen gegeben:
$U_A = 35,0$ V
$d\ \ = 4,50$ cm
$l\ \ \ = 15,0$ cm
$L\ \ = 20,0$ cm

Das homogene elektrische Feld ist scharf begrenzt und herrscht nur im Inneren des Ablenkkondensators.
Berechnen Sie die Ablenkung y_{Ges} der Elektronen beim Auftreffen auf dem Leuchtschirm. Mit welcher Geschwindigkeit v treffen die Elektronen auf den Leuchtschirm?

Magnetisches Feld

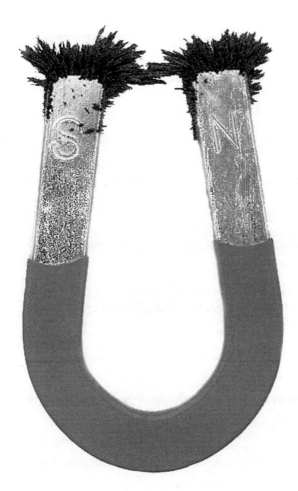

Hufeisenmagnet mit einem „Bart" aus Eisenfeilspänen. Da ferromagnetisches Eisen leicht magnetisierbar ist, werden die Eisenfeilspäne unter Einwirkung des Hufeisenmagnetfeldes selbst zu kleinen Magneten und bleiben so aneinander haften.

18 Das Magnetfeld

18.1 Einführende Versuche

Versuch 1 Wir bringen einen Magneten in die Nähe verschiedener Materialien (Eisen, Kobalt, Nickel, Kupfer, Aluminium usw.)

Ergebnis: Der Magnet übt nur auf Eisen, Kobalt, Nickel und deren Legierungen Kräfte aus. Man nennt diese Stoffe **ferromagnetisch**.

Versuch 2 Ein Stabmagnet wird in die Nähe von kleinen Eisennägeln gebracht.

Ergebnis: Von den Enden des Magneten werden viele Nägel angezogen. Man nennt diese Bereiche Pole des Magneten. Jeder Magnet hat mindestens zwei Pole (Dipol).

Versuch 3 Eine drehbar gelagerte Magnetnadel richtet sich in geografischer Nord-Süd-Richtung aus.

Definition
> Der nach Norden weisende Pol heißt **N**ordpol (Farbkennzeichnung **rot**),
> der nach Süden weisende Pol heißt **S**üdpol (Farbkennzeichnung **grün**).

Versuch 4 Wir nähern dem Nordpol eines Magneten einen Nordpol bzw. Südpol eines anderen Magneten.

Ergebnis: Gleichnamige Magnetpole stoßen einander ab, ungleichnamige ziehen sich an.

Versuch 5 Wir nähern einem Eisenstab einen Magneten. Dieser Eisenstab zieht nun selbst Eisenfeilspäne an.

Ergebnis: Eisen und die anderen ferromagnetischen Stoffe werden in der Nähe von Dauermagneten selbst zu Magneten (magnetische Influenz).

Versuch 6   (nach Oersted 1820)

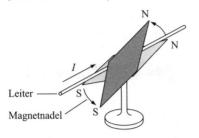

Hans Christian Oersted
(1777–1851)
dänischer Physiker

In der Umgebung eines stromdurchflossenen Leiters erfährt eine Magnetnadel eine ablenkende Kraft (siehe Skizze).

18.2 Begriff des Magnetfelds

Der Raum, in dem auf ferromagnetische Stoffe Kräfte wirken, heißt Magnetfeld. Im Unterschied zur Untersuchung des elektrischen Feldes mit einer positiven Probeladung gibt es zur Untersuchung des magnetischen Feldes keinen einzelnen magnetischen Probepol. Den Weg, den ein frei beweglicher Probepol im magnetischen Feld zurücklegen würde, nennt man eine magnetische Feldlinie.

Definition

> Die Orientierung der magnetischen Feldlinie ist festgelegt durch die Orientierung der Kraft auf den Probenordpol des magnetischen Dipols. Die magnetischen Feldlinien verlaufen somit vom Nordpol zum Südpol.

18.3 Untersuchung von Magnetfeldern (Feldlinienbilder)

Magnetfeld eines Stabmagneten

Anordnung von Eisenfeilspänen in der Nähe eines Stabmagneten

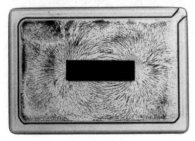
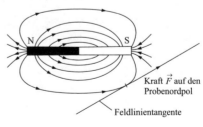

Magnetfeld eines Hufeisenmagneten

Anordnung von Eisenfeilspänen in der Nähe eines Hufeisenmagneten
Das magnetische Feld zwischen den Schenkeln des Hufeisenmagneten ist ein annähernd homogenes Feld.

 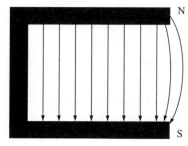

Magnetfeld eines geraden stromdurchflossenen Leiters

Anordnung von Eisenfeilspänen nahe eines geraden stromdurchflossenen Leiters

Der Zusammenhang zwischen der Stromrichtung im Leiter (technische Stromrichtung) und der Orientierung der Feldlinien des Magnetfeldes wird durch die **Rechte-Hand-Regel** beschrieben (unteres Bild):
Zeigt der abgespreizte Daumen der rechten Hand in die technische Stromrichtung, so zeigen die gekrümmten Finger in die Feldrichtung.
Die Orientierung der magnetischen Feldlinien ist von der Stromrichtung abhängig. Die Feldlinien von Magnetfeldern bei stromdurchflossenen Leitern sind geschlossene Linien.

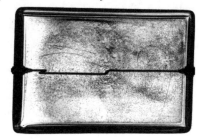

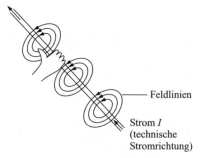

Magnetfeld einer stromdurchflossenen Leiterschleife (Windung)

Anordnung von Eisenfeilspänen nahe einer stromdurchflossenen Leiterschleife
Die Einzelmagnetfelder haben im Inneren der Leiterschleife den gleichen Richtungssinn. Durch Überlagerung der Einzelfelder tritt dort eine Verstärkung des Magnetfeldes auf. Das Magnetfeld im Außenraum entsteht ebenfalls durch vektorielle Überlagerung der Einzelfelder.

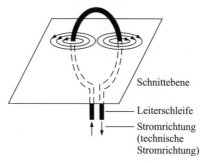

Schnittebene
Leiterschleife
Stromrichtung
(technische
Stromrichtung)

Magnetfeld einer stromdurchflossenen Spule

Anordnung von Eisenfeilspänen in einer stromdurchflossenen Spule
Das Bild unten rechts zeigt den **Schnitt durch eine Spule**. Zwischen den einzelnen Windungen heben sich die Einzelmagnetfelder auf. Das Außenfeld einer Spule ähnelt dem eines Stabmagneten. Die Feldlinien im Inneren der Spule verlaufen parallel, dort ist das Magnetfeld homogen. Die Orientierung des Magnetfeldes wird mit der Rechte-Hand-Regel ermittelt.

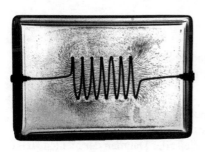
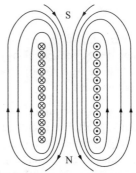

⊗   Strom fließt in die Zeichenebene
⊙   Strom fließt aus der Zeichenebene
    (technische Stromrichtung)

18.4 Deutung des Permanentmagnetismus

Die Ähnlichkeit des Magnetfeldes eines Stabmagneten mit dem Feld einer langgestreckten stromdurchflossenen Spule veranlasste A. M. Ampere (1821) zu folgender Deutung des Permanentmagnetismus, die im Wesentlichen heute noch Gültigkeit hat: In den Atomen fließen Ringströme; die bewegten Ladungen sind somit Ursache des Magnetismus.

18.5 Kraft auf stromdurchflossene Leiter im Magnetfeld

In der Umgebung eines stromdurchflossenen Leiters tritt ein Magnetfeld auf. Befindet sich dieser Leiter in einem anderen Magnetfeld, so überlagern sich beide Magnetfelder. Wir untersuchen im Folgenden die dabei auftretenden Wirkungen auf diesen Leiter.

Versuch 1 **Leiterschaukel im Magnetfeld**

Versuchsaufbau

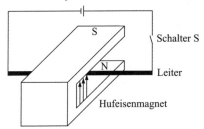

Versuchsdurchführung
Zwischen den Schenkeln eines Hufeisenmagneten befindet sich eine Leiterschaukel (siehe Abbildung). Wir schließen den Schalter S und beobachten den beweglichen Leiter.

Ergebnis: Die stromdurchflossene Leiterschaukel erfährt im Magnetfeld eine ablenkende Kraft. Die Richtung der Kraft lässt sich mithilfe der 3-Finger-Regel (UVW-Regel) der rechten Hand bestimmen: Weist der Daumen der rechten Hand in die technische Stromrichtung (Ursache U) und der Zeigefinger in die Richtung des Magnetfeldes (Vermittlung V), so zeigt der Mittelfinger die Richtung der Kraft auf den Leiter an (Wirkung W).

Das Magnetfeld ◆ 109

Versuch 2 **Spule im Magnetfeld**

Versuchsaufbau

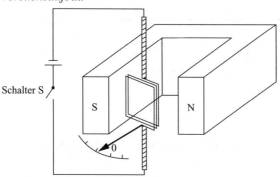

Versuchsdurchführung
Zwischen den Schenkeln eines Hufeisenmagneten befindet sich eine drehbar aufgehängte Spule. Wir schließen den Schalter S und beobachten den an der Spule befestigten Zeiger.

Ergebnis: Auf die stromdurchflossene Spule wirkt im Feld des Hufeisenmagneten eine Kraft.

Erklärung: An den Enden der Spule entstehen magnetische Pole, die von den Polen des Hufeisenmagneten angezogen bzw. abgestoßen werden.

Versuch 3 **Kräfte zwischen geraden Stromleitern**

Versuchsaufbau

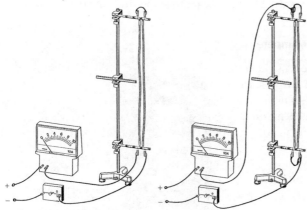

Prinzipskizze

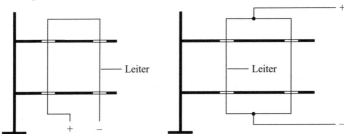

Versuchsdurchführung
Durch parallele Leiter aus Lamettaband fließen gleich- bzw. entgegengesetzt gerichtete Ströme.

Ergebnis: Die Leiter ziehen sich an bzw. stoßen sich ab.

Erklärung: Die folgenden Abbildungen zeigen einen Schnitt durch die stromdurchflossenen Leiter.

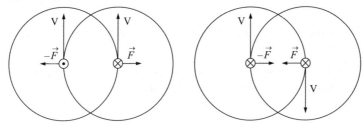

Um jeden Leiter ist genau eine kreisförmige magnetische Feldlinie gezeichnet, die den anderen Leiter durchsetzt. Durch die Rechte-Hand-Regel erhalten wir die Feldlinienrichtung (V), aus der 3-Finger-Regel folgt die Richtung der Kräfte.

Die Stromstärkeeinheit Ampere

Im internationalen Einheitensystem (SI) wird die Einheit der elektrischen Stromstärke 1 Ampere (A) mithilfe der Kraft zwischen parallelen Stromleitern folgendermaßen definiert:

André-Marie Ampère (1777–1836), französischer Physiker

Magnetische Flussdichte und magnetischer Fluss ⟋ 111

Definition

> Das Ampere ist die Stärke des Stromes, der durch zwei geradlinige dünne unendlich lange Leiter, die in der Entfernung 1 m parallel zueinander im leeren Raum angeordnet sind, unveränderlich fließend bewirken würde, dass diese beiden Leiter aufeinander die Kraft $2 \cdot 10^{-7}$ N je 1 m Länge ausüben.

19 Magnetische Flussdichte und magnetischer Fluss

In Analogie zur Definition der elektrischen Feldstärke

$$E = \frac{F}{Q}$$

könnte man die Stärke eines Magnetfeldes als Kraft auf einen „Probemagneten" definieren. Da die Stärke der Probemagnete im Laufe der Zeit abnehmen kann, ist es vorteilhafter, die Stärke der Magnetfelder durch die Kraft festzulegen und zu messen, die eine stromdurchflossene Leiterschleife in dem auszumessenden Magnetfeld erfährt.

19.1 Experimentelle Herleitung der Flussdichte

Versuch **Stromwaage**

Versuchsaufbau

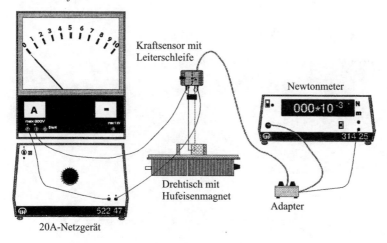

Schaltskizze (Prinzip der Kraftmessung)

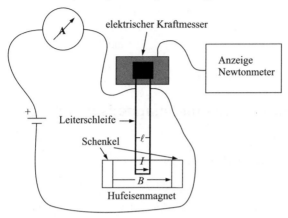

Versuchsdurchführung
Wir messen die Kraft F auf die stromdurchflossene Leiterschleife in Abhängigkeit von der Stromstärke I und der Länge l der Leiterschleife.

a) Abhängigkeit der Kraft F vom Prüfstrom I bei konstanter Länge l der Leiterschleife

Messprotokoll und rechnerische Auswertung
$l = 2{,}00 \cdot 10^{-2}$ m

I in A	1,00	2,00	3,00
F in 10^{-3} N	0,51	1,01	1,50
$\frac{F}{I}$ in $10^{-3} \frac{\text{N}}{\text{A}}$	0,51	0,51	0,50

Grafische Auswertung im I-F-Diagramm

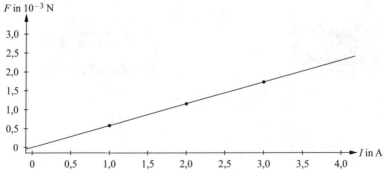

Ergebnis
$F \sim I$ ($l =$ konst.)

b) Abhängigkeit der Kraft F von der Leiterlänge l bei konstantem Prüfstrom I
Messprotokoll und rechnerische Auswertung
$I = 3{,}00$ A

l in 10^{-2} m	1,00	2,00	4,00
F in 10^{-3} N	0,76	1,50	3,05
$\frac{F}{l}$ in $10^{-1} \frac{\text{N}}{\text{m}}$	0,76	0,75	0,76

Grafische Auswertung im l-F-Diagramm

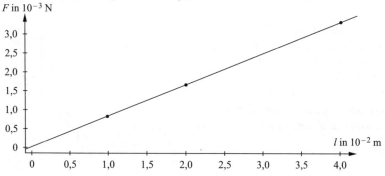

Ergebnis
$F \sim l$ (I = konst.)

Zusammenfassung der Ergebnisse aus a und b
$F \sim I\,l$ oder $\frac{F}{I\,l}$ = konstant

Die Proportionalitätskonstante $\frac{F}{I\,l}$ wird **magnetische Flussdichte B** genannt.
Es gilt:

$$\boxed{\frac{F}{I\,l} = B}$$ (Leiter steht senkrecht zu den Feldlinien)

Einheit der magnetischen
Flussdichte B:

$1 \dfrac{\text{N}}{\text{A m}} = 1 \dfrac{\text{Nm}}{\text{A m}^2} = 1 \dfrac{\text{J}}{\text{A m}^2} =$
$= 1 \dfrac{\text{V A s}}{\text{A m}^2} = 1 \dfrac{\text{V s}}{\text{m}^2} = 1$ Tesla (T)

Nicola Tesla
(1856–1943),
kroatischer
Physiker

Für die magnetische Flussdichte im homogenen Bereich des verwendeten Hufeisenmagneten folgt mit $F = 1{,}50 \cdot 10^{-3}\,\text{N}$; $I = 3{,}00\,\text{A}$ und $l = 2{,}00 \cdot 10^{-2}\,\text{m}$:

$$B = \frac{1{,}50 \cdot 10^{-3}\,\text{N}}{3{,}00\,\text{A} \cdot 2{,}00 \cdot 10^{-2}\,\text{m}}$$

$$B = 25{,}0 \cdot 10^{-3} \frac{\text{N}}{\text{A m}}$$

$B = 25{,}0\,\text{m T}$

19.2 Vektorieller Charakter der magnetischen Flussdichte

Bis jetzt haben wir den stromdurchflossenen Leiter senkrecht zum magnetischen Feld ausgerichtet. Wir untersuchen nun die Kraft auf den Leiter, wenn er mit den Feldlinien einen von 90° verschiedenen Winkel φ einschließt.

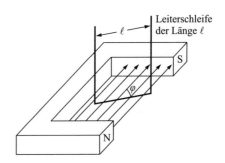

Leiterschleife der Länge ℓ

Versuch

Versuchsdurchführung
Wir untersuchen, wie sich die Kraft F bei konstantem Prüfstrom I und gleicher Leiterlänge l ändert, wenn der Magnet gedreht wird.

Messprotokoll und rechnerische Auswertung
$l = 2{,}00 \cdot 10^{-2}\,\text{m}$, $I = 3{,}00\,\text{A}$

φ in Grad	0	30	60	90	120	150	180
F in $10^{-3}\,\text{N}$	0,00	0,74	1,30	1,51	1,32	0,76	0,00
$\sin(\varphi)$	0,00	0,50	0,87	1,00	0,87	0,50	0,00
$\frac{F}{\sin(\varphi)}$ in $10^{-3}\,\text{N}$	–	1,48	1,50	1,51	1,52	1,52	–
φ in Grad	210	240	270	300	330	360	
F in $10^{-3}\,\text{N}$	–0,74	–1,29	–1,52	–1,31	–0,75	0,00	
$\sin(\varphi)$	–0,50	–0,87	–1,00	–0,87	–0,50	0,00	
$\frac{F}{\sin(\varphi)}$ in $10^{-3}\,\text{N}$	1,48	1,49	1,52	1,51	1,50	–	

Grafische Auswertung im φ-F-Diagramm

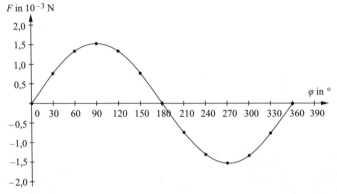

Ergebnis
$F \sim \sin(\varphi)$ (B=konst., I=konst., l=konst.)

Für den Sonderfall $\varphi = 90°$ (Leiter steht senkrecht zu den Feldlinien) gilt:
$F = I\, l\, B$

Wegen $\sin(90°) = 1$ ergibt sich:
$F = I\, l\, B\, \sin(90°)$

Für alle anderen Winkel φ folgt für das Kraftgesetz:

$$F = I\, l\, B\, \sin(\varphi)$$

Dieses Ergebnis lässt sich auch als vektorielles Produkt darstellen:

$$\vec{F} = I(\vec{l} \times \vec{B})$$ (Vektorprodukt)

Der Vektor $\vec{l}$ zeigt in die technische Stromrichtung, sein Betrag ist gleich der Leiterlänge l. Der Vektor $\vec{B}$ zeigt in Richtung der magnetischen Feldlinien, sein Betrag ist gleich der magnetischen Flussdichte B.
$\vec{l}$, $\vec{B}$ und $\vec{F}$ bilden in dieser Reihenfolge ein Rechtssystem.

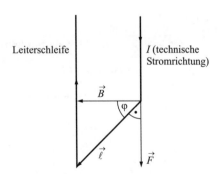

Verwendet man an Stelle der einfachen Leiterschleife eine Spule mit der Windungszahl N, so gilt für die Kraft $\vec{F}$ auf die stromdurchflossene Spule:

$$\vec{F} = N \cdot I(\vec{l} \times \vec{B})$$

19.3 Magnetischer Fluss im homogenen Feld

Die Leiterschleife mit der Länge l taucht um die Strecke b in das homogene Magnetfeld ein. Somit wird zunächst eine Fläche vom Inhalt $A = l \cdot b$ von den magnetischen Feldlinien durchsetzt. Wird der Magnet oder die Leiterschleife gedreht, so verringert sich die von den Feldlinien durchsetzte Fläche A.

Die Lage der Leiterschleife im Bezug zu den magnetischen Feldlinien lässt sich durch den Winkel $\tilde{\varphi}$ zwischen dem Normalenvektor $\vec{A}$ auf die Ebene, welche die Fläche A enthält, und der magnetischen Flussdichte $\vec{B}$ angeben (siehe nebenstehende Skizze).

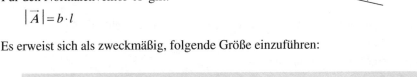

Für den Normalenvektor $\vec{A}$ gilt:

$$|\vec{A}| = b \cdot l$$

Es erweist sich als zweckmäßig, folgende Größe einzuführen:

Definition

> Wird eine Leiterschleife vom Flächeninhalt A von einem homogenen Magnetfeld der Flussdichte B so durchsetzt, dass der Vektor $\vec{A}$ mit dem Vektor $\vec{B}$ den Winkel $\tilde{\varphi}$ bildet, so heißt das Produkt $B \cdot A \cdot \cos(\tilde{\varphi})$ **magnetischer Fluss Φ**.

Es gilt:

$$\Phi = B\,A\,\cos(\tilde{\varphi})$$

oder

$$\Phi = \vec{B} \circ \vec{A} \qquad \text{(Skalarprodukt)}$$

Einheit des magnetischen Flusses:

$$1\,\frac{\text{V s m}^2}{\text{m}^2} = 1\,\text{V s} = 1\,\text{Weber (Wb)}$$

30. Eine rechteckige Spule mit der Breite $b = 5{,}0$ cm und der Windungszahl $N = 1\,000$ hängt so an einem Kraftmesser, dass sie in ein homogenes Magnetfeld mit der Flussdichte $B = 24$ mT eintaucht (siehe Abbildung).
Der ohmsche Widerstand der Spule beträgt $R = 12{,}0\ \Omega$. Schließt man die Spule an eine Gleichspannungsquelle mit $U = 60$ V an, so zeigt der Kraftmesser eine zusätzliche Kraft F nach unten an.

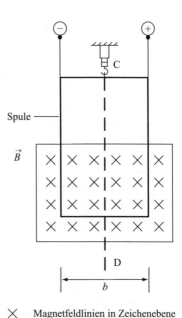

a) Berechnen Sie den Betrag dieser zusätzlichen Kraft F.

b) Begründen Sie anhand einer Skizze, warum der Strom durch die Seitenteile der Spule keine resultierende Kraftwirkung hervorruft.

c) Die Spule wird nun so um die Achse CD gedreht, dass die Richtung des Stromes und die Richtung des Magnetfeldes einen Winkel $\varphi = 30°$ einschließen. Berechnen Sie für diesen Fall den Betrag der zusätzlichen Kraft F'.

31. Eine rechteckige Leiterschleife mit der Länge $l = 4{,}0$ cm und der Breite $b = 3{,}0$ cm taucht ganz in den homogenen Feldbereich eines Hufeisenmagneten der Flussdichte $B = 0{,}04$ T ein. Die Leiterschleife rotiert im Magnetfeld mit der konstanten Winkelgeschwindigkeit $\omega = 1{,}57\ \text{s}^{-1}$ um eine Achse, die senkrecht zu den magnetischen Feldlinien steht (siehe Abbildung).

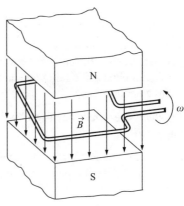

a) Geben Sie mit eingesetzten Größenwerten die zeitliche Abhängigkeit des magnetischen Flusses Φ durch die Leiterschleife an, wenn zur Zeit $t = 0$ s der magnetische Fluss einen maximalen Wert annimmt.

b) Stellen Sie den magnetischen Fluss Φ in Abhängigkeit von der Zeit t für $0\ \text{s} \le t \le 4\ \text{s}$ grafisch dar.

20 Lorentzkraft

Ein stromdurchflossener Leiter (Stromstärke I, Leiterlänge l) erfährt im Magnetfeld der Flussdichte B die Kraft $F = I\, l\, B$ (siehe Abschnitt 19.2). Da die Kraftwirkung nur beim stromdurchflossenen Leiter beobachtet werden kann, liegt die Vermutung nahe, dass nur bewegte Ladungen (Strom I) im Magnetfeld eine Kraft erfahren.

20.1 Kraftwirkung auf freie Ladungsträger (Elektronenstrahl)

Versuch *Versuchsaufbau*

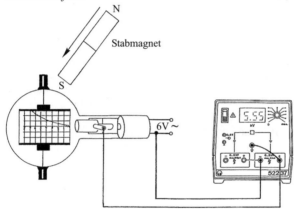

Versuchsdurchführung
In einer Elektronenröhre wird ein Elektronenstrahl erzeugt, welcher streifend auf eine Glimmerscheibe fällt und somit sichtbar wird. Wir nähern dem Elektronenstrahl einen Magneten.

Ergebnis: Der Elektronenstrahl wird abgelenkt. Auf jeden einzelnen Ladungsträger wirkt eine Kraft.

Folgerung: Die Kraftwirkung auf einen stromdurchflossenen Leiter kann als Summe der Einzelkräfte auf alle im Leiter bewegten Ladungsträger aufgefasst werden.

20.2 Bestimmung der Kraft auf eine einzelne bewegte Ladung im Magnetfeld

Der stromdurchflossene Leiter der Länge l erfährt im magnetischen Feld der Flussdichte B die Kraft F:

$$F = I\,l\,B \qquad (1)$$

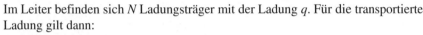

Dabei steht der Leiter senkrecht zu den Feldlinien ($\vec{l} \perp \vec{B}$).
Es gilt für den Strom I durch den Leiter:

$$I = \frac{\Delta Q}{\Delta t} = \text{konst.} \qquad (2)$$

Im Leiter befinden sich N Ladungsträger mit der Ladung q. Für die transportierte Ladung gilt dann:

$$\Delta Q = N\,q \qquad (3)$$

(2) und (3) eingesetzt in (1) ergibt:

$$F = \frac{N\,q\,l}{\Delta t}\,B$$

Die Ladungsträger bewegen sich in der Zeit Δt durch den Leiter der Länge l. Der Quotient $\frac{l}{\Delta t}$ ist somit die Geschwindigkeit v der Ladungsträger im Leiter.
Für F folgt:

$$\boxed{F = N\,q\,v\,B} \qquad \text{(Gesamtkraft auf den Leiter)}$$

Für die Kraft auf ein Teilchen ($N=1$) mit der Ladung q folgt dann:

$$\boxed{F = q\,v\,B} \qquad \text{(Lorentzkraft)} \quad (\vec{v} \perp \vec{B})$$

Allgemein gilt:

$$\boxed{\vec{F} = q\,(\vec{v} \times \vec{B})} \qquad \text{(Vektorgleichung der Lorentzkraft)}$$

Aufgabe 32. In einem homogenen magnetischen Feld der Flussdichte $B = 40$ mT bewege sich ein Proton (Ladung e) mit der Geschwindigkeit $v = 2{,}5 \cdot 10^7$ ms^{-1}. Bestimmen Sie für die vier dargestellten Fälle jeweils den Betrag und die Richtung der auftretenden Lorentzkraft $\vec{F}_L$.

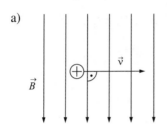
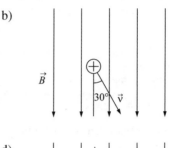
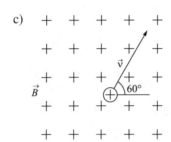
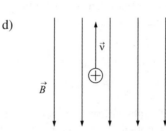

21 Halleffekt

Bewegte Elektronen erfahren in einem Magnetfeld durch die Lorentzkraft eine Ablenkung (siehe Versuch zur Lorentzkraft).
Trifft der Elektronenstrahl auf die Platte eines Kondensators, so wird diese aufgeladen. Dadurch baut sich zwischen den Kondensatorplatten (Abstand b) ein homogenes elektrisches Feld E auf. Die dabei zwischen den Kondensatorplatten auftretende Spannung ($U = E\,b$) wird im folgenden Versuch nachgewiesen.

21.1 Modellversuch zum Halleffekt

Versuch *Versuchsaufbau*

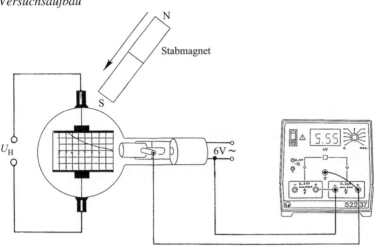

Versuchsdurchführung
Bei konstanter magnetischer Flussdichte B wird die Beschleunigungsspannung so eingestellt, dass der Elektronenstrahl auf die obere Kondensatorplatte trifft.

Ergebnis: Der angeschlossene Spannungsmesser zeigt die so genannte **Hallspannung** U_H zwischen den Kondensatorplatten an.

21.2 Theoretische Überlegungen zum Halleffekt

Wird ein stromdurchflossener Leiter senkrecht zur Stromrichtung von einem homogenen Magnetfeld der Flussdichte $\vec{B}$ durchsetzt, so tritt zwischen den gegenüberliegenden Anschlussstellen 1 und 2 eine Spannung auf.

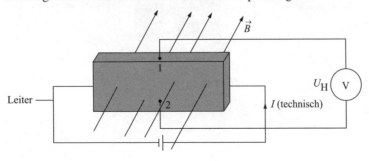

Erklärung: Die bewegten Ladungsträger erfahren im homogenen Magnetfeld eine Lorentzkraft. Dadurch werden die Ladungsträger getrennt. Dies führt zwischen den Anschlussstellen 1 und 2 zu einer Spannung (Hallspannung U_H).

Es baut sich ein elektrisches Feld E auf. Für den stationären Zustand gilt:

Coulombkraft = Lorentzkraft
$$F_C = F_L$$
$$q\,E = q\,v\,B$$
$$E = v\,B$$
$$\frac{U_H}{b} = v\,B$$

Da v = konstant (weil I = konstant) ist, folgt:

$$U_H \sim B$$
$$U_H = c\,B$$

Möglichkeit zur B-Bestimmung mit $c = b\,v$

oder

$$U_H = b\,v\,B$$

Bemerkung: In einem Magnetfeld bekannter Flussdichte B kann durch die Messung der Hallspannung U_H der Proportionalitätsfaktor $c = v\,b$ bestimmt werden. Man hat somit eine Möglichkeit, die magnetische Flussdichte durch eine Spannungsmessung zu bestimmen.

21.3 Anwendung des Halleffektes (*B*-Bestimmung)

Zur Erzeugung homogener Magnetfelder verwendet man häufig ein Helmholtz-Spulenpaar. Dabei sind zwei Ringspulen mit gleichem Radius r so angeordnet, dass ihr Abstand gleich dem Spulenradius ist.

Hermann von Helmholtz (1821–1894), deutscher Physiker

Magnetfeld des Helmholtz-Spulenpaares

Die Abbildung zeigt die Anordnung von Eisenfeilspänen im Inneren des Helmholtz-Spulenpaares.
Man erkennt, dass das Magnetfeld zwischen den Spulen homogen ist.

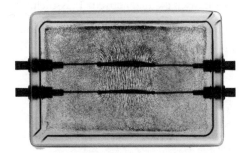

Mithilfe einer Hallsonde untersuchen wir die magnetische Flussdichte B im Innenraum des Helmholtz-Spulenpaars.

Versuch *Versuchsaufbau*

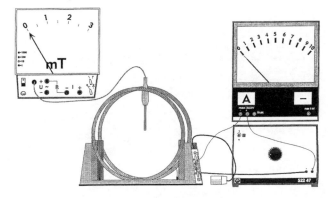

Schaltskizze

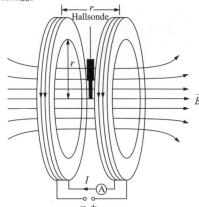

Versuchsdurchführung
Wir messen die magnetische Flussdichte B in Abhängigkeit vom Spulenstrom I.

Messprotokoll und rechnerische Auswertung

I in A	1,00	1,50	2,00	2,50	3,00
B in mT	0,78	1,18	1,56	1,94	2,32
$\frac{B}{I}$ in $\frac{\text{mT}}{\text{A}}$	0,78	0,79	0,78	0,78	0,77

Grafische Auswertung im I-B-Diagramm

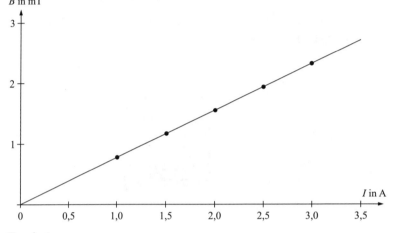

Ergebnis

$$B \sim I$$

Somit gilt:

$$B = k\,I$$

Mit $k = 0{,}78 \cdot 10^{-3}\,\frac{\text{T}}{\text{A}}$ folgt:

$$B = 0{,}78\,\frac{\text{mT}}{\text{A}}\,I$$

Die Konstante k ist abhängig vom Spulenradius r und der Windungszahl N.

22 Bewegung geladener freier Teilchen im homogenen Magnetfeld

Bewegen sich geladene Teilchen wie Elektronen oder Protonen im homogenen magnetischen Feld, so wirkt auf diese Teilchen eine Lorentzkraft $\vec{F}_L$.
Für die Bahnkurve der freien Ladungsträger (z. B. eines Elektronenstrahls) ist der Winkel zwischen der Geschwindigkeit $\vec{v}$ der Teilchen mit der Ladung Q und den Magnetfeldlinien von Bedeutung.

22.1 Bewegung senkrecht zum homogenen Magnetfeld

Theoretische Vorüberlegung

Auf freie Ladungsträger mit der Ladung Q und der Geschwindigkeit $\vec{v}$ wirkt im Magnetfeld mit der magnetischen Flussdichte $\vec{B}$ die Lorentzkraft

$$\vec{F}_L = Q\,(\vec{v}\times\vec{B}).$$

Dies bedeutet:

(1) $\vec{F}_L$ wirkt stets senkrecht zur Bewegungsrichtung ($\vec{F}_L \perp \vec{v}$);

(2) $\vec{F}_L$ wirkt stets senkrecht zur Magnetfeldrichtung ($\vec{F}_L \perp \vec{B}$).

Bewegen sich die geladenen Teilchen senkrecht zur Magnetfeldrichtung ($\vec{v} \perp \vec{B}$), so folgt aus (1) und (2), dass die Ladungsträger eine **ebene** Bewegung ausführen. Die Bahnkurve liegt in einer zur Magnetfeldrichtung senkrechten Ebene.

Aus (1) folgt, dass der Betrag der Geschwindigkeit der geladenen Teilchen konstant bleibt ($|\vec{v}|$ = konst.), d. h., die auftretende Lorentzkraft $\vec{F}_L$ ändert nur die Richtung der Teilchengeschwindigkeit.

Bei konstanter Geschwindigkeit v und konstantem Magnetfeld B bleibt wegen

$$F_L = Q\,v\,B \qquad (\vec{v} \perp \vec{B})$$

auch der Betrag der Lorentzkraft konstant.

Unter der Bedingung, dass sich ein geladenes Teilchen mit konstanter Bahngeschwindigkeit v bewegt und stets eine konstante Ablenkkraft F_L senkrecht zur Bewegungsrichtung erfährt, durchläuft das Teilchen eine **Kreisbahn**. Dabei ist die Lorentzkraft $\vec{F}_L$ die Zentripetalkraft für das kreisende Teilchen.

Experimentelle Untersuchung der Bahnkurve von Elektronen

Versuch *Versuchsaufbau*

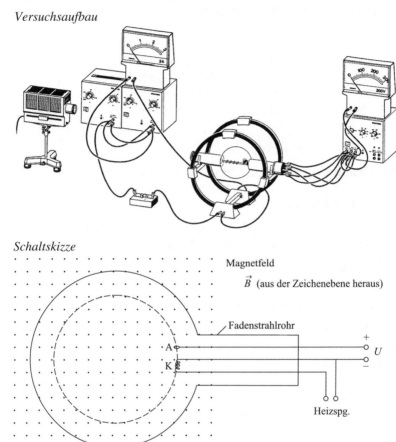

Schaltskizze

Magnetfeld
$\vec{B}$ (aus der Zeichenebene heraus)

Fadenstrahlrohr

Das Magnetfeld ist auf den Betrachter gerichtet. Das homogene Magnetfeld wird durch ein Helmholtz-Spulenpaar erzeugt. Zwischen dem Helmholtz-Spulenpaar befindet sich ein Fadenstrahlrohr. Die benötigten Elektronen werden von einer Glühkathode K ausgesandt und durch die zwischen Anode A und Kathode anliegende Spannung U beschleunigt. Die Elektronenbahn ist sichtbar, da diese das Füllgas (Wasserstoff von geringem Druck) in der Röhre zum Leuchten anregen.

Versuchsdurchführung
Wir ändern die magnetische Flussdichte im Inneren des Helmholtz-Spulenpaares. Dabei wird der Spulenstrom I von 0 A beginnend zu größeren Werten hin erhöht.

Ergebnis: Die Bahnkurve der Elektronen liegt in einer Ebene, die senkrecht auf den magnetischen Feldlinien steht. Der zunächst geradlinige Elektronenstrahl (Fadenstrahl) geht allmählich in eine vollständige Kreisbahn über (siehe Abbildung).

Folgerung: Aus der Beobachtung der Kreisbahn folgt, dass die Elektronen eine Zentripetalkraft erfahren. Dies ist die Lorentzkraft auf die bewegten Elektronen.

22.2 Bewegung mit beliebiger Orientierung zum homogenen Magnetfeld

Theoretische Vorüberlegung

Treten Teilchen der Ladung Q und der Geschwindigkeit $\vec{v}$ unter dem Winkel $\alpha \neq 0°$ in ein homogenes Magnetfeld der Flussdichte $\vec{B}$, so lässt sich $\vec{v}$ in zwei Komponenten senkrecht ($\vec{v}_\perp$) und parallel ($\vec{v}_\parallel$) zu den magnetischen Feldlinien zerlegen (siehe Abbildung).

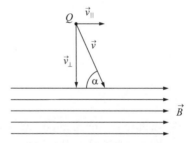

Es gilt: $\vec{v} = \vec{v}_\perp + \vec{v}_\parallel$

Die Geschwindigkeitskomponente $\vec{v}_\perp$ zwingt die Teilchen auf eine Kreisbahn mit der Umlaufdauer T im Magnetfeld.
Die Geschwindigkeitskomponente $\vec{v}_\parallel$ wird durch das Magnetfeld nicht beeinflusst und bewirkt eine Translation der Teilchen im Magnetfeld.
Die Überlagerung der Kreisbewegung und der Translation ergibt eine Schraubenbahn auf einem Kreiszylinder mit dem Radius r. Die Ganghöhe H für eine Windung beträgt:

$$H = v_\parallel \cdot T$$

Experimentelle Untersuchung der Bahnkurve von Elektronen

Versuch *Versuchsaufbau*
Siehe S. 126.

Versuchsdurchführung
Das Fadenstrahlrohr wird so gedreht, dass die Elektronen nicht mehr senkrecht in das Magnetfeld des Helmholtz-Spulenpaares eintreten.

Ergebnis: Die Elektronen beschreiben eine Schraubenbahn, deren Achse parallel zu den Feldlinien liegt (siehe Skizze und Abbildung S. 129).

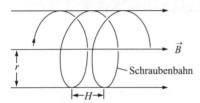
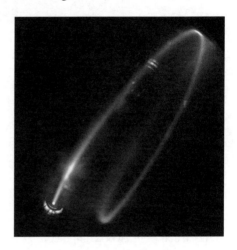

Aufgaben 33. Elektronen treten mit der Geschwindigkeit $v = 2{,}0 \cdot 10^7 \frac{m}{s}$ senkrecht in ein homogenes Magnetfeld der Flussdichte $B = 2{,}5$ mT ein.
Das Magnetfeld hat die Breite $b = 3{,}0$ cm. In der Entfernung $L = 4{,}0$ cm vom Rand des Magnetfeldes steht ein Auffangschirm (siehe Abbildung S. 129).

a) Berechnen Sie den Radius r und die Ablenkung y_1 des Elektronenstrahls am Rande des Magnetfeldes.

b) Unter welchem Winkel α verlässt der Elektronenstrahl das Magnetfeld?

c) Wie groß ist die Gesamtablenkung y_{Ges} des Elektronenstrahls auf dem Schirm?

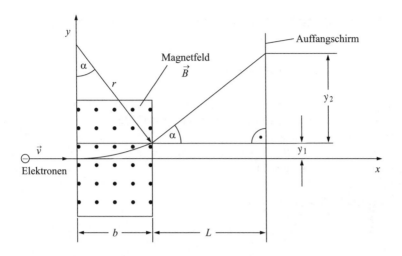

34. Elektronen treten mit der Geschwindigkeit $v = 2,5 \cdot 10^7$ ms^{-1} unter dem Winkel $\alpha = 70°$ in ein homogenes Magnetfeld der Flussdichte $B = 1,0 \cdot 10^{-3}$ T ein (siehe Abbildung). Berechnen Sie die Umlaufzeit T und die Ganghöhe H des Elektronenstrahls.

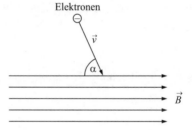

35. Ein geladenes Teilchen (Ladung Q, Masse m) wird in ein homogenes Magnetfeld (Flussdichte $\vec{B}$) senkrecht mit der Geschwindigkeit $\vec{v}$ eingeschossen. Durch eine Wechselwirkung zwischen dem Teilchen und einer im Magnetfeld vorhandenen Flüssigkeit (Nebelkammer) verliert das Teilchen laufend Energie.
Weisen Sie nach, dass das Teilchen im Magnetfeld eine ebene, spiralförmige, nach innen verlaufende Bahn beschreibt.

23 Spezifische Ladung und Masse des Elektrons

23.1 Theoretische Herleitung

Bewegen sich Elektronen mit der Geschwindigkeit $\vec{v}$ in einem Fadenstrahlrohr senkrecht zum homogenen Magnetfeld mit der Flussdichte $\vec{B}$, so beschreiben die Elektronen bei entsprechender Flussdichte eine Kreisbahn. Aus der Beobachtung der Kreisbahn lässt sich folgern, dass die Elektronen eine Zentripetalkraft $\vec{F}_Z$ erfahren. Diese ist die Lorentzkraft $\vec{F}_L$.
Es gilt:

Zentripetalkraft = Lorentzkraft

$$F_Z = F_L$$

$$m \frac{v^2}{r} = e \, v \, B$$

$$\frac{e}{m} = \frac{v}{B \, r} \quad (*)$$

Im Fadenstrahlrohr erhalten die Elektronen nach Durchlaufen der Beschleunigungsspannung U_B die Geschwindigkeit

$$v = \sqrt{2 \frac{e}{m} U_B}$$

Einsetzen in Gleichung (*) ergibt:

$$\frac{e}{m} = \frac{\sqrt{2 \frac{e}{m} U_B}}{B \, r}$$

Quadrieren ergibt:

$$\frac{e^2}{m^2} = \frac{2 \frac{e}{m} U_B}{B^2 \, r^2}$$

bzw.

$$\boxed{\frac{e}{m} = \frac{2 U_B}{B^2 \, r^2}}$$

Die spezifische Ladung $\frac{e}{m}$ kann durch Bestimmung der messtechnisch leicht zugänglichen Größen U_B, B und r ermittelt werden.

23.2 Experimentelle Bestätigung

Versuch *Versuchsaufbau*
Im Versuchsaufbau von S. 126 wird das Magnetfeld durch ein Helmholtz-Spulenpaar erzeugt.

Spezifische Ladung und Masse des Elektrons

Schaltskizze

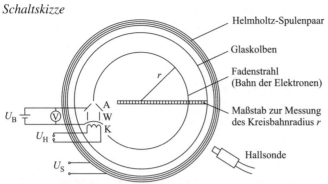

K Glühkathode
A Lochanode
W Wehneltzylinder
U_H Heizspannung
U_B Beschleunigungsspannung
U_S Spannung für Spulenstrom I

Messwerte

$U_B = 240{,}0 \text{ V}$

$r = 5{,}0 \cdot 10^{-2} \text{ m}$

$B = 1{,}04 \cdot 10^{-3} \text{ T}$

Berechnung:

$$\frac{e}{m} = \frac{2 \cdot 240{,}0 \text{ V}}{\left(1{,}04 \cdot 10^{-3} \frac{\text{Vs}}{\text{m}^2}\right)^2 (5{,}0 \cdot 10^{-2} \text{ m})^2}$$

$$\frac{e}{m} = 1{,}78 \cdot 10^{11} \frac{\text{C}}{\text{kg}}$$

Einheitenkontrolle:

$$1 \frac{\text{V}}{\left(\frac{\text{Vs}}{\text{m}^2}\right)^2 \cdot \text{m}^2} = 1 \frac{\text{V m}^2}{\text{V}^2 \text{s}^2} = 1 \frac{\text{m}^2}{\text{V s}^2} = 1 \frac{\text{m}^2}{\frac{\text{J}}{\text{C}} \cdot \text{s}^2} = 1 \frac{\text{C} \cdot \text{m}^2}{\text{J s}^2} = 1 \frac{\text{C} \cdot \text{m}^2}{\frac{\text{kg m}^2}{\text{s}^2} \cdot \text{s}^2} = 1 \frac{\text{C}}{\text{kg}}$$

Sollwert:

$$\frac{e}{m} = 1{,}76 \cdot 10^{11} \frac{\text{C}}{\text{kg}}$$

Prozentuale Abweichung f_p:

$$f_p = \left| \frac{1{,}76 \cdot 10^{11} \frac{\text{C}}{\text{kg}} - 1{,}78 \cdot 10^{11} \frac{\text{C}}{\text{kg}}}{1{,}76 \cdot 10^{11} \frac{\text{C}}{\text{kg}}} \right| \cdot 100\,\%$$

$f_p = 1{,}1\,\%$

Aus der Ladung $e = 1{,}60 \cdot 10^{-19}$ C des Elektrons (Millikanversuch) und seiner spezifischen Ladung $\frac{e}{m}$ folgt die Masse m des Elektrons aus der Gleichung:

$$m = e : \left(\frac{e}{m}\right)$$

Berechnung:

$$m = \frac{1{,}60 \cdot 10^{-19}\,\text{C}}{1{,}76 \cdot 10^{11}\,\frac{\text{C}}{\text{kg}}}$$

$$m = 9{,}1 \cdot 10^{-31}\,\text{kg}$$

Aufgabe 36. In einem Fadenstrahlrohr bewegen sich Elektronen nach Durchlaufen der Beschleunigungsspannung U_B senkrecht zum homogenen Magnetfeld der Flussdichte B auf einer Kreisbahn mit dem Radius r.
Es ergibt sich folgende Messreihe:

Messung Nr.	1	2	3	4	5
U_B in V	38,0	59,5	170,0	170,0	170,0
B in mT	1,04	1,04	1,43	1,04	0,85
r in 10^{-2} m	2,0	2,5	3,0	4,0	5,0

a) Zeigen Sie durch grafische Auswertung der Messreihe, dass die Proportionalität $r \sim \sqrt{U}$, $B = $ konstant, gilt.

b) Zeigen Sie durch grafische Auswertung der Messreihe, dass die Proportionalität $r \sim \frac{1}{B}$, $U = $ konstant, gilt.

c) Fassen Sie die Ergebnisse von Teilaufgabe a und b zu einer Gleichung zusammen und berechnen anhand der Messung Nr. 3 den Wert der auftretenden Proportionalitätskonstanten C.
Welcher Zusammenhang besteht zwischen C und der spezifischen Ladung $\frac{e}{m}$ der Elektronen?
Berechnen Sie die spezifische Ladung $\frac{e}{m}$ des Elektrons und die prozentuale Abweichung f_p vom Sollwert.

24 Überlagerung von Lorentzkraft und elektrischer Kraft

Auf bewegte Elektronen wirkt im elektrischen Feld die Coulombkraft und im magnetischen Feld die Lorentzkraft. Durchlaufen Elektronen gleichzeitig ein elektrisches und ein magnetisches Feld, so überlagern sich die auftretende Coulombkraft und Lorentzkraft zu einer resultierenden Kraft.

Wilhelm Wien
(1864–1914),
deutscher Physiker

24.1 Experimentelle Untersuchung

Versuch *Versuchsaufbau*

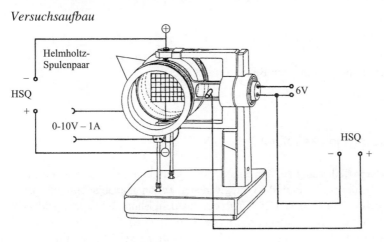

Schaltskizze

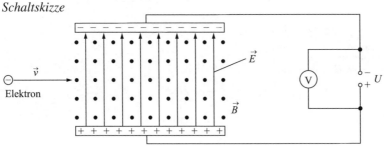

Versuchsdurchführung
a) Der Elektronenstrahl durchläuft nur das elektrische Feld.
b) Der Elektronenstrahl durchläuft nur das magnetische Feld.
c) Der Elektronenstrahl durchläuft das überlagerte elektrische und magnetische Feld. Bei konstanter magnetischer Flussdichte $\vec{B}$ wird die elektrische Feldstärke $\vec{E}$ mithilfe der Kondensatorspannung U bei null beginnend kontinuierlich vergrößert.

Ergebnis
a) Auf die Elektronen wirkt nur die Coulombkraft $\vec{F}_C$. Sie durchlaufen einen nach unten geöffneten Parabelbogen.
b) Auf die Elektronen wirkt nur die Lorentzkraft $\vec{F}_L$. Sie durchlaufen einen nach oben gekrümmten Kreisbogen.
c) Auf die Elektronen wirkt die Coulombkraft $\vec{F}_C$ und die Lorentzkraft $\vec{F}_L$. Die nach oben gekrümmte Bahn der Elektronen wird flacher und geht in eine horizontale Gerade über. Dann lässt sich eine nach unten gekrümmte Bahnkurve beobachten.

Folgerung:
Bei der nach oben gekrümmten Bahn gilt:
$$F_L > F_C$$
Bei der horizontalen Bahn gilt:
$$F_L = F_C$$
Bei der nach unten gekrümmten Bahn gilt:
$$F_L < F_C$$

24.2 Geschwindigkeitsfilter

Von besonderer Bedeutung bei der senkrechten Überlagerung magnetischer und elektrischer Felder ist der Fall, dass die geladenen Teilchen unabgelenkt die Anordnung durchlaufen. In diesem Fall herrscht in jedem Bahnpunkt am geladenen Teilchen mit der Geschwindigkeit $\vec{v}_0$ und der Ladung Q Kräftegleichgewicht zwischen der Coulombkraft $\vec{F}_C$ und der Lorentzkraft $\vec{F}_L$ (siehe Abbildung). Es gilt:

$$\vec{F}_C = -\vec{F}_L \quad (\vec{E} \perp \vec{B}, \vec{v} \perp \vec{B})$$
$$F_C = F_L$$
$$Q\,E = Q\,v_0\,B$$

Somit:
$$v_0 = \frac{E}{B} \quad \text{(Durchlassgeschwindigkeit)}$$

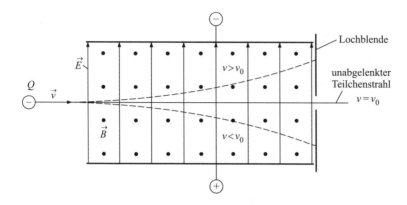

Bei geladenen Teilchen mit kleinerer Geschwindigkeit als der Durchlassgeschwindigkeit ($v < v_0$) überwiegt die Coulombkraft; sie werden nach unten abgelenkt und können somit die Lochblende nicht passieren.

Bei geladenen Teilchen mit größerer Geschwindigkeit als der Durchlassgeschwindigkeit ($v > v_0$) überwiegt die Lorentzkraft; sie werden nach oben abgelenkt und können somit ebenfalls die Lochblende nicht passieren.

Diese Versuchsanordnung ist somit dazu geeignet, geladene Teilchen einer ganz bestimmten Geschwindigkeit ($v = v_0$) aus einem Teilchenstrahl, bei dem die einzelnen Teilchen unterschiedliche Geschwindigkeiten haben, auszufiltern. Man bezeichnet diese Vorrichtung als **Geschwindigkeitsfilter** (Wien-Filter).

Aufgabe 37. Die Ionenquelle IQ sendet Ionen mit gleicher Ladung $Q = 2e$ und verschiedenen Geschwindigkeiten aus. Durch eine Lochblende L_1 treten die Ionen senkrecht zu den Feldlinien in das homogene elektrische Feld eines Plattenkondensators ein. Die elektrische Feldstärke $\vec{E}$ hat den Betrag $E = 2{,}0\,\frac{\text{kV}}{\text{m}}$.

Aus dem Ionenstrahl sollen Ionen der Geschwindigkeit $v_0 = 2{,}5 \cdot 10^6\,\frac{\text{m}}{\text{s}}$ herausgefiltert werden. Dazu wird das elektrische Querfeld mit einem homogenen Magnetfeld der Flussdichte $\vec{B}_1$ so überlagert, dass diese Ionen nicht abgelenkt werden (siehe Abbildung S. 136).

a) Geben Sie in einer Skizze die auf ein Ion wirkenden Kräfte an. Tragen Sie auch die Richtung der elektrischen Feldstärke $\vec{E}$ und der magnetischen Flussdichte $\vec{B}_1$ ein. Berechnen Sie den Betrag von B_1.

b) Geben Sie die Ablenkrichtung derjenigen Ionen an, deren Geschwindigkeit v größer als v_0 ist. Begründen Sie Ihre Aussage.

c) Erklären Sie ausführlich, wodurch sich die unabgelenkten zweiwertigen Ionen unterscheiden können.

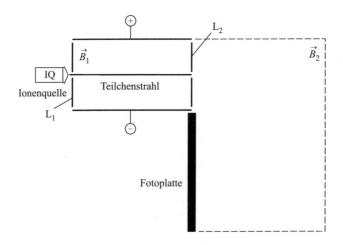

Die Ionen gleicher Geschwindigkeit v_0 passieren nun eine Lochblende L_2 und treten senkrecht zu den Feldlinien in ein homogenes Magnetfeld der Flussdichte $\vec{B}_2$ ein. Die Anordnung ist so gewählt, dass die Ionen in diesem Magnetfeld Halbkreise durchlaufen und dann auf einer Fotoplatte auftreffen. Für das magnetische Feld mit der Flussdichte $B_2 = 0{,}50$ T ergeben sich die Bahnradien $r_1 = 10{,}4$ cm und $r_2 = 7{,}8$ cm.

d) Tragen Sie in eine Skizze die Richtung der magnetischen Flussdichte $\vec{B}_2$ und die Halbkreisbahnen der Ionen ein.
Berechnen Sie die Massen m_1 und m_2 der zugehörigen Ionen.
Um welche Teilchen handelt es sich (chemische Symbole)?

25 Magnetische Flussdichte einer leeren Spule

25.1 Experimentelle Untersuchung und Definition der magnetischen Feldkonstanten

Im Folgenden wird untersucht, wie die Flussdichte B von der felderzeugenden Stromstärke I (Spulenstrom) und den Spulendaten Windungszahl N, Spulenlänge l und Spulenquerschnitt A abhängt.

a) Abhängigkeit von I (N = konst., l = konst., A = konst.)

Versuch

Versuchsaufbau

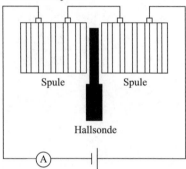

Versuchsdurchführung
Wir bringen zwischen zwei stromdurchflossene Spulen eine Hallsonde und messen die magnetische Flussdichte in Abhängigkeit vom Spulenstrom.

Messprotokoll und rechnerische Auswertung

I in A	0,2	0,4	0,6
B in 10^{-4} T	8,1	16,2	24,3
$\frac{B}{I}$ in $\frac{10^{-4} \text{ T}}{\text{A}}$	40,5	40,5	40,5

Ergebnis
$B \sim I$ (N = konst., l = konst., I = konst.)

b) Abhängigkeit von N (l = konst., A = konst., I = konst.)

Versuch

Versuchsaufbau
Siehe Versuch a.

Messprotokoll und rechnerische Auswertung

N	600	1 200	1800
B in 10^{-4} T	21,0	41,8	63,0
$\frac{B}{N}$ in 10^{-6} T	3,5	3,5	3,5

Ergebnis
$B \sim N$ ($l=$ konst., $A=$ konst., $I=$ konst.)

c) Abhängigkeit von l ($A=$ konst., $N=$ konst., $I=$ konst.)

Versuch Versuchsaufbau *Messprotokoll und rechnerische Auswertung*
$N = 30$, $I = 2{,}0$ A

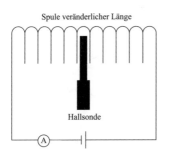

l in m	0,40	0,30	0,20
B in 10^{-4} T	2,0	2,7	4,0
$B \cdot l$ in 10^{-4} T m	0,8	0,8	0,8

Ergebnis
$B \sim \frac{1}{l}$ ($A=$ konst., $N=$ konst., $I=$ konst.)

d) Abhängigkeit von A ($l=$ konst., $N=$ konst., $I=$ konst.)

Versuch Versuchsaufbau

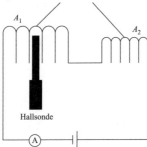

Ergebnis: B ist von A unabhängig.
Erklärung: Zwei gleiche Spulen mit rechteckigem Querschnitt, die vom gleichen Strom I durchflossen werden, haben die gleiche magnetische Flussdichte $\vec{B}$ (siehe Abbildung A, S. 139).

A

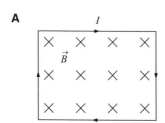
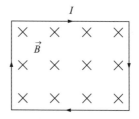

Schiebt man die beiden Spulen zusammen, so sind die sich berührenden Leiterstücke von gleichen Strömen in entgegengesetzter Richtung durchflossen (siehe Abbildung B).

B

Da sich die Magnetfelder der sich berührenden Leiterstücke aufheben, können diese Leiterteile herausgenommen werden, ohne die magnetische Flussdichte $\vec{B}$ im Inneren der Spulen zu ändern (siehe Abbildung C).

C

Die so entstandene Spule besitzt bei gleicher magnetischer Flussdichte $\vec{B}$ die doppelte Fläche. Folglich ist die magnetische Flussdichte einer Spule unabhängig von der Querschnittsfläche.

Zusammenfassung

$$B \sim \frac{N\,I}{l} \quad \text{oder} \quad B = \mu_0\,\frac{N\,I}{l}$$

Die Proportionalitätskonstante μ_0 heißt **magnetische Feldkonstante**.
Zur Berechnung von μ_0 wählen wir die Messwerte aus Abschnitt c:

$B = 2{,}0 \cdot 10^{-4}\,\text{T}$
$I = 2{,}0\,\text{A}$
$l = 0{,}40\,\text{m}$
$N = 30$

Gleichung:

$$\mu_0 = \frac{B\,l}{N\,I}$$

Berechnung:

$$\mu_0 = \frac{2{,}0 \cdot 10^{-4}\,\text{T} \cdot 0{,}40\,\text{m}}{30 \cdot 2{,}0\,\text{A}}$$

$$\mu_0 = 1{,}33 \cdot 10^{-6}\,\frac{\text{T m}}{\text{A}}$$

Sollwert:

$$\mu_0 = 4\,\pi \cdot 10^{-7}\,\frac{\text{T m}}{\text{A}} = 4\,\pi \cdot 10^{-7}\,\frac{\text{V s}}{\text{A m}}$$

Prozentuale Abweichung f_p:

$$f_\text{p} = \left| \frac{4\,\pi \cdot 10^{-7}\,\frac{\text{V s}}{\text{A m}} - 1{,}33 \cdot 10^{-6}\,\frac{\text{V s}}{\text{A m}}}{4\,\pi \cdot 10^{-7}\,\frac{\text{V s}}{\text{A m}}} \right| \cdot 100\,\%$$

$$f_\text{p} = 5{,}8\,\%$$

25.2 Überprüfung der Ergebnisse für kurze und lange Spulen

Versuch *Versuchsaufbau für kurze Spulen*

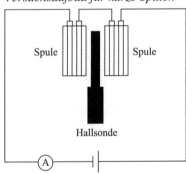

Messprotokoll und rechnerische Auswertung

$I = 2{,}0\,\text{A}$
$l = 7{,}2\,\text{cm}$
$N = 300$
$B = 0{,}71 \cdot 10^{-2}\,\text{T}$

$\frac{N}{l} = 4{,}17 \cdot 10^3\,\text{m}^{-1}$ (Windungsdichte)

$B = 1{,}05 \cdot 10^{-2}\,\text{T}$ (rechnerisch)

Prozentuale Abweichung f_p:

$$f_p = \left| \frac{0{,}71 \cdot 10^{-2}\,\text{T} - 1{,}05 \cdot 10^{-2}\,\text{T}}{1{,}05 \cdot 10^{-2}\,\text{T}} \right| \cdot 100\,\%$$

$$f_p = 32{,}4\,\%$$

Versuch *Versuchsaufbau für lange Spulen*

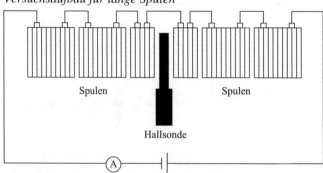

Messprotokoll

$I = 2{,}0\,\text{A}$
$l = 36{,}0\,\text{cm}$
$N = 1\,500$
$B = 1{,}03 \cdot 10^{-2}\,\text{T}$

$\frac{N}{l} = 4{,}17 \cdot 10^3\,\text{m}^{-1}$ (Windungsdichte)

$B = 1{,}05 \cdot 10^{-2}\,\text{T}$ (rechnerisch)

Prozentuale Abweichung f_p:

$$f_p = \left| \frac{1{,}03 \cdot 10^{-2}\,\text{T} - 1{,}05 \cdot 10^{-2}\,\text{T}}{1{,}05 \cdot 10^{-2}\,\text{T}} \right| \cdot 100\,\%$$

$$f_p = 1{,}9\,\%$$

Ergebnis: Die magnetische Flussdichte bei der kurzen und langen Spule unterscheidet sich bei gleicher **Windungsdichte** $\frac{N}{l}$.

Erklärung: Das magnetische Feld im Inneren einer kurzen Spule ist nicht homogen. Verlängert man die Spule bei konstanter Windungsdichte $\frac{N}{l}$, so nimmt der homogene Feldbereich zu, der inhomogene nicht; d. h., die Formel

$$B = \mu_0 \frac{N}{l} I$$

gilt nur für „lange" Spulen.

Eine wichtige Eigenschaft der **magnetischen Feldkonstanten** μ_0 ist, dass sie durch die Ampere-Definition exakt auf den Wert $4\pi \cdot 10^{-7}\,\text{NA}^{-2}$ festgelegt ist. Im Gegensatz dazu wird die **elektrische Feldkonstante** ε_0 experimentell bestimmt.

25.3 Magnetische Flussdichte der Erde

Die Erde ist selbst ein Magnet. In ihrem Magnetfeld stellen sich drehbare Magnete in Nord-Süd-Richtung ein. Zur Untersuchung des Feldlinienverlaufs im Erdmagnetfeld verwendet man je eine Magnetnadel, deren Achse vertikal bzw. horizontal gelagert ist.

Deklinationsnadel: Magnetnadel mit vertikal gelagerter Drehachse

Inklinationsnadel: Magnetnadel mit horizontal gelagerter Drehachse

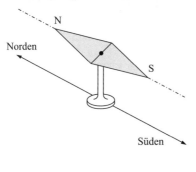

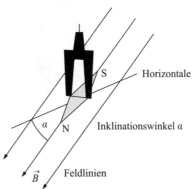

Die **Deklinationsnadel** gibt die Abweichung von der geographischen Nordrichtung an und folgt der Horizontalkomponente $\vec{B}_H$ des Erdmagnetfeldes.

Die **Inklinationsnadel** zeigt die Richtung der magnetischen Feldlinien an. Der Winkel α zwischen der Horizontalen und den magnetischen Feldlinien heißt Inklinationswinkel. Für Freising gilt z. B. $\alpha = 60°$.

Für die magnetische Flussdichte $\vec{B}$ des Erdmagnetfeldes gilt:

$$\vec{B} = \vec{B}_H + \vec{B}_V$$

$\vec{B}_H$ ist die Horizontalkomponente,

$\vec{B}_V$ ist die Vertikalkomponente des Erdmagnetfeldes $\vec{B}$.

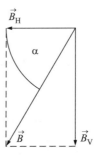

Umfangreiche Untersuchungen haben folgenden Feldlinienverlauf für das Erdmagnetfeld ergeben:

Magnetische Flussdichte einer leeren Spule

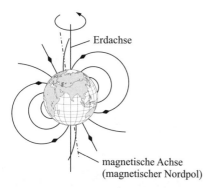

magnetische Achse
(magnetischer Nordpol)

Darstellung des
Erdmagnetfeldes

Der Betrag der Horizontalkomponente B_H des Erdmagnetfeldes kann mit der 45°-Methode bestimmt werden.

Versuch *Versuchsaufbau (von oben gesehen)*

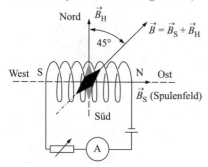

Versuchsdurchführung
In die waagrecht liegende Spule bringt man eine Magnetnadel, welche sich nur in der Horizontalebene drehen kann. Die stromlose Spule wird so gedreht, dass ihre Achse senkrecht zur Magnetnadel steht. Anschließend vergrößert man den Spulenstrom so lange, bis die Magnetnadel um 45° abgelenkt wird. In dieser Stellung hat das Spulenfeld den gleichen Betrag wie die Horizontalkomponente des Erdmagnetfeldes.

Messprotokoll und rechnerische Auswertung
Feldspule:

$N = 30;\quad l = 40{,}0\,\text{cm};\quad I = 0{,}2\,\text{A}$

Es gilt:

$B_H = B_S$

$B_H = \mu_0 \dfrac{N\,I}{l}$

Berechnung:

$$B_H = 4\pi \cdot 10^{-7} \frac{Vs}{Am} \frac{30 \cdot 0{,}2\,A}{40 \cdot 10^{-2}\,m}$$

$$\mathbf{B_H = 1{,}9 \cdot 10^{-5}\,T}$$

Mit dem Inklinationswinkel $\alpha = 60°$ (für Freising) erhält man somit:

$$B_V = B_H \tan(\alpha)$$
$$B_V = 1{,}9 \cdot 10^{-5}\,T \cdot \tan(60°)$$
$$\mathbf{B_V = 3{,}3 \cdot 10^{-5}\,T}$$

$$B = B_H \frac{1}{\cos(\alpha)}$$
$$B = 1{,}9 \cdot 10^{-5}\,T \frac{1}{\cos(60°)}$$
$$\mathbf{B = 3{,}8 \cdot 10^{-5}\,T}$$

Aufgabe 38. Eine lang gestreckte, zylindrische, leere Feldspule S_1 mit dem Radius $r_1 = 6{,}0$ cm, der Windungszahl $N_1 = 1{,}0 \cdot 10^4$ und der Länge $l_1 = 80$ cm, deren Spulenachse horizontal verläuft, wird von einem Gleichstrom der Stärke $I_1 = 2{,}0$ A durchflossen.

a) Berechnen Sie den Betrag des magnetischen Flusses Φ durch den in der Spulenmitte gelegenen Querschnitt.

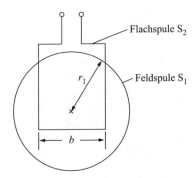

In das Magnetfeld der Feldspule S_1 wird nun eine stromdurchflossene rechteckige Flachspule S_2 mit der Windungszahl $N_2 = 500$ und der Breite $b = 5{,}0$ cm gebracht (siehe Abbildung).
Durch die Flachspule S_2 fließt ein Gleichstrom der Stärke $I_2 = 3{,}5$ A. Dabei erfährt die Flachspule S_2 eine zur Gewichtskraft $\vec{F}_G$ zusätzliche Kraft $\vec{F}$ nach unten.

b) Ergänzen Sie in der obigen Abbildung die technische Stromrichtung von I_2, die Richtung des Magnetfeldes $\vec{B}$ in der Feldspule und die auf die Feldspule wirkenden Kräfte. Berechnen Sie den Betrag der Kraft $\vec{F}$. Erklären Sie, welchen Beitrag die vertikalen Leiterstücke der Flachspule in Bezug auf die zusätzliche Kraft $\vec{F}$ liefern.

Elektromagnetische Induktion

Beim bekannten *Fahrraddynamo* handelt es sich um einen klassischen Wechselstromgenerator zur Versorgung der elektrischen Fahrradbeleuchtung. Ein Permanentmagnet rotiert durch die Reibrolle in einer feststehenden Ständerwicklung und induziert dort eine zur Fahrgeschwindigkeit proportionale Wechselspannung.

26 Gleichförmig bewegter gerader Leiter im homogenen Magnetfeld

26.1 Experimentelle Untersuchung

Ein bewegter Ladungsträger erfährt in einem Magnetfeld eine Lorentzkraft. Bewegt man einen Leiter im Magnetfeld, so wirkt auf alle im Leiter befindlichen Ladungsträger die Lorentzkraft. Dadurch werden die Ladungen im Leiter verschoben (Ladungstrennung). Wir untersuchen die dabei auftretende Potenzialdifferenz.

Versuch

Versuchsaufbau

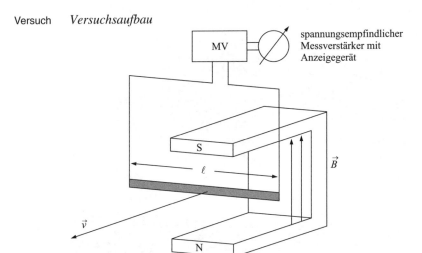

Versuchsdurchführung
Im homogenen Magnetfeld des Hufeisenmagneten wird der Leiter der Länge l mit der konstanten Geschwindigkeit $\vec{v}$ senkrecht zu den magnetischen Feldlinien bewegt.

Ergebnis: Das Messgerät zeigt während der Bewegung des Leiters im Magnetfeld eine konstante Spannung an.

Erklärung: Die zusammen mit dem Leiter bewegten Ladungsträger erfahren eine Lorentzkraft $\vec{F}_L$, die zur Ladungstrennung im Leiter führt. Als Folge baut sich im Inneren des Leiters ein elektrisches Feld auf. Die auftretende Potenzialdifferenz (Spannung) wird durch das Messgerät angezeigt. Die entstehende Spannung heißt **Induktionsspannung**.

26.2 Theoretische Herleitung einer Formel für die Induktionsspannung

Die Ladungstrennung ist beendet, wenn die elektrische Feldkraft $\vec{F}_C$ gegengleich der Lorentzkraft $\vec{F}_L$ ist.
Es gilt:

$$\vec{F}_L = -\vec{F}_C \quad \text{bzw.} \quad F_L = F_C$$

oder

$q\,v\,B = q\,E$ (homogenes elektrisches und magnetisches Feld)

Mit

$$E = \frac{U}{l}$$

folgt:

$$v\,B = \frac{U}{l}$$

Die Induktionsspannung lässt sich nach folgender Formel berechnen:

$$\boxed{U = l\,v\,B}$$

Bemerkungen
1. Bei konstanter Geschwindigkeit $\vec{v}$ des Leiters ist die Induktionsspannung U konstant.
2. Für die Induktionsspannung wird auch U_i bzw. U_{ind} geschrieben.

26.3 Experimentelle Bestätigung der Formel für die Induktionsspannung

Versuchsaufbau

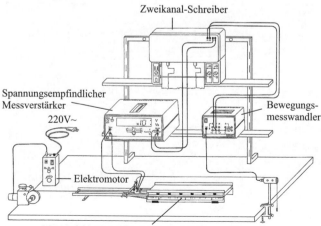

Prinzipskizze

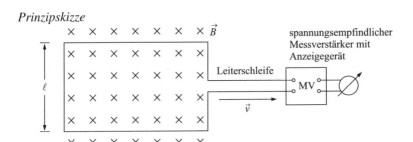

Versuchsdurchführung
Wir ziehen eine Leiterschleife der Länge l und der Breite a mit der konstanten Geschwindigkeit $\vec{v}$ durch ein Magnetfeld der Flussdichte $\vec{B}$. Mithilfe eines spannungsempfindlichen Messverstärkers untersuchen wir die in der Leiterschleife auftretende Induktionsspannung in Abhängigkeit von der Leiterlänge, der Geschwindigkeit und der magnetischen Flussdichte. Die auftretende Induktionsspannung U_{ind} und die Geschwindigkeit $\vec{v}$ der Leiterschleife werden mit einem Zweikanal-Schreiber registriert. Aus den aufgezeichneten t-U- bzw. t-v-Diagrammen entnimmt man die Messwerte. Die magnetische Flussdichte wird mit einer Hallsonde (nicht im Versuchsaufbau abgebildet) ermittelt.

a) Abhängigkeit von der Schleifenlänge l (v = konst., B = konst.)

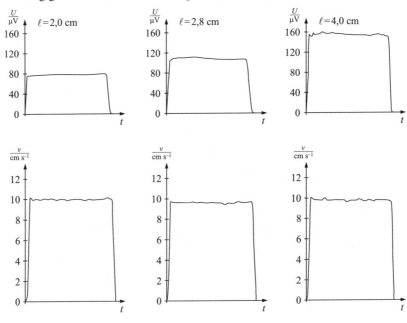

Messprotokoll und rechnerische Auswertung
$v = 10 \frac{cm}{s}$, $B = 40$ mT

l in cm	2,0	2,8	4,0
U_{ind} in µV	80	112	160
$\frac{U_{ind}}{l}$ in $\frac{µV}{cm}$	40	40	40

Ergebnis
$U_{ind} \sim l$ (v = konst., B = konst.)

b) Abhängigkeit von der Geschwindigkeit v (l = konst., B = konst.)

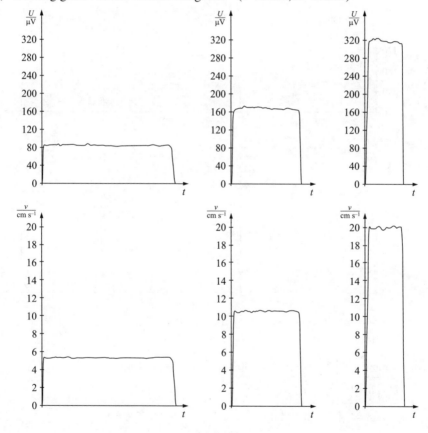

Messprotokoll und rechnerische Auswertung
$l = 4{,}0$ cm, $B = 40$ mT

v in cm·s^{-1}	5	10	20
U_{ind} in µV	84	168	330
$\frac{U_{ind}}{v}$ in $\frac{\mu V}{cm \cdot s^{-1}}$	16,8	16,8	16,5

Ergebnis

$U_{ind} \sim v$ (l = konst., B = konst.)

c) Abhängigkeit von der magnetischen Flussdichte B (l = konst., v = konst.)

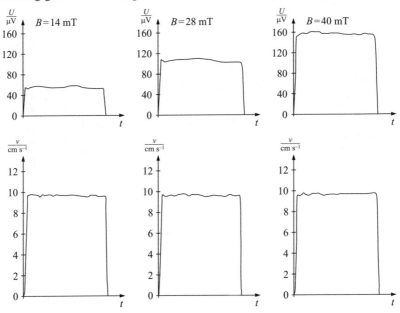

Messprotokoll und rechnerische Auswertung
$v = 10 \frac{cm}{s}$, $l = 4{,}0$ cm

B in mT	14	28	40
U_{ind} in µV	56	112	160
$\frac{U_{ind}}{B}$ in $\frac{\mu V}{mT}$	4,0	4,0	4,0

Ergebnis

$U_{ind} \sim B$ (l = konst., v = konst.)

Zusammenfassung der Ergebnisse

$U_{ind} \sim l\,v\,B$ oder

$U_{ind} = k\,l\,v\,B$

Zur Berechnung von k wählen wir die Messwerte aus Abschnitt a:

$k = \dfrac{U_{ind}}{l\,v\,B}$

$k = \dfrac{80 \cdot 10^{-6}\,V}{2{,}0 \cdot 10^{-2}\,m \cdot 10 \cdot 10^{-2}\,m\,s^{-1} \cdot 40 \cdot 10^{-3}\,T}$

$k = 1$

Einheitenkontrolle:

$1\dfrac{V\,s}{m^2\,T} = 1\dfrac{T}{T} = 1$

Ergebnis

$U_{ind} = l\,v\,B$

26.4 Offene und geschlossene rechteckige Leiterschleife im Magnetfeld

Eine offene rechteckige Leiterschleife ist senkrecht zur magnetischen Flussdichte $\vec{B}$ eines homogenen Magnetfeldes angeordnet (siehe Abbildung).

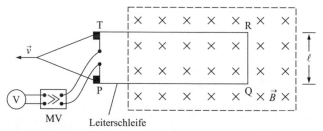

Wirkende Kräfte

Die Leiterschleife wird mit konstanter Geschwindigkeit $\vec{v}$ senkrecht zur magnetischen Flussdichte $\vec{B}$ aus dem Magnetfeld herausgezogen. Im stationären Zustand ist R bzw. T der negative Pol sowie Q bzw. P der positive Pol. Für die angezeigte Induktionsspannung gilt:

$U_{RQ} = U_{TP} = l\,v\,B$

Wird das Spannungsmessgerät durch einen konstanten ohmschen Widerstand R ersetzt, so entsteht eine geschlossene rechteckige Leiterschleife (siehe Abbildung).

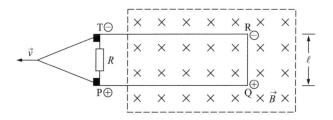

Bei konstanter Geschwindigkeit $\vec{v}$ entsteht eine konstante Induktionsspannung U_{ind}. Wegen des konstanten ohmschen Widerstandes R fließt in der geschlossenen Leiterschleife ein konstanter Strom I. Dieser stromdurchflossene Leiter erfährt im Magnetfeld $\vec{B}$ die Kraft $\vec{F}$ mit $F = I\, l\, B$.

Mit $I = \dfrac{U_{\text{ind}}}{R}$ ergibt sich:

$$F = \dfrac{U_{\text{ind}}}{R} l\, B$$

Mit $U_{\text{ind}} = l\, v\, B$ folgt:

$$F = \dfrac{l^2 B^2}{R} v$$

Die Richtung der Kraft $\vec{F}$ kann mit der UVW-Regel ermittelt werden. Die Kraft $\vec{F}$ ist entgegengesetzt zur Bewegung der Leiterschleife orientiert. Deshalb muss man bei Verschiebung der Leiterschleife aus dem Magnetfeld mechanische Arbeit verrichten. Zwischen den Kräften $\vec{F}_1$ und $\vec{F}_2$ auf die Seitenteile besteht Kräftegleichgewicht.

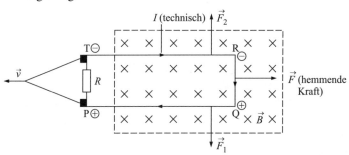

Energiebetrachtung

Im Stromkreis wird in der Zeit Δt die elektrische Energie W_{el} umgesetzt. Es gilt:

$$W_{\text{el}} = U_{\text{ind}}\, I\, \Delta t$$

Mit $U_{\text{ind}} = l\, v\, B$ folgt:

$$W_{\text{el}} = l\, v\, B\, I\, \Delta t$$

In der Zeit Δt wird die Leiterschleife bei konstanter Geschwindigkeit v um die Strecke $\Delta x = v\,\Delta t$ verschoben. Für die dabei aufzuwendende mechanische Arbeit W_{mech} gilt:

$$W_{\text{mech}} = F\,\Delta x$$

Mit $F = I\,l\,B$ folgt:

$$W_{\text{mech}} = I\,l\,B\,\Delta x$$

oder

$$W_{\text{mech}} = I\,l\,B\,v\,\Delta t$$

bzw.

$$W_{\text{mech}} = l\,v\,B\,I\,\Delta t$$

Ergebnis: Bei der Induktion im bewegten Leiter wird mechanische Arbeit vollständig in elektrische Arbeit des Induktionsstromes umgewandelt (Energiesatz).

Aufgabe

39. Ein quadratischer Kupferrahmen mit der Seitenlänge $a = 50$ cm wird binnen $\Delta t = 0{,}50$ s gleichmäßig in ein homogenes Magnetfeld der Flussdichte $B = 2{,}0$ mT aus dem feldfreien Raum kommend senkrecht zu den magnetischen Feldlinien geschoben (siehe Skizze).

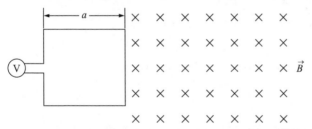

a) Erklären Sie anhand einer beschrifteten Skizze, warum das Voltmeter eine konstante Spannung U anzeigt. Berechnen Sie den Betrag der Spannung U.

Das Spannungsmessgerät wird nun durch ein Amperemeter ersetzt. Das Band, aus dem der Kupferrahmen besteht, hat den Querschnitt $A = 50$ mm².

b) Berechnen Sie den Betrag des auftretenden Induktionsstromes I. Kennzeichnen Sie die technische Richtung des Induktionsstromes.

c) Welche Kraft F ist erforderlich, um den Kupferrahmen mit konstanter Geschwindigkeit in das Magnetfeld einzuschieben?
Welche mechanische Arbeit W ist dabei aufzuwenden?

27 Induktionsgesetz in differenzieller Form

Bei der Bewegung einer Leiterschleife der Länge b in einem homogenen Magnetfeld der Flussdichte B wird an den Leiterenden die Spannung U_{ind} induziert. Für die Spannung gilt: $U_{ind} = b\, v\, B$. Das in dieser Formel auftretende Teilprodukt $b \cdot v$ kann auch auf eine andere Weise interpretiert werden.

27.1 Induktionsspannung bei Änderung der wirksamen Fläche

Zeitliche Änderung der wirksamen Fläche konstant

Die Leiterschleife der Länge b wird mit der konstanten Geschwindigkeit $\vec{v}$ aus einem Magnetfeld der konstanten Flussdichte $\vec{B}$ herausgezogen.

Anfangszustand: Die Leiterschleife befindet sich vollständig im Magnetfeld.

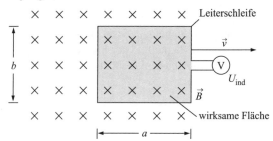

Für den magnetischen Fluss Φ durch die Leiterschleife gilt:

$$\Phi = B\; \underbrace{a\, b}\quad \text{bzw.}$$

$$\Phi = B\; A$$

Die vom Magnetfeld durchsetzte Fläche A der Leiterschleife heißt **wirksame Fläche**. Nur dieser Teil der Leiterschleife liefert einen Beitrag zum magnetischen Fluss Φ durch die Leiterschleife.

Zwischenzustand nach der Zeit Δt: Die Leiterschleife befindet sich nur noch teilweise im Magnetfeld.

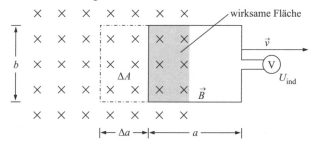

Für die Änderung ΔA der wirksamen Fläche gilt:

(1) $\quad \Delta A = \Delta a \cdot b \quad \Leftrightarrow \quad b = \dfrac{\Delta A}{\Delta a}$

Weiterhin gilt für die Geschwindigkeit v:

(2) $\quad v = \dfrac{\Delta a}{\Delta t}$

Setzt man (1) und (2) in die Formel

$$U_{ind} = b\, v\, B$$

für die Induktionsspannung ein, so ergibt sich:

$$U_{ind} = \dfrac{\Delta A}{\Delta a} \cdot \dfrac{\Delta a}{\Delta t} \cdot B$$

Somit:

$$U_{ind} = \dfrac{\Delta A}{\Delta t} \cdot B$$

Zeitliche Änderung der wirksamen Fläche nicht konstant

Erfolgt das Herausziehen der Leiterschleife nicht gleichförmig (die Geschwindigkeit $\vec{v}$ ist zeitabhängig), so ist die Änderung der wirksamen Fläche nicht konstant. In diesem Fall muss der Differenzenquotient $\dfrac{\Delta A}{\Delta t}$ durch den Differenzialquotienten

$$\lim_{\Delta t \to 0} \dfrac{\Delta A}{\Delta t} = \dfrac{dA}{dt} = \dot{A}$$

ersetzt werden. Es gilt dann:

$$U_{ind} = B\, \dot{A}$$

Wird statt der rechteckigen Leiterschleife eine beliebig geformte Leiterschleife (z. B. kreisförmiger Querschnitt A) verwendet, so ist ebenfalls $U_{ind} = B\, \dot{A}$.

Induktionsspannung in Spulen

Wird statt einer einlagigen Leiterschleife (Windungszahl $N_i = 1$) eine mehrlagige Leiterschleife (Spule der Windungszahl N_i) aus dem Magnetfeld gezogen, so ergibt sich für die Induktionsspannung:

$$\boxed{U_{ind} = N_i\, B\, \dot{A}}$$

Bemerkung: Die hier verwendete Spule nennt man **Induktionsspule**.

27.2 Induktionsspannung bei Änderung der magnetischen Flussdichte

Bisher wurde gezeigt, dass die zeitliche Änderung der wirksamen Fläche ΔA der Leiterschleife bei konstanter Flussdichte $\vec{B}$ eine Induktionsspannung erzeugt. Im folgenden Versuch ändern wir bei konstanter Fläche A die Flussdichte $\vec{B}$ in der Induktionsspule.

Versuch

Versuchsaufbau

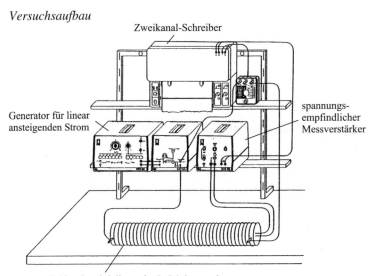

Prinzipskizze

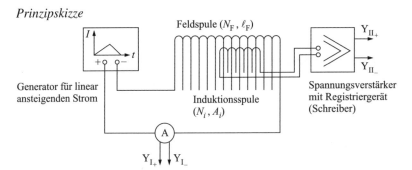

Versuchsdurchführung
Beim Einschalten des Generators steigt der Strom I in der Feldspule in der Zeit Δt von $I_1 = 0\ A$ bis zur maximalen Stromstärke I_2 an. Somit wächst auch die magnetische Flussdichte $\vec{B}$ in der Feldspule von $B_1 = 0\ T$ bis zu $B_2 = \mu_0 \frac{N_F}{l_F} \cdot I_2$ an.

Es gilt: $\Delta B = B_2 - B_1$

$\Delta B = \underbrace{\mu_0 \frac{N_F}{l_F}} \cdot \Delta I$

d. h.: $\Delta B = k \cdot \Delta I$

Die auftretende Induktionsspannung und die Stromstärke in der Feldspule werden mit einem Zweikanal-Schreiber registriert. Aus den aufgezeichneten t-U- bzw. t-I-Diagrammen entnimmt man die Messwerte.

Bemerkungen
- Das t-I-Diagramm zeigt den Stromanstieg und den Stromabfall in der Feldspule. Dabei sind die Steig- und Fallzeiten Δt gleich groß gewählt.
- Die auftretenden Induktionsspannungen haben bei zunehmendem und abnehmendem Feldstrom unterschiedliche Vorzeichen.
 Stromanstieg: $\Delta I > 0$ A $(\Delta B > 0\,\text{T})$, d. h. $U_{ind} < 0$ V
 Stromabfall: $\Delta I < 0$ A $(\Delta B < 0\,\text{T})$, d. h. $U_{ind} > 0$ V
 Dieses Ergebnis wird später erklärt.
- Bei der Auswertung der Spannungsdiagramme betrachten wir den Betrag der Induktionsspannung.

a) Änderung der Flussdichte ΔB
 ($\Delta t =$ konst., $A_i =$ konst., $N_i =$ konst.)

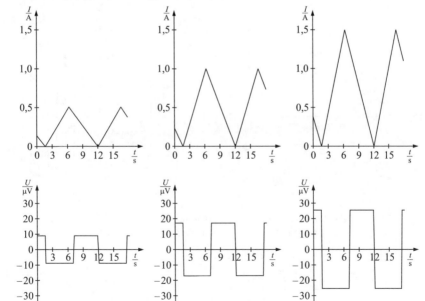

Messprotokoll und rechnerische Auswertung
$\Delta t = 5{,}10$ s; $A_i = 19{,}94 \cdot 10^{-4}$ m^2; $N_i = 150$; $N_F = 70$; $l_F = 0{,}30$ m

ΔI in A	0,5	1,0	1,5
ΔB in 10^{-4} T	1,5	2,9	4,4
U_{ind} in µV	8,5	17,0	25,5
$\frac{U_{ind}}{\Delta B}$ in 10^{-2} $\frac{V}{T}$	5,8	5,8	5,8

Ergebnis
(1) $U_{ind} \sim \Delta B$ ($\Delta t =$ konst., $A_i =$ konst., $N_i =$ konst.)

b) Änderung der Stromanstiegszeit Δt
($\Delta B =$ konst., $A_i =$ konst., $N_i =$ konst.)

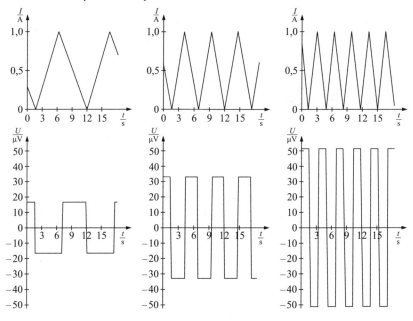

Messprotokoll und rechnerische Auswertung
$\Delta I = 1{,}0$ A; $A_i = 19{,}94 \cdot 10^{-4}$ m^2; $N_i = 150$; $N_F = 70$; $l_F = 0{,}30$ m

Δt in s	5,10	2,55	1,70
U_{ind} in µV	17,5	34,5	52,5
$U_{ind} \cdot \Delta t$ in µVs	89,2	88,0	89,2

Ergebnis

(2) $U_{ind} \sim \dfrac{1}{\Delta t}$ ($\Delta B = $ konst., $A_i = $ konst., $N_i = $ konst.)

c) Änderung der wirksamen Fläche A_i der Induktionsspule
   ($\Delta B = $ konst., $\Delta t = $ konst., $N_i = $ konst.)

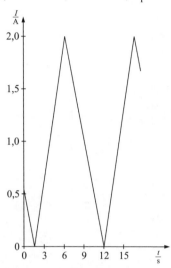

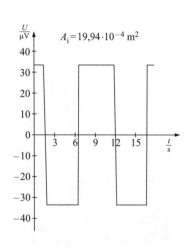

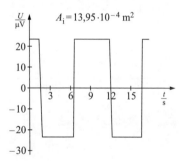

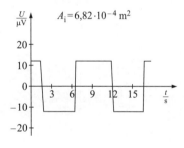

Messprotokoll und rechnerische Auswertung
$\Delta I = 2{,}0$ A; $\Delta t = 5{,}10$ s; $N_i = 150$; $N_F = 70$; $l_F = 0{,}30$ m

A_i in 10^{-4} m^2	6,82	13,95	19,94
U_{ind} in µV	12,5	24,0	34,5
$\dfrac{U_{ind}}{A_i}$ in $10^{-2} \dfrac{V}{m^2}$	1,8	1,7	1,7

Ergebnis

(3) $U_{ind} \sim A_i$ ($\Delta B = $ konst., $\Delta t = $ konst., $N_i = $ konst.)

d) Änderung der Windungszahl N_i der Induktionsspule
($\Delta B = $ konst., $\Delta t = $ konst., $A_i = $ konst.)

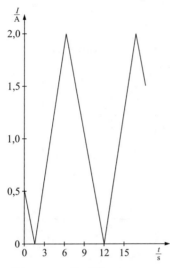
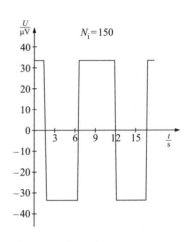
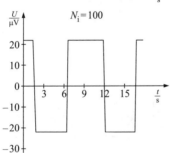
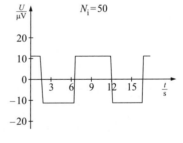

Messprotokoll und rechnerische Auswertung
$\Delta I = 2{,}0$ A; $\Delta t = 5{,}10$ s; $A_i = 19{,}94 \cdot 10^{-4}$ m^2; $N_F = 70$; $l_F = 0{,}30$ m

N_i	50	100	150
U_{ind} in µV	11,5	22,5	34,5
$\dfrac{U_{ind}}{N_i}$ in µV	0,2	0,2	0,2

Ergebnis

(4) $U_{ind} \sim N_i$ ($\Delta B = $ konst., $\Delta t = $ konst., $A_i = $ konst.)

Zusammenfassung

(1) $U_\text{ind} \sim \Delta B$ ($N_i = \text{konst.}, A_i = \text{konst.}, \Delta t = \text{konst.}$)
(2) $U_\text{ind} \sim \frac{1}{\Delta t}$ ($N_i = \text{konst.}, A_i = \text{konst.}, \Delta B = \text{konst.}$)
(3) $U_\text{ind} \sim A_i$ ($N_i = \text{konst.}, \Delta B = \text{konst.}, \Delta t = \text{konst.}$)
(4) $U_\text{ind} \sim N_i$ ($\Delta B = \text{konst.}, \Delta t = \text{konst.}, A_i = \text{konst.}$)

$$U_\text{ind} \sim N_i \, A_i \, \frac{\Delta B}{\Delta t}$$

$$U_\text{ind} = k \, N_i \, A_i \, \frac{\Delta B}{\Delta t}$$

Bestimmung der Proportionalitätskonstanten k
Gleichung:

$$k = \frac{U_\text{ind} \cdot \Delta t}{N_i \, A_i \, \Delta B}$$

Zur Berechnung von k wählen wir die Messwerte aus Abschnitt a:

$$k = \frac{8{,}5 \cdot 10^{-6} \, \text{V} \cdot 5{,}10 \, \text{s}}{150 \cdot 19{,}94 \cdot 10^{-4} \text{m}^2 \cdot 1{,}5 \cdot 10^{-4} \, \text{V s m}^{-2}}$$

$$k = 0{,}97$$

Sollwert:

$$k = 1$$

Prozentuale Abweichung:

$$f_p = 3{,}0 \, \%$$

Ergebnis

$$U_\text{ind} = N_i \, A_i \, \frac{\Delta B}{\Delta t}$$

Erfolgt die **zeitliche Änderung der magnetischen Flussdichte nicht gleichmäßig**, so muss der Differenzenquotient $\frac{\Delta B}{\Delta t}$ durch den Differenzialquotienten

$$\lim_{\Delta t \to 0} \frac{\Delta B}{\Delta t} = \frac{dB}{dt} = \dot{B}$$

ersetzt werden.
Für die Induktionsspannung gilt dann:

$$U_\text{ind} = N_i \, A_i \, \dot{B}$$

27.3 Induktionsspannung bei Änderung der wirksamen Fläche und der magnetischen Flussdichte

Eine Induktionsspannung kann in einer Induktionsspule mit der Windungszahl N_i erzeugt werden durch die Änderung der

wirksamen Fläche A:

$$U_{1\,ind} = N_i\, B\, \frac{dA}{dt}$$

magnetischen Flussdichte B:

$$U_{2\,ind} = N_i\, A\, \frac{dB}{dt}$$

Bei gleichzeitiger Änderung der wirksamen Fläche und der magnetischen Flussdichte addieren sich die Induktionsspannungen zur Gesamtspannung $U_{Ges\,ind}$. Es gilt:

$$U_{Ges\,ind} = U_{1\,ind} + U_{2\,ind}$$

$$U_{Ges\,ind} = N_i\, B\, \frac{dA}{dt} + N_i\, A\, \frac{dB}{dt}$$

Unter Verwendung der Produktregel ergibt sich:

$$U_{Ges\,ind} = N_i\, \frac{d(BA)}{dt}$$

Mithilfe des magnetischen Flusses $\Phi(t) = B(t) \cdot A(t)$ lautet das Induktionsgesetz in der differenziellen Form

$$U_{Ges\,ind} = N_i\, \frac{d\Phi}{dt}$$

oder kurz:

$$U_{ind} = N_i\, \dot{\Phi}$$

28 Lenz'sche Regel

Ändert man den magnetischen Fluss in einer Spule durch Nähern eines Magneten, so wird an den Spulenenden eine Spannung induziert. Werden die Leiterenden über einen Strommesser leitend verbunden, so fließt ein Induktionsstrom, welcher in der Spule ein Magnetfeld erzeugt. Im Folgenden soll untersucht werden, wie das Magnetfeld des Induktionsstromes orientiert ist.

28.1 Experimentelle Herleitung

Versuch 1 Wir nähern den Südpol eines Stabmagneten, der sich auf einem Wagen befindet, einer Spule (siehe Skizze). Anschließend wird der Stabmagnet wieder von der Spule entfernt. Dabei beobachten wir die Richtung des Induktionsstromes am Amperemeter.

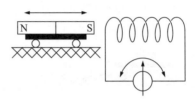

Ergebnis: Die Richtung des Induktionsstromes hängt von der Bewegungsrichtung des Magneten ab.

Versuch 2 In den Spulenstromkreis wird nun zusätzlich eine Spannungsquelle U_0 geschaltet (siehe Skizze). Dabei kann durch entsprechenden Anschluss der Spannungsquelle erreicht werden, dass der Spulenstrom die gleiche Richtung wie der Induktionsstrom in Versuch 1 bei Annäherung des Magneten hat.

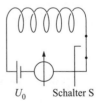

Versuch 3 Der Stabmagnet wird bei geöffnetem Schalter S in die Spule geschoben (siehe Skizze). Anschließend wird der Schalter geschlossen. Wir beobachten das Verhalten des Stabmagneten.

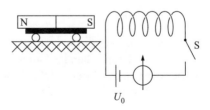

Ergebnis: Der Wagen mit dem Stabmagneten erfährt eine abstoßende Kraft.

Folgerung: Dies ist ein Nachweis dafür, dass sich am linken Ende der Spule bei Annäherung des Südpols des Stabmagneten ein Südpol ausbildet. Der Induktionsstrom ist so gerichtet, dass sein Magnetfeld den sich nähernden Stabmagneten abstößt (Versuch 1). Dies ist in der Lenz'schen Regel zusammengefasst.

> **Lenz'sche Regel:** Der Induktionsstrom ist so gerichtet, dass er die Ursache seiner Entstehung zu hemmen versucht.

28.2 Zusammenhang mit dem differenziellen Induktionsgesetz

Versuch 4 Wir nähern der Induktionsspule einen Stabmagneten und beobachten den Strommesser im Spulenkreis.

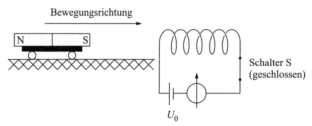

Ergebnis: Bei Annäherung des Stabmagneten **steigt** die Stromstärke im Spulenstromkreis.

Erklärung: Beim Nähern des Südpols des Stabmagneten **verringert** sich die magnetische Flussdichte B und somit der magnetische Fluss Φ in der Spule.
Es gilt:

$$\frac{d\Phi}{dt} = \dot{\Phi} < 0$$

Die dabei induzierte Spannung U_{ind} addiert sich mit U_0 zur Gesamtspannung U:

$$U = U_0 + U_{ind}$$

Da bei Annäherung des Stabmagneten der Widerstandswert R des Spulenkreises gleich bleibt, gilt nach dem ohmschen Gesetz:

$$I = \frac{U_0 + U_{ind}}{R}$$

Aus der Zunahme der Stromstärke I erkennt man, dass U größer als U_0 ist. U_{ind} wirkt somit in der gleichen Richtung wie die Spannung U_0 und ist deshalb positiv. Dies muss in der differenziellen Form des Induktionsgesetzes durch ein Minuszeichen berücksichtigt werden.
Es gilt allgemein:

$$\boxed{U_{ind} = -N_i \, \dot{\Phi}}$$

Versuch 5 Wir ziehen den Stabmagneten aus der Spule und beobachten den Strommesser im Spulenkreis.

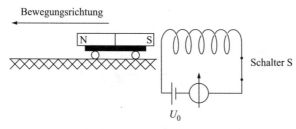

Ergebnis: Die Stromstärke im Spulenkreis **sinkt**.

Erklärung: Beim Entfernen des Magneten **vergrößert** sich der magnetische Fluss in der Spule:

$$\frac{d\Phi}{dt} = \dot{\Phi} > 0$$

Für die Gesamtspannung U gilt:

$$U = U_0 + U_{ind}$$

Für die Stromstärke I im Spulenstromkreis gilt:

$$I = \frac{U_0 + U_{ind}}{R}$$

U_{ind} wirkt der Spannung U_0 entgegen und ist deshalb negativ. Es gilt auch in diesem Fall:

$$U_{ind} = -N_i \dot{\Phi}$$

Zusammenfassung
Durch das Minuszeichen in der differenziellen Form des Induktionsgesetzes

$$U_{ind} = -N_i \dot{\Phi}$$

wird die Lenz'sche Regel berücksichtigt. Das Vorzeichen der Induktionsspannung bezieht sich dabei auf eine andere im Stromkreis bereits bestehende Spannung U_0. Es gilt:

$$I = \frac{U_0 - N_i \dot{\Phi}}{R}$$

28.3 Weiterführende Versuche zur Lenz'schen Regel: Kreis- und Wirbelströme

Versuch 1   *Versuchsaufbau*   *Schaltskizze*

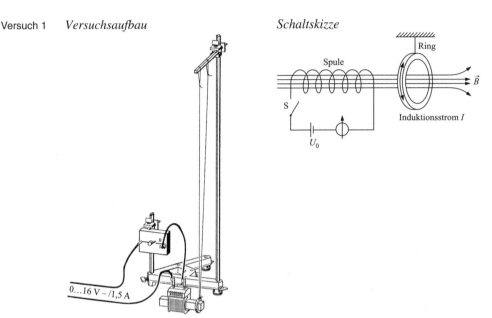

Versuchsdurchführung und Ergebnis
Wird der Schalter geschlossen, so wird der Ring von der Spule fortbewegt; wird der Schalter geöffnet, so wird der Ring zur Spule hingezogen.

Begründung: Nach Schließen des Schalters wächst die magnetische Flussdichte im Ring ($\dot{B} > 0$), dies führt zu einer Induktionsspannung. Der damit verbundene Induktionsstrom I im Ring fließt, von links betrachtet, gegen den Uhrzeigersinn. Das vom Induktionsstrom im Ring erzeugte Magnetfeld ist somit dem Fremdfeld entgegengerichtet; dies führt zu einer Abstoßung des Ringes.
Beim Öffnen des Schalters nimmt die magnetische Flussdichte ab ($\dot{B} < 0$). Das durch den Induktionsstrom I erzeugte Magnetfeld im Inneren des Ringes ist dem Fremdfeld gleichgerichtet; dies führt zu einer Anziehung des Ringes.

Versuch 2 *Versuchsaufbau* *Prinzipskizze*
(Waltenhofen'sches Pendel)

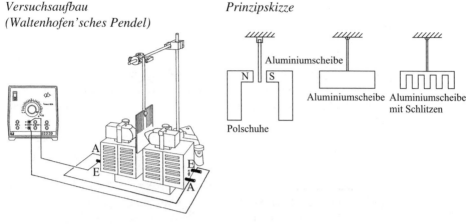

Versuchsdurchführung und Beobachtung
a) Eine rechteckige Aluminiumscheibe pendelt zwischen den Polschuhen eines Elektromagneten. Die Scheibe führt eine stark gedämpfte Schwingung aus.
b) Verwendet man anstelle der obigen Aluminiumscheibe eine mit Schlitzen versehene Scheibe, so ist die Schwingung wesentlich geringer gedämpft.

Begründung:
a) In der bewegten Aluminiumscheibe (Leiter im Magnetfeld) wird eine Spannung induziert. Der damit verbundene Induktionsstrom baut ein Magnetfeld auf, das dem Magnetfeld zwischen den Polschuhen entgegengerichtet ist (Lenz'sche Regel). Somit wird die Bewegung des Pendels abgebremst. Der Induktionsstrom fließt in geschlossenen flächenhaft verteilten Bahnen. Man nennt ihn deshalb **Wirbelstrom**.
b) In der geschlitzten Scheibe können sich die Wirbelströme weniger stark ausbilden. Somit treten geringere Verluste durch Wirbelströme auf.

Aufgaben

40. Eine Leiterschleife mit rechteckigem Querschnitt ($a = 5{,}0$ cm; $b = 3{,}0$ cm) ist auf einem Wagen montiert. Dieser wird mit der konstanten Geschwindigkeit $v = 2{,}0$ cm·s^{-1} durch ein räumlich begrenztes, homogenes Magnetfeld der Flussdichte $B = 1{,}0$ T und der Länge $d = 10{,}0$ cm gezogen (siehe Abbildung). Der ohmsche Widerstand der Leiterschleife beträgt $R = 0{,}5\,\Omega$. Die Anordnung hat die Masse $m = 0{,}1$ kg.

    a) Ermitteln Sie die Funktionsgleichung des magnetischen Flusses Φ in Abhängigkeit von der Zeit t während der Bewegung der Leiterschleife durch das Magnetfeld. Zeichnen Sie das t-Φ-Diagramm für diesen Vorgang.

b) Ermitteln Sie die Funktionsgleichung der auftretenden Induktionsspannung U_i in Abhängigkeit von der Zeit t während der Bewegung der Leiterschleife durch das Magnetfeld.
Zeichnen Sie das t-U_i-Diagramm für diesen Vorgang.

c) Zu Beginn eines weiteren Versuches ist der Wagen so weit verschoben, dass die Leiterschleife bereits zur Hälfte in das Magnetfeld eingetaucht ist. Das Voltmeter wird durch eine Gleichspannungsquelle ersetzt. Die angelegte Spannung beträgt $U_0 = 10{,}0$ V. Die Polung wird so gewählt, dass sich der Wagen mit der Leiterschleife nach dem Anschluss der Spannungsquelle aus dem Ruhezustand reibungsfrei nach rechts in Bewegung setzt.
Mit welcher Beschleunigung a setzt sich der Wagen mit der Leiterschleife in Bewegung? Erklären Sie, warum die Kraft auf die Leiterschleife während der Bewegung abnimmt.

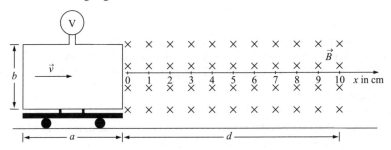

41. In der Mitte einer leeren zylindrischen Feldspule (ohmscher Widerstand $R_F = 2{,}5$ kΩ; Windungsdichte $N_F / l_F = 2{,}5 \cdot 10^4$ m^{-1}) ist eine kurze, leere, zylindrische Induktionsspule (Windungszahl $N_i = 100$, Radius $r_i = 4{,}5$ cm) so angeordnet, dass die Spulenachsen zusammenfallen.
An die Feldspule wird eine Spannungsquelle angeschlossen, die linear ansteigende bzw. abfallende Spannungen liefern kann. Es wird an der Spannungsquelle ein Spannungsverlauf entsprechend dem dargestellten t-U-Diagramm eingestellt.

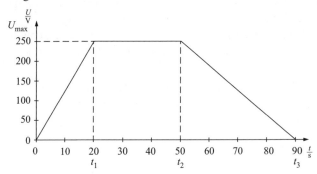

a) Ermitteln Sie die Funktionsgleichung des magnetischen Flusses Φ durch die Induktionsspule in Abhängigkeit von der Zeit t für $0 \le t \le 90$ s.
Zeichnen Sie das t-Φ-Diagramm.

b) Ermitteln Sie die Funktionsgleichung der auftretenden Induktionsspannung U_i in Abhängigkeit von der Zeit t für $0 \le t \le 90$ s.
Zeichnen Sie das zugehörige t-U_i-Diagramm.

42. Ein geradliniger Bügel PQ wird über zwei lange, parallele, leitende Schienen (mit vernachlässigbarem Widerstand), die den Abstand $l = 5{,}0$ cm haben, mit konstanter Geschwindigkeit $v = 7{,}5\,\frac{\text{cm}}{\text{s}}$ ab $x = 0$ gezogen (siehe Abbildung).

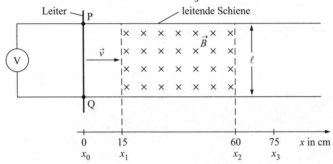

Zwischen $x_1 = 15{,}0$ cm und $x_2 = 60{,}0$ cm besteht ein konstantes und homogenes Magnetfeld der Flussdichte $B = 2{,}0$ T. Der Bügel, die beiden Schienen und das Voltmeter bilden eine Leiterschleife.

a) Ermitteln Sie die Funktionsgleichung des magnetischen Flusses Φ durch die Leiterschleife in Abhängigkeit von der Zeit t für $0 \le t \le 10{,}0$ s.
Zeichnen Sie das t-Φ-Diagramm.

b) Ermitteln Sie die Funktionsgleichung der vom Voltmeter angezeigten Induktionsspannung U_i in Abhängigkeit von der Zeit t für $0 \le t \le 10{,}0$ s.
Zeichnen Sie das zugehörige t-U_i-Diagramm.

43. In einer lang gestreckten, leeren, stromdurchflossenen Feldspule (Länge $l_F = 0{,}50$ m, Windungszahl $N_F = 1{,}0 \cdot 10^4$) befindet sich im Inneren eine Induktionsspule (Querschnittsfläche $A_i = 40$ cm^2, Windungszahl $N_i = 1{,}0 \cdot 10^3$). Die Achsen beider Spulen stimmen überein.

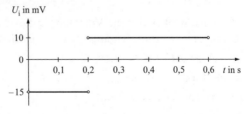

Der Strom $I_F(t)$ in der Feldspule wird so geändert, dass sich der in der folgenden Abbildung wiedergegebene zeitliche Verlauf der induzierten Spannung U_i ergibt.

a) Bestimmen Sie durch allgemeine Rechnung den Quotienten $\frac{\Delta I_F}{\Delta t}$ in Abhängigkeit von der induzierten Spannung U_i.

b) Ermitteln Sie die Funktionsgleichung des Feldspulenstromes I_F in Abhängigkeit von der Zeit t für $0 \leq t \leq 0{,}6$ s, wenn $I_F(0\,\text{s}) = 0\,\text{A}$ ist. Zeichnen Sie das t-I_F-Diagramm.

29 Sinusförmige Wechselspannung

Eine rechteckige Leiterschleife wird mit konstanter Winkelgeschwindigkeit ω im homogenen Magnetfeld der Flussdichte $\vec{B}$ gedreht.

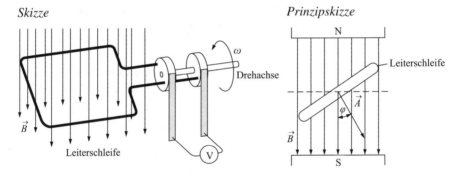

Skizze   *Prinzipskizze*

Für den magnetischen Fluss Φ durch die Leiterschleife gilt:

$\Phi = \vec{B} \circ \vec{A}$ oder

$\Phi = B\,A\,\cos(\varphi)$

Wird der Winkel, den die Vektoren der Leiterfläche $\vec{A}$ und der magnetischen Flussdichte $\vec{B}$ zum Zeitpunkt $t = 0$ s einschließen, mit φ_0 bezeichnet, so gilt:

$\varphi(t) = \omega\,t + \varphi_0$

Somit folgt:

$\Phi(t) = B\,A\,\cos(\omega\,t + \varphi_0)$

Für die induzierte Spannung U_i in der Leiterschleife ($N_i = 1$) ergibt sich:

$U_i(t) = -\dot{\Phi}(t)$ oder

$U_i(t) = B\,A\,\omega \cdot \sin(\omega\,t + \varphi_0)$

Für den Scheitelwert oder Maximalwert U_m der Induktionsspannung gilt:

$U_m = B\,A\,\omega$

Somit folgt:

$U_i(t) = U_m \cdot \sin(\omega t + \varphi_0)$ Sinusförmige Wechselspannung

Wird die Leiterschleife durch eine Spule mit der Windungszahl N_i und der gleichen Querschnittsfläche A ersetzt, so folgt für den Scheitelwert:

$U_m = N_i\,B\,A\,\omega$ Scheitelspannung

Aufgaben

44. Eine Induktionsspule mit der Windungszahl $N_i = 150$ und der Querschnittsfläche $A_i = 200\text{ cm}^2$ rotiert im homogenen Magnetfeld der Flussdichte $B = 5{,}0\text{ mT}$ mit der konstanten Drehfrequenz $f = 50{,}0\text{ Hz}$. Die Rotationsachse steht senkrecht zu den magnetischen Feldlinien. Zum Zeitpunkt $t = 0\text{ s}$ ist der Betrag der induzierten Spannung gerade maximal.

    a) Skizzieren Sie für den Zeitpunkt $t = 0\text{ s}$ die Lage der Spule mit ihrer Rotationsachse im Magnetfeld. Ermitteln Sie die Gleichung des magnetischen Flusses Φ durch die Spule in Abhängigkeit von der Zeit t mit eingesetzten Größenwerten. Zeichnen Sie das zugehörige t-Φ-Diagramm für $0 \leq t \leq T$.

    b) Ermitteln Sie die Gleichung der Induktionsspannung U_i in der Spule in Abhängigkeit von der Zeit t mit eingesetzten Größenwerten.
    Zeichnen Sie das zugehörige t-U_i-Diagramm für $0 \leq t \leq T$.
    Berechnen Sie diejenigen Zeitpunkte im Bereich $0 \leq t \leq T$, in denen die Induktionsspannung den Wert $\frac{1}{2}U_m$ annimmt.

45. Im Inneren einer lang gestreckten Feldspule der Länge $l_F = 1{,}25\text{ m}$ und der Windungszahl $N_F = 1{,}0 \cdot 10^3$ befindet sich eine Induktionsspule mit der Querschnittsfläche $A_i = 20\text{ cm}^2$ und der Windungszahl $N_i = 100$. Die Achsen beider Spulen sind parallel angeordnet. Durch die Feldspule fließt ein sinusförmiger Wechselstrom $I_F(t) = 1{,}0\text{ A} \cdot \sin(2\pi \cdot 50\text{ s}^{-1} \cdot t)$. Die Induktionsspule ruht in der Feldspule.

    a) Ermitteln Sie die Gleichung des magnetischen Flusses Φ durch die Induktionsspule in Abhängigkeit von der Zeit t mit eingesetzten Größenwerten. Zeichnen Sie das zugehörige t-Φ-Diagramm für $0 \leq t \leq T$.

    b) Ermitteln Sie die Gleichung der Induktionsspannung U_i in der Induktionsspule in Abhängigkeit von der Zeit t mit eingesetzten Größenwerten. Zeichnen Sie das zugehörige t-U_i-Diagramm für $0 \leq t \leq T$.

172 | Elektromagnetische Induktion

30 Gleich- und Wechselstromkreis

30.1 Untersuchung von Spannung und Stromstärke

Versuch *Versuchsaufbau*

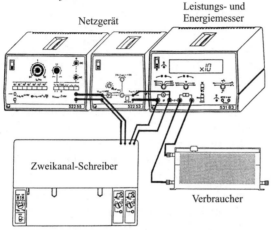

Versuchsdurchführung
In einem Stromkreis befindet sich ein Verbraucher (ohmscher Widerstand) und ein Leistungs- und Energiemesser. Als Netzgerät verwenden wir eine steuerbare Stromquelle, die wahlweise Gleich- oder Wechselstrom liefert. Wir registrieren mit einem Zweikanal-Schreiber die am Verbraucher anliegende Spannung (Netzgerät) und die Stromstärke im Stromkreis (Leistungs- und Energiemesser).

Schaltskizze

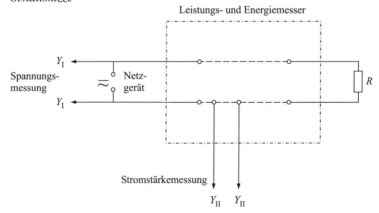

Bemerkung: Der *t-Y*-Schreiber registriert den Spannungsabfall an einem Widerstand R_0 im Leistungs- und Energiemesser. Da R_0 in Reihe zur Verbraucher R geschaltet ist, gilt für den Spannungsabfall U:

$U(t) = I(t) \cdot R_0$, d. h. $U(t) \sim I(t)$

Somit kann der zeitliche Verlauf des Spannungsabfalls am Widerstand R_0 als *t-I*-Diagramm gedeutet werden.

Versuchsergebnis
Für den Strom- und Spannungsverlauf ergeben sich folgende Diagramme:

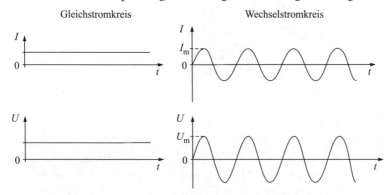

Für die Funktionsgleichung von Stromstärke und Spannung im

| **Gleichstromkreis** | **Wechselstromkreis** |

ergibt sich:

Spannung

$U = $ konstant $\qquad U(t) = U_m \sin(\omega t)$

$\qquad\qquad\qquad\qquad$ (U_m Scheitelspannung)

Strom

$I = \dfrac{U}{R} \qquad\qquad I(t) = \dfrac{U_m}{R} \sin(\omega t)$

$\qquad\qquad\qquad$ Mit $\dfrac{U_m}{R} = I_m$ folgt:

$\qquad\qquad\qquad I(t) = I_m \sin(\omega t)$

An einem ohmschen Widerstand verlaufen Spannung und Strom gleichphasig.

30.2 Untersuchung der Zeitabhängigkeit der Leistung

Versuch *Versuchsaufbau*

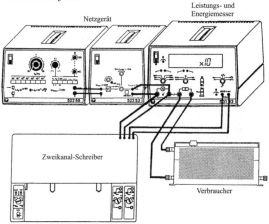

Versuchsdurchführung
In einem Stromkreis befindet sich ein Verbraucher (ohmscher Widerstand) und ein Leistungs- und Energiemesser. Als Netzgerät verwenden wir eine steuerbare Stromquelle, die wahlweise Gleich- oder Wechselstrom liefert. Wir registrieren mit einem Zweikanal-Schreiber die am Verbraucher anliegende Spannung (Netzgerät) und die Leistung im Stromkreis (Leistungs- und Energiemesser).

Schaltskizze

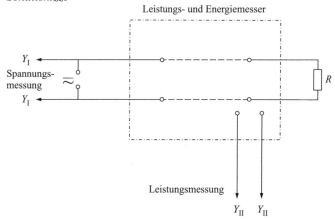

Bemerkung: Beim Leistungsmesser erfolgt die Produktbildung $P(t) = U(t) \cdot I(t)$ elektronisch mit einem Multipliziererbaustein. Dieser liefert an seinem Ausgang ein zur Leistung proportionales Spannungssignal, welches vom t-Y-Schreiber registriert wird.

Versuchsergebnis
Für den Spannungs- und Leistungsverlauf ergeben sich folgende Diagramme:

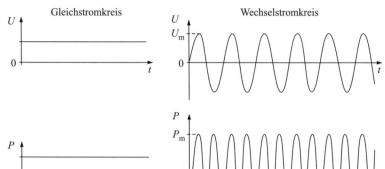

Für die Funktionsgleichung von Spannung und Leistung im

| **Gleichstromkreis** | **Wechselstromkreis** |

ergibt sich:

Spannung

$U = \text{konstant}$ $\qquad U(t) = U_m \sin(\omega t)$

Leistung

$P(t) = U(t) \cdot I(t)$

$P = U \cdot I$ $\qquad P(t) = U_m \sin(\omega t) \cdot I_m \sin(\omega t)$

$P = \dfrac{U^2}{R}$ $\qquad P(t) = U_m \cdot I_m \cdot \sin^2(\omega t)$

$\qquad\qquad\qquad P(t) = \dfrac{U_m^2}{R} \cdot \sin^2(\omega t)$

30.3 Elektrische Arbeit

Die im Stromkreis verrichtete elektrische Arbeit ergibt sich grafisch als Fläche unterhalb des Funktionsgraphen im *t-P*-Diagramm.

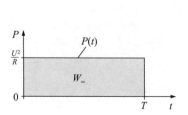
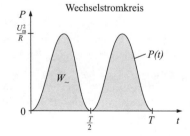

Mithilfe der Integralrechnung ergibt sich für die elektrische Arbeit W:

$$W = \int_0^t P(t)\,dt$$

Für die elektrische Arbeit während der Periode T gilt:

$$W_= = \int_0^T \frac{U^2}{R}\,dt \qquad\qquad W_\sim = \int_0^T \frac{U_m^2}{R}\sin^2(\omega t)\,dt$$

$$W_\sim = \frac{U_m^2}{R}\left[\frac{1}{2}\left(t - \frac{1}{\omega}\cos(\omega t)\cdot\sin(\omega t)\right)\right]_0^T$$

$$W_\sim = \frac{U_m^2}{R}\frac{T}{2}$$

$$W_= = \frac{U^2}{R}T \qquad\qquad W_\sim = \frac{U_m^2}{2R}T$$

30.4 Effektivwerte

Für den Fall, dass an beiden Verbrauchern in der Zeit T die gleiche elektrische Arbeit verrichtet wird (beide Lampen leuchten gleich hell), gilt:

$$W_= = W_\sim$$
$$\frac{U^2}{R}T = \frac{U_m^2}{2R}T$$
$$U^2 = \frac{U_m^2}{2}$$
$$U = \frac{U_m}{\sqrt{2}}$$

Ebenso gilt:

$$I = \frac{I_m}{\sqrt{2}}$$

Man bezeichnet $\frac{U_m}{\sqrt{2}}$ bzw. $\frac{I_m}{\sqrt{2}}$ als **Effektivwerte** einer Wechselspannung (U_{eff}) bzw. eines Wechselstroms (I_{eff}). Die Effektivwerte werden von den verwendeten Spannungs- bzw. Stromstärkemessgeräten angezeigt.

Definition

> Als Effektivstromstärke I_{eff} eines Wechselstromes bezeichnet man die Stromstärke eines Gleichstromes, der in einem ohmschen Widerstand die gleiche Erwärmung hervorruft wie der Wechselstrom, also:
>
> $$I_{\text{eff}} = \frac{I_m}{\sqrt{2}}$$
>
> Das Entsprechende gilt für die effektive Spannung U_{eff}:
>
> $$U_{\text{eff}} = \frac{U_m}{\sqrt{2}}$$

Aufgabe 46. An einem Stromkreis mit dem ohmschen Widerstand $R = 50\,\Omega$ liegt eine sinusförmige Wechselspannung der Frequenz $f = 50$ Hz mit der Scheitelspannung $U_m = 311$ V an.

a) Berechnen Sie den Augenblickswert von Spannung und Stromstärke zur Zeit $t = 5$ ms, wenn zur Zeit $t = 0$ s der Augenblickswert von Spannung und Stromstärke null ist.

b) Zu welcher Zeit t_1 hat der Strom erstmals den Wert $I_1 = 4{,}0$ A?

31 Selbstinduktionsspannung

31.1 Ein- und Ausschaltvorgang

Wir untersuchen den Ein- und Ausschaltvorgang in einem Gleichstromkreis mit einem ohmschen Widerstand bzw. einer Spule.

Versuch 1   Zunächst regeln wir bei geschlossenem Schalter S den Schiebewiderstand R_Ω so ein, dass die Glühlämpchen L_1 und L_2 gleich hell leuchten. In diesem Fall sind die ohmschen Widerstände des Schiebewiderstandes (R_Ω) und der Spule (R_S) gleich groß. Nach dieser Vorbereitung untersuchen wir den Ein- und Ausschaltvorgang.

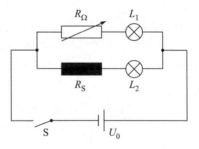

Beobachtung beim Schließen des Schalters
Die Lampe L_2 im Spulenzweig leuchtet deutlich später auf als die Lampe L_1 im Widerstandszweig.

Beobachtung beim Öffnen des Schalters
Beide Lampen erlöschen mit der gleichen zeitlichen Verzögerung.

Versuch 2   Zur genaueren Untersuchung des Ein- und Ausschaltvorganges in einer Spule registrieren wir den zeitlichen Verlauf der Stromstärke im Spulenzweig bzw. R-Zweig mit einem Zweikanal-Schreiber.

Versuchsaufbau

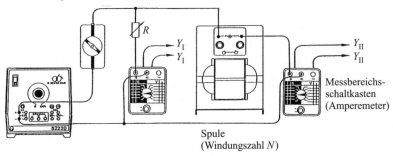

Schaltskizze

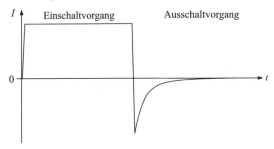

Versuchsdurchführung
Nach dem Schließen bzw. Öffnen des Schalters S registrieren wir mit einem Zweikanal-Schreiber den Strom in den beiden Teilzweigen der Parallelschaltung.

Ergebnis: Für den Stromverlauf ergeben sich die nachfolgenden Diagramme.

R-Zweig

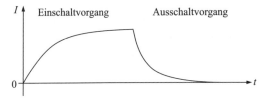

Spulenzweig

Erklärung:

Einschaltvorgang
Beim Einschalten vergrößert sich der magnetische Fluss innerhalb der Spule. Es gilt:

$$\dot{\Phi} > 0$$

Somit wird in der Spule eine zur Spannung U_0 entgegengerichtete Spannung

$$U_{\text{ind}} = -N\dot{\Phi} < 0$$

induziert.

Dies führt im Unterschied zum R-Zweig zu einer Verzögerung des Stromanstieges im Spulenzweig.

Ausschaltvorgang
Beim Ausschalten verringert sich der magnetische Fluss innerhalb der Spule. Es gilt:

$$\dot{\Phi} < 0$$

Somit wird in der Spule eine zur vorher angelegten Spannung U_0 gleichgerichtete Spannung

$$U_{\text{ind}} = -N\dot{\Phi} > 0$$

induziert.

Diese Spannung erzeugt im Spulenzweig einen Induktionsstrom, der die gleiche Richtung hat wie der ursprüngliche Strom (Schalter geschlossen). Da Spulen- und R-Zweig jetzt einen geschlossenen Stromkreis bilden, fließt der Induktionsstrom auch durch den R-Zweig, jedoch in entgegengesetzter Richtung zum ursprünglichen Strom. Die Stromabnahme ist somit in beiden Zweigen gleich.

Stromrichtung beim
Einschaltvorgang

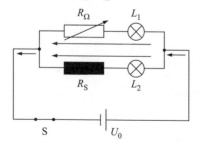

Ausschaltvorgang

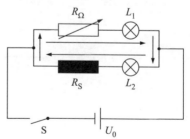

Die beim Ein- und Ausschalten induzierte Spannung heißt **Selbstinduktionsspannung**, der Vorgang heißt **Selbstinduktion**.

Wir untersuchen schließlich den Spannungsverlauf beim Ein- und Ausschaltvorgang in einem Stromkreis mit Spule.

180 / Elektromagnetische Induktion

Versuch 3   *Versuchsaufbau*

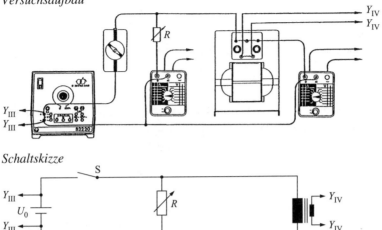

Schaltskizze

Versuchsdurchführung
Nach Schließen bzw. Öffnen des Schalters S registrieren wir mit einem Zweikanal-Schreiber die an der Parallelschaltung anliegende Spannung U_0 und die Induktionsspannung U_{ind}.

Hinweis: Die Induktionsspannung U_{ind} wird durch induktive Kopplung von der Spule abgegriffen.

Ergebnis: Für den Spannungsverlauf ergeben sich folgende Diagramme:

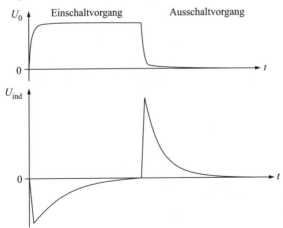

Die entgegengesetzte Polung von U_0 und U_{ind} beim Einschaltvorgang ist in Übereinstimmung mit dem Minuszeichen im Induktionsgesetz $U_{ind} = -N\dot{\Phi}$, da $\dot{\Phi} > 0$.

Bemerkungen:
1. Technische Anwendung der Selbstinduktionsspannung: Zündspule, Neonröhre
2. Nachteile: Bei jedem Ausschaltvorgang tritt eine Spannungsspitze auf (Funkenüberschlag ist möglich).

31.2 Induktivität einer langen Spule

Für eine lang gestreckte Spule lässt sich die Selbstinduktionsspannung U_{ind} mithilfe des Induktionsgesetzes durch die Spulendaten und die zeitliche Stromänderung darstellen. Es gilt:

$$U_{ind} = -N\,\dot{\Phi}$$

$$U_{ind} = -N\,\frac{d(B\,A)}{dt}$$

$$U_{ind} = -N\,A\,\frac{d B(t)}{dt}$$

$$U_{ind} = -N\,A\,\frac{d}{dt}\left(\mu_0 \frac{N}{l} I\right)$$

$$U_{ind} = -\frac{N^2 \mu_0 A}{l}\,\frac{dI}{dt}$$

Die Größe $\frac{N^2 \mu_0 A}{l}$ heißt **Induktivität L** der Spule.

Somit gilt:

$$\boxed{L = \mu_0\,A\,\frac{N^2}{l}}$$

Einheit der Induktivität:

$$1\,\frac{V}{\frac{A}{s}} = 1\,\frac{V\,s}{A} = 1\,\text{Henry (H)}$$

$$\boxed{U_{ind} = -L\,\dot{I}}\quad \text{Selbstinduktionsspannung}$$

31.3 Reihen- und Parallelschaltung von Spulen

Wir ermitteln die Gesamtinduktivität bei der Reihen- und Parallelschaltung von Spulen in einem Gleichstromkreis.

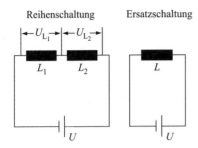
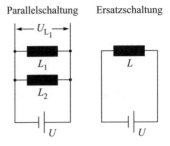

Für den Strom I gilt:

$$I = I_1 = I_2 \quad (1) \qquad\qquad I = I_1 + I_2 \quad (1)$$

Für die Spannung U gilt:

$$U = U_{L_1} + U_{L_2} \quad (2) \qquad\qquad U = U_{L_1} = U_{L_2} \quad (2)$$

Für die Beträge der Selbstinduktionsspannung gilt mit der Gesamtinduktivität L:

$$U_{\text{ind}} = L \frac{dI}{dt} \quad (3)$$

Differenziation von (1) ergibt:

$$\frac{dI}{dt} = \frac{dI_1}{dt} = \frac{dI_2}{dt} \quad (4) \qquad\qquad \frac{dI}{dt} = \frac{dI_1}{dt} + \frac{dI_2}{dt} \quad (4)$$

Aus (2) folgt mit (3):   Aus (4) folgt mit (3):

$$L \frac{dI}{dt} = L_1 \frac{dI_1}{dt} + L_2 \frac{dI_2}{dt} \qquad\qquad \frac{U}{L} = \frac{U_{L_1}}{L_1} + \frac{U_{L_2}}{L_2}$$

Division mit $\frac{dI}{dt}$ ergibt mit (4):   Division mit U ergibt mit (2):

$$L = L_1 + L_2 \qquad\qquad \frac{1}{L} = \frac{1}{L_1} + \frac{1}{L_2}$$

Verallgemeinerung auf n Spulen:

$$L = \sum_{i=1}^{n} L_i \qquad\qquad \frac{1}{L} = \sum_{i=1}^{n} \frac{1}{L_i}$$

47. a) Welche durchschnittliche Selbstinduktionsspannung U_{ind} entsteht in einer zylindrischen Spule der Induktivität $L = 10$ mH, wenn der Strom $I = 0,1$ A in der Zeit 10 ms auf 0 A zurückgeht?

b) Beim Ausschalten darf die Selbstinduktionsspannung den Wert 50 V nicht überschreiten. In welcher Zeit Δt muss der Ausschaltvorgang beendet sein?

c) Berechnen Sie die Windungszahl N dieser Spule, wenn ihr Radius $r = 5,0$ cm und ihre Länge $l = 50,0$ cm beträgt.

48. An eine Spule, deren ohmscher Widerstand $R_{sp} = 750\ \Omega$ beträgt, wird die Gleichspannung U_0 angelegt. Durch Messung des Spulenstromes I in Abhängigkeit von der Zeit t ergibt sich folgende Messreihe:

t in s	0	0,5	1	2	3	4	5	6	7	8
I in mA	0	97	161	238	271	287	295	298	300	300

a) Zeichnen Sie das t-I-Diagramm.

b) Erklären Sie, warum die Stromstärke erst nach einiger Zeit ihren maximalen Wert erreicht.

c) Bestimmen Sie den Wert der Spannung U_0.

d) Berechnen Sie die momentane Induktionsspannung U_i (3,0 s).

e) Berechnen Sie die Induktivität L der Spule unter Verwendung der Tangente an die Stromkurve für $t = 3,0$ s.

f) Zeigen Sie durch Rechnung, dass bei der Stromstärke $I_1 = 200$ mA die Spannungsquelle mehr Leistung abgibt, als in der Spule in Joule'sche Wärme umgesetzt wird, und erklären Sie den Unterschied.

32 Energieinhalt einer langen stromdurchflossenen Spule

32.1 Theoretische Herleitung

Die Untersuchung der Ein- und Ausschaltvorgänge bei einer Spule im Gleichstromkreis wurde mit folgendem Versuch ausgeführt (siehe Abbildung S. 184). Beim Ausschalten zeigte sich, dass beide Lampen L_1 und L_2 nachleuchten; bei diesem Vorgang wirkt im Stromkreis nur noch die Induktionsspannung U_{ind}.

Für die Stromarbeit dW in der Zeit dt gilt:

$$dW = U_{ind}\, I\, dt$$
$$= -L\, I\, \frac{dI}{dt}\, dt$$
$$= -L\, I\, dI$$

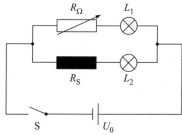

Für die gesamte gespeicherte Energie gilt:

$$W = \int_{I_1}^{0} (-L)\, I\, dI = \int_{0}^{I_1} L\, I\, dI = \tfrac{1}{2} L\, I_1^2$$

Das Magnetfeld einer vom Strom der Stärke I durchflossenen Spule der Induktivität L besitzt die magnetische Feldenergie W_m:

$$W_m = \tfrac{1}{2} L\, I^2$$

32.2 Experimentelle Bestätigung

Versuch *Versuchsaufbau*

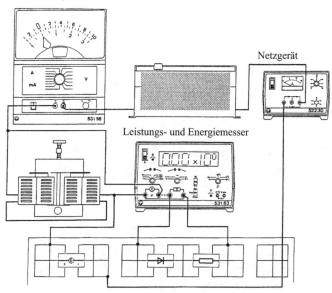

Schaltskizze

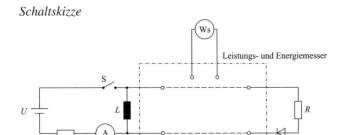

Versuchsdurchführung
Eine Spule hoher Induktivität befindet sich in einem Gleichstromkreis. Durch Öffnen des Schalters S wird die Stromquelle abgetrennt und die im Magnetfeld gespeicherte Energie W, mit dem Energiemesser registriert.
Wir untersuchen die Abhängigkeit der magnetischen Feldenergie W vom Spulenstrom I bzw. der Induktivität L.

Bemerkung: Um ausreichend große Messwerte für die Energie zu erhalten, sind hohe Induktivitäten erforderlich. Aus diesem Grund werden Spulen mit Eisenkern verwendet.

a) Abhängigkeit vom Spulenstrom I

   Messprotokoll und rechnerische Auswertung
   $L = 0,036$ H = konstant

I in A	1,4	2,0	2,8	4,0
W in Ws	0,03	0,06	0,12	0,26
$\frac{W}{I^2}$ in $10^{-2} \frac{Ws}{A^2}$	1,5	1,5	1,5	1,6

   Ergebnis
   $W \sim I^2$ (L = konst.)

b) Abhängigkeit von der Induktivität L

   Messprotokoll und rechnerische Auswertung
   $I = 1,4$ A = konstant

L in H	0,036	0,15	0,28
W in Ws	0,03	0,13	0,23
$\frac{W}{L}$ in $\frac{Ws}{H}$	0,83	0,87	0,82

   Ergebnis
   $W \sim L$ (I = konst.)

Zusammenfassung
$$W \sim L I^2$$
oder
$$W = k L I^2$$
$$k = \frac{W}{L I^2}$$

Berechnung von k mit den Messwerten aus Abschnitt a:

$$k = \frac{0{,}26 \text{ Ws}}{0{,}036 \text{ H} \cdot (4{,}0 \text{ A})^2}$$
$$k = 0{,}45$$

Einheitenkontrolle:

$$1 \frac{\text{Ws}}{\text{H A}^2} = 1 \frac{\text{V As}}{\text{Vs A}^{-1} \text{A}^2} = 1$$

Prozentualer Fehler f_p:

$$f_p = \left| \frac{0{,}45 - 0{,}50}{0{,}50} \right| \cdot 100 \% = 10 \%$$

Bemerkung: Der relativ große Fehler ist hauptsächlich auf Energieverluste am Innenwiderstand der Spule zurückzuführen.

Aufgabe 49. Eine lang gestreckte, leere Feldspule (Länge $l_F = 0{,}80$ m, Windungszahl $N_F = 1{,}2 \cdot 10^4$, Querschnittsfläche $A_F = 45$ cm^2) wird von einem Strom der Stromstärke $I_F(t)$ durchflossen, deren Abhängigkeit von der Zeit t dem folgenden Diagramm entnommen werden kann:

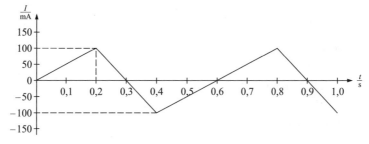

a) Stellen Sie die magnetische Feldenergie W_m in Abhängigkeit von der Zeit t für $0 \leq t \leq 1{,}0$ s grafisch dar.

b) Berechnen Sie die Änderung des Energieinhaltes des Magnetfeldes in der Feldspule, wenn die Stromstärke von $I_1 = 50$ mA auf $I_2 = 100$ mA ansteigt.

Lösungen

1. a) $C = \frac{T^2}{r^3}$

Kepler-Konstante für das System:

Sonne-Erde	Erde-Mond
$T = 365\,\text{d} = 3{,}15 \cdot 10^7\,\text{s}$	$T = 27{,}3\,\text{d} = 2{,}36 \cdot 10^6\,\text{s}$
$r = 1{,}50 \cdot 10^{11}\,\text{m}$	$r = 3{,}84 \cdot 10^8\,\text{m}$
$C_S = \frac{(3{,}15 \cdot 10^7\,\text{s})^2}{(1{,}50 \cdot 10^{11}\,\text{m})^3} =$	$C_E = \frac{(2{,}36 \cdot 10^6\,\text{s})^2}{(3{,}84 \cdot 10^8\,\text{m})^3} =$
$\mathbf{C_S = 2{,}95 \cdot 10^{-19}\,s^2\,m^{-3}}$	$\mathbf{C_E = 9{,}84 \cdot 10^{-14}\,s^2\,m^{-3}}$

b) Die Kepler-Konstante C_E des Systems Erde-Mond gilt auch für künstliche Erdsatelliten, insbesondere für Sputnik I.

Es gilt: $C_E = \frac{T_I^2}{r_I^3}$; T_I = Umlaufdauer von Sputnik I

r_I = Bahnradius von Sputnik I

oder $\quad r_I^3 = \frac{T_I^2}{C_E}$

bzw. $\quad r_I = \sqrt[3]{\frac{T_I^2}{C_E}}$

Mit $T_I = 96\,\text{min} = 5{,}76 \cdot 10^3\,\text{s}$ und C_E (vgl. Teilaufgabe a) folgt:

$r_I = \sqrt[3]{\frac{(5{,}76 \cdot 10^3\,\text{s})^2}{9{,}84 \cdot 10^{-14}\,\text{s}^2\,\text{m}^{-3}}}$

$r_I = 6{,}96 \cdot 10^6\,\text{m}$

$\mathbf{r_I = 6{,}96 \cdot 10^3\,km \approx 7 \cdot 10^3\,km}$

Bahngeschwindigkeit:

$v_I = \frac{2\pi}{T_I} \cdot r_I$

$v_I = \frac{2 \cdot 3{,}14 \cdot 6{,}96 \cdot 10^6\,\text{m}}{5{,}76 \cdot 10^3\,\text{s}}$

$\mathbf{v_I = 7{,}59 \cdot 10^3 \tfrac{m}{s}}$

$v_I = 2{,}73 \cdot 10^4 \tfrac{\text{km}}{\text{h}}$

c) Für die Zentripetalbeschleunigung gilt:

$$a_Z = \frac{4\pi^2 r}{T^2};$$

mit $T^2 = C \cdot r^3$ folgt:

$$a_Z = \frac{4\pi^2 r}{C \cdot r^3}$$

$$a_Z = \frac{4\pi^2}{C \cdot r^2}$$

Erde

$$a_Z = \frac{4\pi^2}{C_S \cdot r^2}$$

$$a_Z = \frac{4 \cdot (3{,}14)^2}{2{,}95 \cdot 10^{-19}\,\text{s}^2\,\text{m}^{-3} \cdot (1{,}50 \cdot 10^{11}\,\text{m})^2}$$

$$a_Z = 5{,}95 \cdot 10^{-3}\,\frac{\text{m}}{\text{s}^2}$$

Mond

$$a_Z = \frac{4\pi^2}{C_E \cdot r^2}$$

$$a_Z = \frac{4 \cdot (3{,}14)^2}{9{,}84 \cdot 10^{-14}\,\text{s}^2\,\text{m}^{-3} \cdot (3{,}84 \cdot 10^8\,\text{m})^2}$$

$$a_Z = 2{,}72 \cdot 10^{-3}\,\frac{\text{m}}{\text{s}^2}$$

Die berechneten Werte weichen von den wirklichen Werten etwas ab, da sich Erde und Mond um ihren gemeinsamen Schwerpunkt drehen. Außerdem wurden für die Entfernungen und Umlaufzeiten Näherungswerte benutzt.

2. Für jeden Punkt P der Kometenbahn gilt (definierende Eigenschaft der Ellipse):

$$\overline{S_1P} + \overline{S_2P} = 2a$$

Für den sonnennächsten und den sonnenfernsten Punkt der Kometenbahn gilt speziell:

$$r_{\min} + r_{\max} = 2a_H \qquad (*)$$

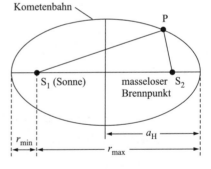

Mit dem 3. Kepler'schen Gesetz ergibt sich:

$$\frac{T_H^2}{a_H^3} = C_S \qquad (C_S = \text{Kepler-Konstante des Sonnensystems})$$

Zur Berechnung von C_S können auch die Bahndaten a_E und T_E der Erde verwendet werden. Setzt man für a_E den Bahnradius $r_E = 1{,}496 \cdot 10^{11}$ m und für die Umlaufdauer $T_E = 1$a, so ergibt sich:

$$\frac{T_H^2}{a_H^3} = \frac{T_E^2}{r_E^3}$$

Es folgt:

$$a_H = \sqrt[3]{\frac{T_H^2 \cdot r_E^3}{T_E^2}}$$

$$a_H = \sqrt[3]{\frac{(76\,a)^2 \cdot (1{,}496 \cdot 10^{11}\,m)^3}{(1\,a)^2}}$$

$$\mathbf{a_H = 2{,}68 \cdot 10^{12}\,m}$$

Für r_{max} ergibt sich aus der Gleichung (*):

$r_{max} = 2a_H - r_{min}$

$r_{max} = 2 \cdot 2{,}68 \cdot 10^{12}\,m - 8{,}97 \cdot 10^{10}\,m$

$\mathbf{r_{max} = 5{,}27 \cdot 10^{12}\,m}$

3. a)   Zentripetalkraft = Gravitationskraft

$$F_Z = F_{Gr}$$

$$\frac{4\pi^2 \, 2\, r_E \, m}{T^2} = G \frac{m\, m_E}{(2\, r_E)^2}$$

$$\Rightarrow T^2 = \frac{4\pi^2 \, (2\, r_E)^3}{G\, m_E} = \frac{4\pi^2 \, 8\, r_E^2 \, r_E}{G\, m_E}$$

Mit $\dfrac{G\, m_E}{r_E^2} = g$ folgt:

$$T = \sqrt{\frac{4\pi^2 \, 8\, r_E}{g}}$$

$$T = \sqrt{\frac{4 \cdot (3{,}14)^2 \cdot 8 \cdot 6{,}37 \cdot 10^6\,m}{9{,}81\,m\,s^{-2}}}$$

$$\mathbf{T = 3{,}98\,h} \quad (\equiv T_S)$$

b) Gleichsinnige Drehbewegung (siehe Abbildung)

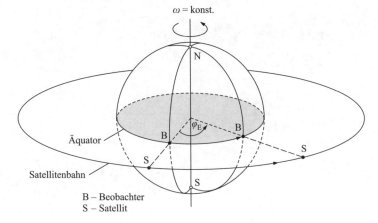

B – Beobachter
S – Satellit

$$\varphi_S - \varphi_E = 2\pi \qquad (1)$$

$$\left.\begin{array}{l}\varphi_E = \omega_E \cdot t_1 \Rightarrow \varphi_E = \dfrac{2\pi}{T_E} \cdot t_1 \\ \varphi_S = \omega_S \cdot t_1 \Rightarrow \varphi_S = \dfrac{2\pi}{T_S} \cdot t_1\end{array}\right\} \text{Einsetzen in (1) ergibt:}$$

$$\frac{2\pi}{T_S} \cdot t_1 - \frac{2\pi}{T_E} \cdot t_1 = 2\pi$$

$$\frac{t_1}{T_S} - \frac{t_1}{T_E} = 1 \Rightarrow t_1\left(\frac{T_E - T_S}{T_S \cdot T_E}\right) = 1 \Rightarrow t_1 = \frac{T_S \cdot T_E}{T_E - T_S}$$

Mit $T_S = 3{,}98$ h und $T_E = 24$ h ergibt sich für t_1:

$t_1 = \mathbf{4{,}77\,h}$

c) Gegensinnige Drehbewegung (siehe Abbildung)

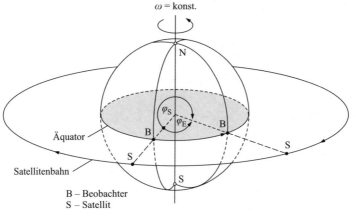

B – Beobachter
S – Satellit

$$\varphi_S + \varphi_E = 2\pi \qquad (2)$$

$$\left.\begin{array}{l}\varphi_S = \omega_S \cdot t_2 \Rightarrow \varphi_S = \dfrac{2\pi}{T_S} \cdot t_2 \\ \varphi_E = \omega_E \cdot t_2 \Rightarrow \varphi_E = \dfrac{2\pi}{T_E} \cdot t_2\end{array}\right\} \text{Einsetzen in (2) ergibt:}$$

$$\frac{2\pi}{T_S} \cdot t_2 + \frac{2\pi}{T_E} \cdot t_2 = 2\pi$$

$$\frac{t_2}{T_S} + \frac{t_2}{T_E} = 1 \Rightarrow t_2\left(\frac{T_E + T_S}{T_S \cdot T_E}\right) = 1 \Rightarrow t_2 = \frac{T_S \cdot T_E}{T_E + T_S}$$

Mit $T_S = 3{,}98$ h und $T_E = 24$ h ergibt sich für t_2:

$t_2 = \mathbf{3{,}41\,h}$

4. Die Gravitationskräfte durch Erde und Mond auf die Masse m sind im Punkt P **gleich groß** und entgegengerichtet. Es gilt:

$$G\frac{m_E\, m}{x^2} = G\frac{m_M\, m}{(r-x)^2}$$

$$\frac{m_E}{x^2} = \frac{m_M}{(r-x)^2}$$

$$x^2 m_M = (r-x)^2 m_E$$

$$x\sqrt{m_M} = \pm(r-x)\sqrt{m_E}$$

$$x = \pm(r-x)\sqrt{\frac{m_E \cdot 81}{m_E}}$$

$$x = \pm(r-x)\cdot 9$$

$$x_1 = 0,9\cdot r$$

$$x_2 = \frac{9}{8}r > r \text{ (entfällt)}$$

Berechnung:

$$x_1 = 0,9\cdot 3,84\cdot 10^8\,\text{m}$$

$$\mathbf{x_1 = 3{,}46\cdot 10^8\,\text{m}} = 346\,000\,\text{km}$$

Die zweite Lösung x_2 der quadratischen Gleichung gibt die Entfernung des Punktes an, in dem die Gravitationskräfte auf die Masse m gleich groß und gleichgerichtet sind.

5. a) Der Beobachtungssatellit ist ein Synchronsatellit. In jedem Bahnpunkt des Beobachtungssatelliten ist die Gravitationskraft F_{Gr} gleich der Zentripetalkraft F_Z.
   Es gilt:

$$F_{Gr} = F_Z$$

$$G\frac{m_J\, m_S}{r_S^2} = \frac{4\pi^2\, m_S\, r_S}{T_J^2}$$

$$r_S = \sqrt[3]{\frac{G\, m_J\, T_J^2}{4\pi^2}}$$

$$r_S = \sqrt[3]{\frac{6{,}67\cdot 10^{-11}\,\text{m}^3\,\text{kg}^{-1}\,\text{s}^{-2}\cdot 1{,}90\cdot 10^{27}\,\text{kg}\cdot (9{,}92\cdot 3600\,\text{s})^2}{4\cdot(3{,}14)^2}}$$

$$\mathbf{r_S = 1{,}60\cdot 10^8\,\text{m}}$$

Der Betrag der Bahngeschwindigkeit $\vec{v}_S$ ergibt sich zu:

$$v_S = \frac{2\pi r_S}{T_J}$$

$$v_S = \frac{2\cdot 3{,}14\cdot 1{,}60\cdot 10^8\,\text{m}}{9{,}92\cdot 3600\,\text{s}}$$

$$\mathbf{v_S = 2{,}81\cdot 10^4\,\frac{\text{m}}{\text{s}}}$$

b) Die Gewichtskraft F_G eines Probekörpers der Masse m an der Jupiteroberfläche ist die Gravitationskraft F_{Gr} zwischen Jupiter und dem Probekörper. Es gilt:
Gewichtskraft = Gravitationskraft

$$F_G = F_{Gr}$$

$$m \, a_J = G \frac{m \, m_J}{r_J^2}$$

$$a_J = \frac{G \, m_J}{r_J^2}$$

$$a_J = \frac{6{,}67 \cdot 10^{-11} \, \text{m}^3 \, \text{kg}^{-1} \, \text{s}^{-2} \cdot 1{,}90 \cdot 10^{27} \, \text{kg}}{(7{,}13 \cdot 10^7 \, \text{m})^2}$$

$$a_J = 24{,}94 \, \frac{\text{m}}{\text{s}^2}$$

Für einen Satelliten, der sich antriebslos auf einer Kreisbahn mit dem Radius r_J in der Zeit T_{min} um den Jupiter bewegt, ist in jedem Bahnpunkt die Gravitationskraft F_{Gr} gleich der Zentripetalkraft F_Z. Es gilt:

$$F_{Gr} = F_Z$$

$$G \frac{m_J \, m_S}{r_J^2} = \frac{4 \pi^2 \, m_S \, r_J}{T_{min}^2}$$

$$T_{min} = \sqrt{\frac{4 \pi^2 \cdot r_J^3}{G \, m_J}}$$

$$T_{min} = \sqrt{\frac{4 \cdot (3{,}14)^2 \cdot (7{,}13 \cdot 10^7 \, \text{m})^3}{6{,}67 \cdot 10^{-11} \, \text{m}^3 \, \text{kg}^{-1} \, \text{s}^{-2} \cdot 1{,}90 \cdot 10^{27} \, \text{kg}}}$$

$$T_{min} = 1{,}06 \cdot 10^4 \, \text{s} = 2{,}95 \, \text{h}$$

c) Nach dem 3. Kepler'schen Gesetz gilt:

$$\frac{T_G^2}{r_G^3} = \frac{T_J^2}{r_S^3} \quad (T_J = \text{Umlaufdauer des Beobachtungssatelliten})$$

$$r_G = r_S \cdot \sqrt[3]{\frac{T_G^2}{T_J^2}}$$

$$r_G = 1{,}60 \cdot 10^8 \, \text{m} \cdot \sqrt[3]{\frac{(7{,}16 \cdot 24 \cdot 3\,600 \, \text{s})^2}{(9{,}92 \cdot 3\,600 \, \text{s})^2}}$$

$$r_G = 1{,}07 \cdot 10^9 \, \text{m}$$

6. Für die durch K_1 im Punkt P erzeugte Gravitationsfeldstärke a_1 gilt:

$$a_1 = \left| -\frac{G\,m}{r_1^2} \right|$$

Berechnung:

$$a_1 = \frac{6{,}67 \cdot 10^{-11}\,\text{m}^3\,\text{kg}^{-1}\,\text{s}^{-2} \cdot 10{,}0 \cdot 10^{25}\,\text{kg}}{(3{,}0 \cdot 10^7\,\text{m})^2}$$

$$a_1 = 7{,}4\,\frac{\text{m}}{\text{s}^2}$$

Für die durch K_2 im Punkt P erzeugte Gravitationsfeldstärke a_2 gilt:

$$a_2 = \left| -\frac{G\,m}{r_2^2} \right|$$

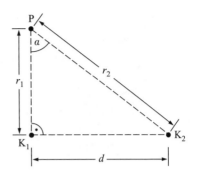

Berechnung:

$$a_2 = \frac{6{,}67 \cdot 10^{-11}\,\text{m}^3\,\text{kg}^{-1}\,\text{s}^{-2} \cdot 10{,}0 \cdot 10^{25}\,\text{kg}}{(5{,}0 \cdot 10^7\,\text{m})^2}$$

$$a_2 = 2{,}7\,\frac{\text{m}}{\text{s}^2}$$

Es gilt:

$$\cos(\alpha) = \frac{r_1}{r_2}$$

$$\cos(\alpha) = \frac{3{,}0 \cdot 10^7\,\text{m}}{5{,}0 \cdot 10^7\,\text{m}}$$

$$\alpha = 53{,}13°$$

$$\gamma = 180° - \alpha$$

$$\gamma = 126{,}87°$$

Mit dem Kosinussatz ergibt sich:

$$|a_{\text{res}}| = \sqrt{a_1^2 + a_2^2 - 2\,a_1\,a_2\,\cos(\gamma)}$$

$$|a_{res}| = \sqrt{\left(7{,}4\,\tfrac{\text{m}}{\text{s}^2}\right)^2 + \left(2{,}7\,\tfrac{\text{m}}{\text{s}^2}\right)^2 - 2 \cdot 7{,}4\,\tfrac{\text{m}}{\text{s}^2} \cdot 2{,}7\,\tfrac{\text{m}}{\text{s}^2} \cdot \cos(126{,}87°)}$$

$$|a_{\text{res}}| = 9{,}3\,\frac{\text{m}}{\text{s}^2}$$

7. a) Für die Feldarbeit W gilt:

$$W = G\,m\,m_E \left(\frac{1}{r_E + h_2} - \frac{1}{r_E + h_1} \right)$$

Berechnung:

$$W = 6{,}67 \cdot 10^{-11}\,\frac{\text{m}^3}{\text{kg}\,\text{s}^2} \cdot 5{,}98 \cdot 10^{24}\,\text{kg} \cdot 3{,}20 \cdot 10^2\,\text{kg} \cdot$$

$$\cdot \left(\frac{1}{6{,}37 \cdot 10^6\,\text{m} + 4{,}0 \cdot 10^5\,\text{m}} - \frac{1}{6{,}37 \cdot 10^6\,\text{m} + 3{,}6 \cdot 10^7\,\text{m}} \right)$$

$$W = 1{,}58 \cdot 10^{10}\,\text{J}$$

b) Die Feldarbeit W beschleunigt den Körper auf die Geschwindigkeit v.
Es gilt: $W = \frac{1}{2} m v^2$

Somit: $v = \sqrt{\frac{2W}{m}}$

Berechnung:

$$v = \sqrt{\frac{2 \cdot 1{,}58 \cdot 10^{10}\,\text{J}}{3{,}20 \cdot 10^2\,\text{kg}}}$$

$$v = 9{,}94 \cdot 10^3\,\tfrac{\text{m}}{\text{s}}$$

8. a) $\Delta E_a = E_{\text{Ges}}(r_E + h_1) - E_{\text{Ges}}(r_E)$
$\Delta E_a = E_p(r_E + h_1) + E_k(r_E + h_1) - (E_p(r_E) + E_k(r_E))$
Legen wir das Nullniveau der potenziellen Energie E_p auf die Erdoberfläche ($E_p(r_E) = 0$), so folgt wegen $E_k(r_E) = 0$:

$\Delta E_a = -G\, m_S\, m_E\, \dfrac{1}{r_E + h_1} + G\, m_S\, m_E\, \dfrac{1}{r_E} + \dfrac{1}{2} G\, m_S\, m_E\, \dfrac{1}{r_E + h_1}$

$\Delta E_a = -\dfrac{1}{2} G\, m_S\, m_E\, \dfrac{1}{r_E + h_1} + G\, m_S\, m_E\, \dfrac{1}{r_E}$

Berechnung:

$$\Delta E_a = -\tfrac{1}{2} \cdot 6{,}67 \cdot 10^{-11}\,\tfrac{\text{kg m}^3}{\text{s}^2} \cdot 320\,\text{kg} \cdot 5{,}98 \cdot 10^{24}\,\text{kg} \cdot \dfrac{1}{6{,}37 \cdot 10^6\,\text{m} + 4{,}0 \cdot 10^5\,\text{m}} +$$

$$+ 6{,}67 \cdot 10^{-11}\,\tfrac{\text{kg m}^3}{\text{s}^2} \cdot 320\,\text{kg} \cdot 5{,}98 \cdot 10^{24}\,\text{kg} \cdot \dfrac{1}{6{,}37 \cdot 10^6\,\text{m}}$$

$\Delta E_a = -9{,}4 \cdot 10^9\,\text{J} + 2{,}00 \cdot 10^{10}\,\text{J}$

$\Delta E_a = 1{,}06 \cdot 10^{10}\,\text{J}$

b) Für die Energiedifferenz ΔE_b gilt:

$\Delta E_b = \dfrac{1}{2} G\, m_S\, m_E \left(\dfrac{1}{r_E + h_1} - \dfrac{1}{r_E + h_2} \right)$

Berechnung:

$$\Delta E_b = \tfrac{1}{2} \cdot 6{,}67 \cdot 10^{-11}\,\tfrac{\text{kg m}^3}{\text{s}^2} \cdot 320\,\text{kg} \cdot 5{,}98 \cdot 10^{24}\,\text{kg} \cdot$$

$$\cdot \left(\dfrac{1}{6{,}37 \cdot 10^6\,\text{m} + 4{,}0 \cdot 10^5\,\text{m}} - \dfrac{1}{6{,}37 \cdot 10^6\,\text{m} + 3{,}6 \cdot 10^7\,\text{m}} \right)$$

$\Delta E_b = 7{,}92 \cdot 10^9\,\text{J}$

c) Für die große Halbachse a der Halbellipse gilt: $2a = h_1 + 2 r_E + h_2$
Somit:
$a = \tfrac{1}{2}(h_1 + 2 r_E + h_2)$

Berechnung:

$a = \frac{1}{2}(4{,}0 \cdot 10^5 \, \text{m} + 2 \cdot 6{,}37 \cdot 10^6 \, \text{m} + 3{,}6 \cdot 10^7 \, \text{m})$

$\mathbf{a = 2{,}46 \cdot 10^7 \, m}$

Auf der Synchronbahn hat der Satellit Symphonie die Umlaufdauer $T_{syn} = 24 \, \text{h}$ und auf der Ellipsenbahn T_{AB}.

Mit dem 3. Kepler'schen Gesetz

$$\frac{T_{AB}^2}{a^3} = \frac{T_{syn}^2}{(r_E + h_2)^3}$$

folgt:

$$T_{AB} = \sqrt{\frac{T_{syn}^2 \cdot a^3}{(r_E + h_2)^3}}$$

Berechnung:

$$T_{AB} = \sqrt{\frac{(24 \, \text{h})^2 \cdot (2{,}46 \cdot 10^7 \, \text{m})^3}{(6{,}37 \cdot 10^6 \, \text{m} + 3{,}6 \cdot 10^7 \, \text{m})^3}}$$

$\mathbf{T_{AB} = 10{,}60 \, h}$

Es ergibt sich:

$t_{AB} = \frac{1}{2} T_{AB}$

$\mathbf{t_{AB} = 5{,}30 \, h}$

9. a) Nach dem Energieerhaltungssatz bleibt die Gesamtenergie des Kometen konstant. Sie ist die Summe aus potenzieller und kinetischer Energie. Im sonnennächsten Punkt P ist die potenzielle Energie am kleinsten und die kinetische Energie am größten; im sonnenfernsten Punkt A ist die potenzielle Energie am größten und die kinetische Energie am kleinsten.

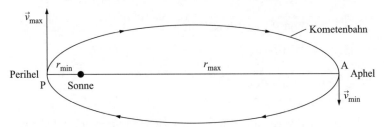

b) Wählt man für das Nullniveau der potenziellen Energie E_p den unendlich fernen Punkt, so gilt:

$$E_{\text{Ges A}} = E_{\text{Ges P}}$$

$$\frac{1}{2} m_H v_{min}^2 - G \, m_H \, m_S \frac{1}{r_{max}} = \frac{1}{2} m_H v_{max}^2 - G \, m_H \, m_S \frac{1}{r_{min}}$$

m_H = Masse des Halley'schen Kometen
m_S = Sonnenmasse
G = Gravitationskonstante

Es ergibt sich:

$$v_{min} = \sqrt{v_{max}^2 + 2\,G\,m_S \left(\frac{1}{r_{max}} - \frac{1}{r_{min}}\right)}$$

Berechnung:

$$v_{min} = \sqrt{\left(53{,}8 \cdot 10^3 \tfrac{m}{s}\right)^2 + 2 \cdot 6{,}67259 \cdot 10^{-11} \tfrac{m^3}{kg\,s^2} \cdot 1{,}97855 \cdot 10^{30}\,kg \cdot \left(\frac{1}{5{,}29 \cdot 10^{12}\,m} - \frac{1}{89{,}7 \cdot 10^9\,m}\right)}$$

$$v_{min} = 1{,}00 \cdot 10^3 \tfrac{m}{s}$$

10. Der Satellit B wird durch kurzzeitiges Bremsen auf eine niedrigere Kreisbahn gesteuert. Seine Bahngeschwindigkeit ist dort größer. Hat der Satellit B den Satelliten A überholt, so steuert man den Satelliten B durch kurzzeitiges Beschleunigen wieder in die ursprüngliche Kreisbahn und führt das Kopplungsmanöver durch.

11. a) Zentripetalkraft F_Z = Gravitationskraft F_{Gr}

$$\frac{4\pi^2 (r_M + h)}{T_K^2} \cdot m_K = G \frac{m_K\, m_M}{(r_M + h)^2} \qquad (m_K = \text{Masse Kommandoteil})$$

$$m_M = \frac{4\pi^2}{G \cdot T_K^2}(r_M + h)^3$$

Berechnung:

$$m_M = \frac{4 \cdot (3{,}14)^2}{6{,}67 \cdot 10^{-11} \tfrac{m^3}{kg\,s^2} \cdot (119 \cdot 60\,s)^2} \cdot (1{,}738 \cdot 10^6\,m + 1{,}10 \cdot 10^5\,m)^3$$

$$m_M = 7{,}33 \cdot 10^{22}\,kg$$

b) $\Delta E = E_{Ges}(r_M) - E_{Ges}(r_M + h)$

$\Delta E = E_p(r_M) + E_k(r_M) - (E_p(r_M + h) + E_k(r_M + h))$

Legen wir das Nullniveau der potenziellen Energie E_p auf die Mondoberfläche ($E_p(r_M) = 0$), so folgt wegen $E_k(r_M) = 0$:

$$\Delta E = 0 - \left(-G\,m_L\,m_M \frac{1}{r_M + h} + G\,m_L\,m_M \frac{1}{r_M} + \tfrac{1}{2} G\,m_L\,m_M \frac{1}{r_M + h}\right)$$

$$\Delta E = \tfrac{1}{2} G\,m_L\,m_M \frac{1}{r_M + h} - G\,m_L\,m_M \frac{1}{r_M}$$

$$\Delta E = \tfrac{1}{2} G\,m_L\,m_M \left(\frac{1}{r_M + h} - \frac{2}{r_M}\right)$$

Berechnung:

$$\Delta E = \frac{1}{2} \cdot 6{,}67 \cdot 10^{-11} \frac{\text{m}^3}{\text{kg s}^2} \cdot 1{,}0 \cdot 10^3 \text{kg} \cdot 7{,}32 \cdot 10^{22} \text{kg} \cdot$$

$$\cdot \left(\frac{1}{1{,}738 \cdot 10^6 \text{m} + 1{,}10 \cdot 10^5 \text{m}} - \frac{2}{1{,}738 \cdot 10^6 \text{m}} \right)$$

$$\Delta E = -1{,}49 \cdot 10^9 \text{ J}$$

12. Vergleichen Sie Aufgabe 6.

Für das durch K_1 im Punkt P erzeugte Gravitationspotenzial V_1 gilt:

$$V_1 = -\frac{G\,m}{r_1}$$

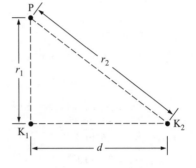

Berechnung:

$$V_1 = -\frac{6{,}67 \cdot 10^{-11} \frac{\text{m}^3}{\text{kg s}^2} \cdot 10{,}0 \cdot 10^{25} \text{kg}}{3{,}0 \cdot 10^7 \text{m}}$$

$$V_1 = -2{,}22 \cdot 10^8 \frac{\text{J}}{\text{kg}}$$

Für das durch K_2 im Punkt P erzeugte Gravitationspotenzial V_2 gilt:

$$V_2 = -\frac{G\,m}{r_2}$$

Berechnung:

$$V_2 = -\frac{6{,}67 \cdot 10^{-11} \frac{\text{m}^3}{\text{kg s}^2} \cdot 10{,}0 \cdot 10^{25} \text{kg}}{5{,}0 \cdot 10^7 \text{m}}$$

$$V_2 = -1{,}33 \cdot 10^8 \frac{\text{J}}{\text{kg}}$$

Es gilt: $V_{\text{res}} = V_1 + V_2$

Somit: $V_{\text{res}} = -2{,}22 \cdot 10^8 \frac{\text{J}}{\text{kg}} - 1{,}33 \cdot 10^8 \frac{\text{J}}{\text{kg}}$

$$V_{\text{res}} = -3{,}55 \cdot 10^8 \frac{\text{J}}{\text{kg}}$$

13. a) Für den Abstand r des Elektrons vom Wasserstoffkern (Proton) gilt:
$r = 5{,}3 \cdot 10^{-11}$ m (Radius der Bohr-Grundbahn)
Die Ladung Q_1 des Elektrons beträgt: $Q_1 = -1{,}6 \cdot 10^{-19}$ C
Die Ladung Q_2 des Protons beträgt: $Q_2 = 1{,}6 \cdot 10^{-19}$ C
Für den Betrag der Coulombkraft F_C ergibt sich:

$$F_C = \frac{1}{4\pi\varepsilon_0} \frac{|Q_1||Q_2|}{r^2}$$

Berechnung:

$$F_C = \frac{1}{4 \cdot 3{,}14 \cdot 8{,}85 \cdot 10^{-12} \frac{C^2}{N\,m^2}} \cdot \frac{|-1{,}6 \cdot 10^{-19}\,C| \cdot 1{,}6 \cdot 10^{-19}\,C}{(5{,}3 \cdot 10^{-11}\,m)^2}$$

$$\mathbf{F_C = 8{,}2 \cdot 10^{-8}\,N}$$

b) Die Masse m_1 des Elektrons beträgt: $m_1 = 9{,}11 \cdot 10^{-31}$ kg
Die Masse m_2 des Protons beträgt: $m_2 = 1{,}67 \cdot 10^{-27}$ kg
Für den Betrag der Gravitationskraft F_{Gr} ergibt sich:

$$F_{Gr} = G \frac{m_1 m_2}{r^2}$$

Berechnung:

$$F_{Gr} = 6{,}67 \cdot 10^{-11} \frac{m^3}{kg\,s^2} \cdot \frac{9{,}11 \cdot 10^{-31}\,kg \cdot 1{,}67 \cdot 10^{-27}\,kg}{(5{,}3 \cdot 10^{-11}\,m)^2}$$

$$F_{Gr} = 3{,}6 \cdot 10^{-47}\,N$$

Vergleich der beiden Kräfte ergibt:

$$\frac{F_C}{F_G} = \frac{8{,}2 \cdot 10^{-8}\,N}{3{,}6 \cdot 10^{-47}\,N}$$

$$\mathbf{\frac{F_C}{F_G} = 2{,}3 \cdot 10^{39}}$$

Die Gravitationskraft ist also im Vergleich zur Coulombkraft vernachlässigbar.

14. Es soll gelten:
Gravitationskraft = Coulombkraft

$$F_G = F_C$$

$$G \frac{m_1 m_2}{r^2} = \frac{1}{4\pi\varepsilon_0} \frac{Q_1 Q_2}{r^2}$$

$$Q_2 = 4\pi\varepsilon_0 \, G \frac{m_1 m_2}{Q_1}$$

Berechnung:

$$Q_2 = 4 \cdot 3{,}14 \cdot 8{,}85 \cdot 10^{-12} \frac{C^2}{N\,m^2} \cdot 6{,}67 \cdot 10^{-11} \frac{m^3}{kg\,s^2} \cdot \frac{(1{,}0 \cdot 10^{-3}\,kg)^2}{1{,}0 \cdot 10^{-13}\,C}$$

$$\mathbf{Q_2 = 7{,}4 \cdot 10^{-14}\,C}$$

15. $Q_1 = Q_2 = Q$

$l^2 = h^2 + \left(\frac{d}{2}\right)^2$

$\vec{F} = \vec{F}_C + \vec{F}_G$

Es gilt:
$\frac{F_G}{F_C} = \frac{h}{\frac{d}{2}}$

Somit:
$F_C = \frac{d \, F_G}{2 \, h} = \frac{F_G \, d}{2 \cdot \sqrt{l^2 - \left(\frac{d}{2}\right)^2}}$

Berechnung:
$F_C = \frac{0{,}5 \cdot 10^{-2} \, \text{N} \cdot 0{,}20 \, \text{m}}{2 \cdot \sqrt{(1{,}00 \, \text{m})^2 - (0{,}10 \, \text{m})^2}}$

$\boldsymbol{F_C = 0{,}5 \cdot 10^{-3} \, \text{N}}$

Mit
$F_C = \frac{1}{4 \pi \varepsilon_0} \cdot \frac{Q^2}{d^2}$

folgt:
$Q = \sqrt{F_C \, d^2 \, 4 \pi \varepsilon_0}$

Berechnung:
$Q = \sqrt{0{,}5 \cdot 10^{-3} \, \text{N} \cdot (0{,}20 \, \text{m})^2 \cdot 4 \cdot 3{,}14 \cdot 8{,}85 \cdot 10^{-12} \, \frac{\text{C}^2}{\text{N m}^2}}$

$\boldsymbol{Q = 4{,}7 \cdot 10^{-8} \, \text{C}}$

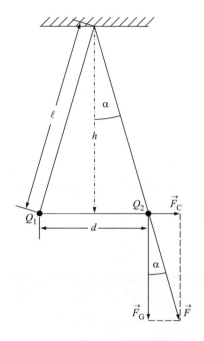

16. a) $E(r) = \frac{1}{4 \pi \varepsilon_0} \cdot \frac{Q}{r^2}$

$E(r) = 9{,}0 \cdot 10^9 \, \frac{\text{N m}^2}{\text{C}^2} \cdot \frac{1{,}0 \cdot 10^{-9} \, \text{C}}{r^2} = 9{,}0 \, \frac{\text{N m}^2}{\text{C}} \cdot \frac{1}{r^2}$

b)

r in 10^{-2} m	4,5	9,0	13,5
E in $\frac{\text{kN}}{\text{C}}$	4,4	1,1	0,5

c)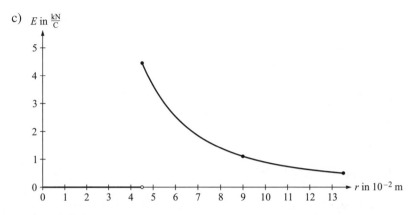

d) Im Inneren der Metallkugel ist die elektrische Feldstärke null ($E = 0$) (Faraday-Käfig). Die Ladung der leitenden Kugel sammelt sich auf der Leiteroberfläche.

e) Die Ladung des α-Teilchens beträgt:
$Q_\alpha = 2 \cdot 1{,}6 \cdot 10^{-19}$ C

Somit beträgt die Coulombkraft im Abstand $r_\alpha = 13{,}5 \cdot 10^{-2}$ m:
$F_C = E(r_\alpha) \cdot Q_\alpha$

Berechnung:
$F_C = 0{,}5 \cdot 10^3 \, \frac{\text{N}}{\text{C}} \cdot 2 \cdot 1{,}6 \cdot 10^{-19}$ C

$\mathbf{F_C = 1{,}6 \cdot 10^{-16}\,N}$

17. a) Das elektrische Feld des geladenen Ballons ist das gleiche wie das Feld einer Punktladung gleicher Größe im Zentrum des Ballons. Es gilt:
$$E_0 = \frac{1}{4\pi\varepsilon_0} \cdot \frac{Q}{d^2}$$
bzw. $Q = 4\pi\varepsilon_0 E_0 d^2$

Berechnung:
$Q = 4 \cdot 3{,}14 \cdot 8{,}9 \cdot 10^{-12}\,\text{C}^2\,\text{N}^{-1}\,\text{m}^{-2} \cdot 100\,\text{N}\,\text{C}^{-1} \cdot (52{,}5 \cdot 10^{-2}\,\text{m})^2$

$\mathbf{Q = 3{,}1 \cdot 10^{-9}\,C}$

b) Die Feldstärke bleibt konstant, weil sowohl die felderzeugende Ladung Q als auch der Abstand d konstant bleiben.

18. Im Punkt P ist die Summe der von den Ladungen Q_1 und Q_2 erzeugten elektrischen Feldstärken gleich null. Es gilt:

$\vec{E}_1 + \vec{E}_2 = \vec{0}$ bzw. $\vec{E}_1 = -\vec{E}_2$

Für die Beträge der Feldstärken gilt somit:

$$E_1 = E_2$$

oder $\quad \dfrac{1}{4\pi\varepsilon_0} \cdot \dfrac{Q_1}{s^2} = \dfrac{1}{4\pi\varepsilon_0} \cdot \dfrac{Q_2}{(d-s)^2}$

Somit: $Q_1(d-s)^2 = Q_2 \, s^2$

Wurzelziehen und Umformen ergibt:

$d - s = \pm\sqrt{\dfrac{Q_2 \, s^2}{Q_1}}$

Auflösen nach d:

$d = s \cdot \left(1 \pm \sqrt{\dfrac{Q_2}{Q_1}}\right)$

Berechnung:

$d = 10{,}0 \cdot 10^{-2}\,\text{m}\left(1 \pm \sqrt{\dfrac{5{,}5\,\text{n C}}{8{,}5\,\text{n C}}}\right)$

$d_1 = 0{,}18\,\text{m}$ bzw. $d_2 = 0{,}02\,\text{m}$

Die Lösung d_2 ist physikalisch sinnlos, da $d > s$ gelten muss.

19. Es gilt:

$W = \dfrac{Q\,q}{4\pi\varepsilon_0}\left(\dfrac{1}{r_1} - \dfrac{1}{r_2}\right)$

Berechnung:

$W = 9{,}0 \cdot 10^9 \, \dfrac{\text{N}\,\text{m}^2}{\text{C}^2} \cdot 1{,}0 \cdot 10^{-9}\,\text{C} \cdot 4{,}0 \cdot 10^{-12}\,\text{C} \cdot \left(\dfrac{1}{2{,}0 \cdot 10^{-2}\,\text{m}} - \dfrac{1}{4{,}0 \cdot 10^{-2}\,\text{m}}\right)$

$W = 9{,}0 \cdot 10^{-10}\,\text{J}$

20. a) Es gilt:

$E_p(x) = Q\,E\,x$

$E_p(x) = 1{,}0 \cdot 10^{-9}\,\text{C} \cdot 1{,}0 \cdot 10^5 \, \dfrac{\text{N}}{\text{C}} \cdot x$

$E_p(x) = 1{,}0 \cdot 10^{-4}\,\text{N} \cdot x$

x-E_p-Diagramm

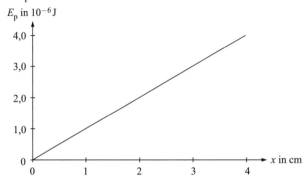

b) Es gilt für die Beschleunigungsarbeit W_a:
$$W_a = -\Delta E_p \quad \Rightarrow \quad \tfrac{1}{2} m v_E^2 = -(E_p(0) - E_p(d))$$
$$\tfrac{1}{2} m v_E^2 = Q E d - Q E \cdot 0$$
$$\tfrac{1}{2} m v_E^2 = Q E d$$
$$v_E = \sqrt{\frac{2 Q E d}{m}}$$

Berechnung:
$$v_E = \sqrt{\frac{2 \cdot 1{,}0 \cdot 10^{-9}\,C \cdot 1{,}0 \cdot 10^5\,\tfrac{N}{C} \cdot 4{,}0 \cdot 10^{-2}\,m}{2{,}0 \cdot 10^{-9}\,kg}}$$
$$\mathbf{v_E = 63{,}3\,\tfrac{m}{s}}$$

Die beschleunigende Kraft F_a auf die Ladung Q ist die Coulombkraft F_C.
Es gilt:
$$F_a = F_C$$
$$m a = Q E$$
$$a = \frac{Q E}{m}$$

Mit der Zeit-Geschwindigkeit-Gleichung $v = a\,t$ folgt:
$$v_E = a\, t_F$$

Somit:
$$t_F = \frac{m\, v_E}{Q E}$$

Berechnung:
$$t_F = \frac{63{,}3\,\tfrac{m}{s} \cdot 2{,}0 \cdot 10^{-9}\,kg}{1{,}0 \cdot 10^{-9}\,C \cdot 1{,}0 \cdot 10^5\,\tfrac{N}{C}}$$
$$\mathbf{t_F = 1{,}3 \cdot 10^{-3}\,s}$$

21. a) Nullniveau von E_p auf der Kugeloberfläche:
$$E_p(r) = \frac{Qq}{4\pi\varepsilon_0}\left(\frac{1}{r} - \frac{1}{r_0}\right)$$

r in 10^{-2} m	2,0	4,0	6,0	8,0	10,0
E_p in 10^{-6} J	0	−4,5	−6,0	−6,7	−7,2

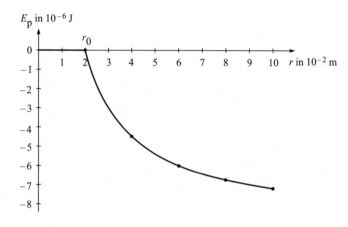

Nullniveau von E_p im Unendlichen:
$$E_p(r) = \frac{Qq}{4\pi\varepsilon_0} \cdot \frac{1}{r}$$

r in 10^{-2} m	2,0	4,0	6,0	8,0	10,0
E_p in 10^{-6} J	9,0	4,5	3,0	2,3	1,8

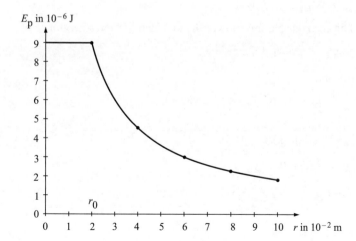

b) Das Innere der Hohlkugel ist feldfrei (Faraday-Käfig). Deshalb muss keine Arbeit aufgewendet werden, um eine Ladung zu verschieben. Somit bleibt die potenzielle Energie konstant. ($E_P(r) = E_p(r_0)$ für $0 \leq r \leq r_0$)

22. a) Die Ladung Q_1 des Elektrons beträgt $Q_1 = -1{,}6 \cdot 10^{-19}$ C.
Die Ladung Q_2 des Protons beträgt $Q_2 = 1{,}6 \cdot 10^{-19}$ C.
Für den Betrag der elektrischen Kraft (Coulombkraft) F_C zwischen Proton und Elektron gilt:

$$F_C = \frac{1}{4\pi\varepsilon_0} \frac{|Q_1||Q_2|}{r_1^2}$$

Die Coulombkraft wirkt als Zentripetalkraft F_Z auf das Elektron (m_e = Elektronenmasse). Es gilt:

$$F_Z = F_C$$

$$\frac{m_e \cdot v_1^2}{r_1} = \frac{1}{4\pi\varepsilon_0} \cdot \frac{|Q_1||Q_2|}{r_1^2}$$

Somit folgt:

$$v_1 = \sqrt{\frac{1}{4\pi\varepsilon_0} \frac{|Q_1||Q_2|}{m_e \cdot r_1}}$$

Berechnung:

$$v_1 = \sqrt{\frac{1}{4 \cdot 3{,}14 \cdot 8{,}85 \cdot 10^{-12}\,\frac{C^2}{N\,m^2}} \cdot \frac{|-1{,}6 \cdot 10^{-19}\,C| \cdot 1{,}6 \cdot 10^{-19}\,C}{9{,}11 \cdot 10^{-31}\,kg \cdot 5{,}3 \cdot 10^{-11}\,m}}$$

$$\mathbf{v_1 = 2{,}2 \cdot 10^6\,\frac{m}{s}}$$

b) Für die Gesamtenergie E_{Ges} gilt:
$E_{Ges}(r_1) = E_k(r_1) + E_p(r_1)$

Wählt man das Nullniveau von E_p im Unendlichen, so ergibt sich:

$$E_{Ges}(r_1) = \frac{1}{2} m_e v_1^2 + \frac{1}{4\pi\varepsilon_0} \frac{Q_1 Q_2}{r_1}$$

Berechnung:

$$E_{Ges} = \frac{1}{2} \cdot 9{,}11 \cdot 10^{-31}\,kg \cdot \left(2{,}2 \cdot 10^6\,\frac{m}{s}\right)^2 +$$

$$+ \frac{1}{4 \cdot 3{,}14 \cdot 8{,}85 \cdot 10^{-12}\,\frac{C^2}{N\,m^2}} \cdot \frac{(-1{,}6 \cdot 10^{-19}\,C) \cdot (1{,}6 \cdot 10^{-19}\,C)}{5{,}3 \cdot 10^{-11}\,m}$$

$$\mathbf{E_{Ges} = -2{,}2 \cdot 10^{-18}\,J}$$

c) $\Delta E = E_{Ges}(\infty) - E_{Ges}(r_1)$
$\Delta E = 0 - (-2{,}2 \cdot 10^{-18}\,J)$
$\mathbf{\Delta E = 2{,}2 \cdot 10^{-18}\,J}$

ΔE ist die aufzuwendende Ionisierungsenergie für das Wasserstoffatom.

23. a) $|\varphi(R)| = \dfrac{|Q|}{4\pi\varepsilon_0} \cdot \dfrac{1}{R}$

$|\varphi(R)| = \dfrac{5{,}0 \cdot 10^{-9}\,\text{C}}{4 \cdot 3{,}14 \cdot 8{,}85 \cdot 10^{-12}\,\frac{\text{C}}{\text{V m}}} \cdot \dfrac{1}{1{,}0 \cdot 10^{-2}\,\text{m}}$

$|\varphi(R)| = 4{,}5 \cdot 10^3\,\text{V}$

b)

r in 10^{-2} m	1,0	2,0	4,0	8,0	12,0
$|\varphi(r)|$ in 10^3 V	4,5	2,3	1,1	0,6	0,4

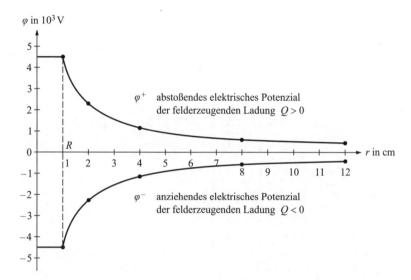

c) **abstoßendes elektrisches Potenzial ($Q > 0$)** | **anziehendes elektrisches Potenzial ($Q < 0$)**

$$\varphi_1 - \varphi_2 = \varphi(r_1) - \varphi(r_2)$$

$\varphi_1 - \varphi_2 = 11{,}2 \cdot 10^2\,\text{V} - 3{,}7 \cdot 10^2\,\text{V}$ | $\varphi_1 - \varphi_2 = -11{,}2 \cdot 10^2\,\text{V} -$
$\varphi_1 - \varphi_2 = 7{,}5 \cdot 10^2\,\text{V}$ | $\qquad\qquad -(-3{,}7 \cdot 10^2\,\text{V})$
   | $\varphi_1 - \varphi_2 = -7{,}5 \cdot 10^2\,\text{V}$

$$W_{12} = (\varphi_1 - \varphi_2) \cdot q$$

$W_{12} = 7{,}5 \cdot 10^2\,\text{V} \cdot 1{,}0 \cdot 10^{-12}\,\text{C}$ | $W_{12} = -7{,}5 \cdot 10^2\,\text{V} \cdot 1{,}0 \cdot 10^{-12}\,\text{C}$
$W_{12} = 7{,}5 \cdot 10^{-10}$ J | **$W_{12} = -7{,}5 \cdot 10^{-10}$ J**

d) Im Inneren der Kugel ist das elektrische Potenzial gleich dem Potenzial auf der Kugeloberfläche.
Beachte: Die potenzielle Energie im Inneren der Kugel ist konstant.

24. a) *r-φ-Diagramm*

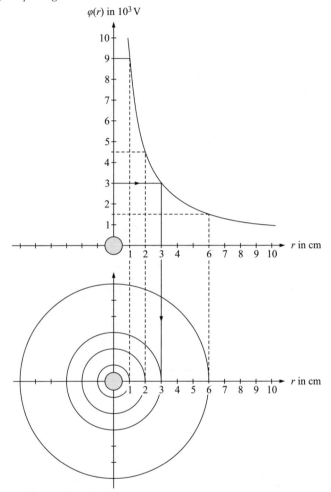

b) Wegen $\varphi(r) = \dfrac{Q}{4\pi\varepsilon_0} \cdot \dfrac{1}{r}$ folgt für den Betrag der felderzeugenden Ladung Q:

$Q = 1{,}0 \cdot 10^{-8}\,\text{C}$

Für die Feldarbeit gilt:

$W_{AB} = W(r_1; r_2) = \dfrac{Q\,q}{4\pi\varepsilon_0} \cdot \left(\dfrac{1}{r_1} - \dfrac{1}{r_2}\right)$

Berechnung:
$$W(r_1;r_2) = 9{,}0\cdot 10^9\,\tfrac{\text{Nm}^2}{\text{C}^2}\,1{,}0\cdot 10^{-8}\,\text{C}\cdot(-2{,}0\cdot 10^{-9}\,\text{C})\cdot\left(\tfrac{1}{6{,}0\cdot 10^{-2}\,\text{m}} - \tfrac{1}{9{,}0\cdot 10^{-2}\,\text{m}}\right)$$
$$W(r_1;r_2) = -1{,}0\cdot 10^{-6}\,\text{Nm} = \mathbf{-1{,}0\cdot 10^{-6}\,\text{J}}$$

c) Es gilt: $U_{AB} = \dfrac{W_{AB}}{q}$

Somit: $U_{AB} = \dfrac{-1{,}0\cdot 10^{-6}\,\text{J}}{-2{,}0\cdot 10^{-9}\,\text{C}}$

$$U_{AB} = \mathbf{5{,}0\cdot 10^2\,\text{V}}$$

d) Aus $U_{AB} = \varphi_A - \varphi_B$ folgt:
$$\varphi_B = \varphi_A - U_{AB}$$
Somit: $\varphi_B = 1{,}5\cdot 10^3\,\text{V} - 5{,}0\cdot 10^2\,\text{V}$
oder: $\varphi_B = \mathbf{1{,}0\cdot 10^3\,\text{V}}$

25. a) x-φ-Diagramm

φ in 10^2 V

b) $\varphi(x) = \dfrac{\varphi_1 - \varphi_2}{x_1 - x_2}\cdot x + \varphi_1$

$\varphi(x) = \dfrac{-750\,\text{V} - 500\,\text{V}}{0\,\text{cm} - 4{,}0\,\text{cm}}\cdot x - 750\,\text{V}$

$\varphi(x) = 3{,}1\cdot 10^4\,\tfrac{\text{V}}{\text{m}}\cdot x - 750\,\text{V}$

Es soll gelten: $\varphi(x_0) = 0$ V

Somit:

$3{,}1 \cdot 10^4 \, \frac{\text{V}}{\text{m}} \cdot x_0 - 750 \text{ V} = 0 \text{ V}$

$$x_0 = \frac{750 \text{ V}}{3{,}1 \cdot 10^4 \, \frac{\text{V}}{\text{m}}}$$

$$x_0 = 2{,}4 \cdot 10^{-2} \text{ m}$$

$$\boldsymbol{x_0 = 2{,}4 \text{ cm}}$$

c) Es gilt:

$E = \dfrac{U}{d} = \dfrac{\varphi_2 - \varphi_1}{d}$

$E = \dfrac{500 \text{ V} - (-750 \text{ V})}{4{,}0 \cdot 10^{-2} \text{ m}}$

$\boldsymbol{E = 3{,}1 \cdot 10^4 \, \dfrac{\text{V}}{\text{m}}}, \quad 0 \leq x \leq d$

x-E-Diagramm

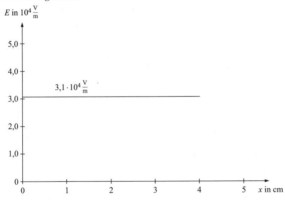

d) $W_{AB} = q(\varphi_A - \varphi_B)$

Es gilt:

$\varphi_A = 3{,}1 \cdot 10^4 \, \frac{\text{V}}{\text{m}} \cdot 1{,}0 \cdot 10^{-2} \text{ m} - 750 \text{ V}$

$\varphi_A = -440 \text{ V}$

bzw.

$\varphi_B = 3{,}1 \cdot 10^4 \, \frac{\text{V}}{\text{m}} \cdot 3{,}0 \cdot 10^{-2} \text{ m} - 750 \text{ V}$

$\varphi_B = 180 \text{ V}$

Somit:

$W_{AB} = 2{,}0 \cdot 10^{-9} \text{ C} \, (-440 \text{ V} - 180 \text{ V})$

$W_{AB} = -1{,}2 \cdot 10^{-6} \text{ J}$

26. a) *t-I-Diagramm*

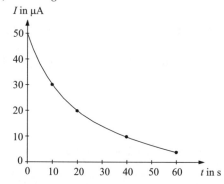

b) Der Ladestrom $I(t)$ ist durch die angelegte konstante Spannung U_0 und die momentane Spannung $U_C(t)$ am Kondensator bedingt. Es gilt:

$$I(t) = \frac{U_0 - U_C(t)}{R}$$

Somit ergibt sich:
$U_C(t) = U_0 - R \cdot I(t)$

t in s	0	10	20	40	60
U_C in V	0	39,4	63,2	86,5	95,0

t-U_C-Diagramm

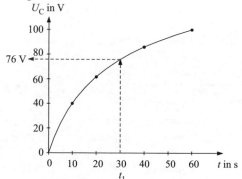

c) Dem *t-U_C*-Diagramm von Teilaufgabe b entnimmt man den Wert für die momentane Kondensatorspannung zur Zeit $t_1 = 30$ s. Es ergibt sich der Wert $U_C(30\text{ s}) = 76$ V.

Für die momentane Kondensatorladung $Q(t)$ erhalten wir aus der Gleichung $Q(t) = C \cdot U_C(t)$ die Ladung Q_1.
Es gilt $Q_1 = Q(t_1)$ und somit $Q_1 = C \cdot U_C(t_1)$.

Berechnung:
$Q_1 = 10 \cdot 10^{-6} \text{F} \cdot 76 \text{ V}$
$Q_1 = 7,6 \cdot 10^{-4} \text{C}$ Einheitenkontrolle: $1 \text{ F} \cdot \text{V} = 1 \frac{\text{C}}{\text{V}} \cdot \text{V} = 1 \text{ C}$

d) Für die von der Gleichspannungsquelle abgegebene Leistung P_{ab} gilt:
$P_{ab} = U_0 \cdot I_1$

Berechnung:
$P_{ab} = 100 \text{ V} \cdot 18,4 \cdot 10^{-6} \text{ A}$
$P_{ab} = 1,84 \cdot 10^{-3} \text{ W}$

Für die Wärmeleistung P_Ω am ohmschen Widerstand R gilt:
$P_\Omega = R \cdot I_1^2$

Berechnung:
$P_\Omega = 2,0 \cdot 10^6 \frac{\text{V}}{\text{A}} \cdot (18,4 \cdot 10^{-6} \text{A})^2$
$P_\Omega = 0,7 \cdot 10^{-3} \text{ W}$

Somit gilt:
$P_{ab} > P_\Omega$

Die Leistungsdifferenz $P_{ab} - P_\Omega$ wird zum Aufbau des elektrischen Feldes im Kondensator benötigt.

27. Wir stellen die Antworten zu a und b übersichtlich zusammen:

Größe	Formel	Fall a	Fall b
Kapazität	$C = \varepsilon_0 \frac{A}{d}$	halbiert	halbiert
Ladung	$Q = CU$	konstant	halbiert
Spannung	$U = Ed = \frac{Q}{C}$	verdoppelt	konstant
Feldstärke	$E = \frac{U}{d}$	konstant	halbiert
Energie	$W = \frac{1}{2}CU^2$	verdoppelt	halbiert

c) Im Fall a muss gegen die elektrostatische Kraft zwischen den Platten Arbeit verrichtet werden. Der Energieinhalt des Kondensators nimmt um diesen Betrag zu.
Im Fall b halbiert sich der Energieinhalt des Plattenkondensators; die Energiedifferenz wird an die Spannungsquelle abgegeben.

28. Dichte von Olivenöl:

$$\rho = 0{,}91 \cdot 10^3 \, \tfrac{\text{kg}}{\text{m}^3}$$

Formel:

$$Q = \frac{4\pi r^3 \rho g d}{3 U}$$

Berechnung:

$$Q = \frac{4 \cdot 3{,}14 \cdot (1{,}2 \cdot 10^{-6}\,\text{m})^3 \cdot 0{,}91 \cdot 10^3\,\text{kg m}^{-3} \cdot 9{,}81\,\text{m s}^{-2} \cdot 7{,}0 \cdot 10^{-3}\,\text{m}}{3 \cdot 700\,\text{V}}$$

$$\mathbf{Q = 6{,}46 \cdot 10^{-19}\,C}$$

Es zeigt sich:

$$\mathbf{Q = 4 \cdot e}$$

Einheitenkontrolle:

$$1\,\frac{\text{m}^3\,\text{kg m}^{-3}\,\text{m s}^{-2}\,\text{m}}{\text{V}} = 1\,\frac{\text{kg m}^2}{\text{s}^2\,\text{V}} = 1\,\frac{\text{J}}{\text{V}} = 1\,\text{C}$$

29. a) Es gilt: $e\,U_B = 700\,\text{eV}$
Somit: $U_B = 700\,\text{V}$

Nach dem Energiesatz gilt:

$$\tfrac{1}{2} m_e v_0^2 = e\,U_B$$

$$v_0 = \sqrt{\frac{2\,e\,U_B}{m_e}}$$

Berechnung:

$$v_0 = \sqrt{\frac{2 \cdot 1{,}6 \cdot 10^{-19}\,\text{C} \cdot 700\,\text{V}}{9{,}1 \cdot 10^{-31}\,\text{kg}}}$$

$$\mathbf{v_0 = 1{,}60 \cdot 10^7\,\tfrac{m}{s}}$$

Einheitenkontrolle:

$$1\sqrt{\frac{\text{C V}}{\text{kg}}} = 1\sqrt{\frac{\text{J}}{\text{kg}}} = 1\sqrt{\frac{\text{Nm}}{\text{kg}}} = 1\sqrt{\frac{\text{kg m}^2}{\text{s}^2\,\text{kg}}} = 1\sqrt{\frac{\text{m}^2}{\text{s}^2}} = 1\,\tfrac{\text{m}}{\text{s}}$$

b) Für die Gesamtablenkung y_{Ges} gilt:

$$y_{Ges} = \tfrac{1}{2}\,\frac{U_A}{U_B\,d}\,l\left(\tfrac{l}{2} + L\right)$$

Berechnung:

$$y_{Ges} = \tfrac{1}{2}\,\frac{35{,}0\,\text{V}}{700\,\text{V} \cdot 4{,}50 \cdot 10^{-2}\,\text{m}} \cdot 15{,}0 \cdot 10^{-2}\,\text{m} \cdot \left(\frac{15{,}0 \cdot 10^{-2}\,\text{m}}{2} + 20{,}0 \cdot 10^{-2}\,\text{m}\right)$$

$$\mathbf{y_{Ges} = 2{,}3 \cdot 10^{-2}\,m}$$

Nach Durchlaufen des elektrischen Feldes des Ablenkkondensators bewegen sich die Elektronen geradlinig mit konstanter Geschwindigkeit bis zum Leuchtschirm, da keine Kräfte mehr wirken.

Deshalb ist die Geschwindigkeit der Elektronen beim Verlassen des Ablenkkondensators gleich ihrer Auftreffgeschwindigkeit v auf dem Leuchtschirm.

Es gilt: $v = \sqrt{v_0^2 + v_y^2}$

Für v_y gilt: $v_y = a_y \, t$

Mit $a_y = \frac{e U_A}{m_e \cdot d}$ und $t = \frac{l}{v_0}$ ergibt sich:

$v_y = \frac{e U_A}{m_e \, d} \cdot \frac{l}{v_0}$ (m_e: Elektronenmasse)

Berechnung:

$v_y = \frac{1{,}6 \cdot 10^{-19}\,\text{C} \cdot 35{,}0\,\text{V} \cdot 15{,}0 \cdot 10^{-2}\,\text{m}}{9{,}1 \cdot 10^{-31}\,\text{kg} \cdot 4{,}50 \cdot 10^{-2}\,\text{m} \cdot 1{,}6 \cdot 10^7\,\text{m s}^{-1}}$

$\boldsymbol{v_y = 1{,}3 \cdot 10^6 \, \tfrac{\text{m}}{\text{s}}}$

Für die Gesamtgeschwindigkeit v ergibt sich:

$v = \sqrt{v_0^2 + v_y^2}$

Berechnung:

$v = \sqrt{\left(1{,}60 \cdot 10^7 \, \tfrac{\text{m}}{\text{s}}\right)^2 + \left(1{,}3 \cdot 10^6 \, \tfrac{\text{m}}{\text{s}}\right)^2}$

$\boldsymbol{v = 1{,}61 \cdot 10^7 \, \tfrac{\text{m}}{\text{s}}}$

30. a) Für die zusätzliche Kraft F gilt:

$F = N I b B$

Mit $I = \frac{U}{R}$ ergibt sich:

$F = N \frac{U}{R} b B$

Berechnung:

$F = 1000 \cdot \frac{60\,\text{V}}{12{,}0\,\Omega} \cdot 5{,}0 \cdot 10^{-2}\,\text{m} \cdot 24 \cdot 10^{-3}\,\text{T}$

$\boldsymbol{F = 6{,}0\,\text{N}}$

Einheitenkontrolle:

$1 \tfrac{\text{V}}{\Omega} \cdot \text{m} \cdot \text{T} = 1 \tfrac{\text{V}}{\frac{\text{V}}{\text{A}}} \cdot \text{m} \cdot \tfrac{\text{N}}{\text{A}\,\text{m}} = 1\,\text{N}$

b) Auf die Spule im Magnetfeld wirken drei Kräfte $\vec{F}, \vec{F}_1$ und $\vec{F}_2$.
Da die Ströme in den Seitenteilen entgegengesetzt gerichtet sind, folgt für die Kräfte auf die Seitenteile

$$\vec{F}_1 = -\vec{F}_2$$

bzw. $\vec{F}_1 + \vec{F}_2 = \vec{0}$
(resultierende Kraft). Die Spule wird mit der zusätzlichen Kraft $\vec{F}$ in das Magnetfeld hineingezogen.

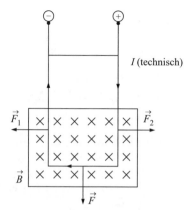

c) Es gilt mit Teilaufgabe a für die zusätzliche Kraft F':
$F' = F \sin(30°)$
$F' = 6{,}0 \text{ N} \cdot 0{,}5$
$F' = 3{,}0 \text{ N}$

31. a) Der Winkel $\tilde{\varphi}$ zwischen dem Normalenvektor $\vec{A}$ und der magnetischen Flussdichte $\vec{B}$ ist zeitabhängig. Es gilt:
$\tilde{\varphi}(t) = \omega t$

Für den magnetischen Fluss Φ folgt:
$\Phi(t) = B A \cos(\omega t)$

Mit $A = l\, b$ ergibt sich:
$\Phi(t) = B\, l\, b \cdot \cos(\omega t)$

$\Phi(t) = 0{,}04 \text{ T} \cdot 4{,}0 \cdot 10^{-2} \text{ m} \cdot 3{,}0 \cdot 10^{-2} \text{ m} \cdot \cos(1{,}57 \text{ s}^{-1} \cdot t)$

$\Phi(t) = 4{,}8 \cdot 10^{-5} \text{ V s} \cdot \cos(1{,}57 \text{ s}^{-1} \cdot t)$

b)

32. a) $\vec{F}_L = e(\vec{v} \times \vec{B})$

Wegen $\vec{v} \perp \vec{B}$ folgt:
$F_L = e \, v \, B \cdot \sin(90°)$

Berechnung:
$F_L = 1{,}6 \cdot 10^{-19}\,\text{C} \cdot 2{,}5 \cdot 10^7\,\tfrac{\text{m}}{\text{s}} \cdot 40 \cdot 10^{-3}\,\text{T}$

$\boldsymbol{F_L = 1{,}6 \cdot 10^{-13}\,\text{N}}$

Einheitenkontrolle:
$1\,\text{C} \cdot \tfrac{\text{m}}{\text{s}} \cdot \text{T} = 1\,\text{A s} \cdot \tfrac{\text{m}}{\text{s}} \cdot \tfrac{\text{N}}{\text{A m}} = 1\,\text{N}$

Die Lorentzkraft $\vec{F}_L$ ist senkrecht zur Bildebene und in diese hinein gerichtet.

b) $\vec{F}_L = e(\vec{v} \times \vec{B})$

$F_L = e \, v \, B \cdot \sin(30°)$

Mit Teilaufgabe a ergibt sich:
$F_L = 1{,}6 \cdot 10^{-13}\,\text{N} \cdot 0{,}5$

$\boldsymbol{F_L = 0{,}8 \cdot 10^{-13}\,\text{N}}$

Die Lorentzkraft $\vec{F}_L$ ist senkrecht zur Bildebene und in diese hinein gerichtet.

c) $\vec{F}_L = e(\vec{v} \times \vec{B})$

Wegen $\vec{v} \perp \vec{B}$ folgt:
$F_L = e \, v \, B \cdot \sin(90°)$

Mit Teilaufgabe a ergibt sich:
$\boldsymbol{F_L = 1{,}6 \cdot 10^{-13}\,\text{N}}$

Die Lorentzkraft $\vec{F}_L$ liegt in der Bildebene und ist gegenüber der Geschwindigkeit $\vec{v}$ um 90° gegen den Uhrzeigersinn gedreht.

d) $\vec{F}_L = e(\vec{v} \times \vec{B})$

Wegen $\vec{v} \parallel \vec{B}$ folgt:
$F_L = e \, v \, B \cdot \sin(180°)$

$\boldsymbol{F_L = 0\,\text{N}}$

($\vec{F}_L$ ist ein Nullvektor.)

33. a) Das Elektron bewegt sich im Magnetfeld auf einem Kreisbogen mit dem Radius r. Auf der Kreisbahn gilt:

Zentripetalkraft = Lorentzkraft

$$F_Z = F_L$$
$$\frac{m v^2}{r} = e v B$$
$$r = \frac{m v}{e B}$$

Berechnung:
$$r = \frac{9{,}1 \cdot 10^{-31}\,\text{kg} \cdot 2{,}0 \cdot 10^7\,\text{m s}^{-1}}{1{,}6 \cdot 10^{-19}\,\text{C} \cdot 2{,}5 \cdot 10^{-3}\,\text{T}}$$

$$r = \mathbf{4{,}6 \cdot 10^{-2}\,m}$$

Einheitenkontrolle:
$$1\,\frac{\text{kg m s}^{-1}}{\text{C} \cdot \text{T}} = 1\,\frac{\text{kg m s}^{-1}}{\text{A s} \cdot \frac{\text{N}}{\text{A m}}} = 1\,\frac{\text{kg m}^2}{\text{s}^2 \cdot \frac{\text{kg m}}{\text{s}^2}} = 1\,\text{m}$$

Für die Ablenkung y innerhalb des Magnetfeldes gilt:
$$y(x) = r - \sqrt{r^2 - x^2}, \quad 0 \leq x \leq b$$

Für die Ablenkung y_1 am Rande des Magnetfeldes gilt:
$$y_1 = y(b)$$
$$y_1 = r - \sqrt{r^2 - b^2}$$

Berechnung:
$$y_1 = 4{,}6 \cdot 10^{-2}\,\text{m} - \sqrt{(4{,}6 \cdot 10^{-2}\,\text{m})^2 - (3{,}0 \cdot 10^{-2}\,\text{m})^2}$$

$$y_1 = \mathbf{1{,}1 \cdot 10^{-2}\,m}$$

b) Nach Teilaufgabe a gilt:
$$y(x) = r - \sqrt{r^2 - x^2}$$

Für die 1. Ableitung ergibt sich:
$$\frac{d\,y(x)}{d\,x} = y'(x) = \frac{x}{\sqrt{r^2 - x^2}}$$

Für $x = b$ folgt:
$$\tan(\alpha) = y'(b)$$
bzw. $\tan(\alpha) = \dfrac{b}{\sqrt{r^2 - b^2}}$

Berechnung:
$$\tan(\alpha) = \frac{3{,}0 \cdot 10^{-2}\,\text{m}}{\sqrt{(4{,}6 \cdot 10^{-2}\,\text{m})^2 - (3{,}0 \cdot 10^{-2}\,\text{m})^2}}$$

$\tan(\alpha) = 0{,}86$

$\alpha = \mathbf{40{,}7°}$

c) Die Gesamtablenkung y_{Ges} des Elektronenstrahls aus seiner ursprünglichen Bahn setzt sich aus der Ablenkung y_1 im Magnetfeld und der Ablenkung y_2 im feldfreien Raum bis zum Auffangschirm zusammen.
Es gilt: $y_{Ges} = y_1 + y_2$

Wegen $\tan(\alpha) = \frac{y_2}{L}$ gilt:

$y_2 = L \cdot \tan(\alpha)$

Berechnung:
$y_2 = 4{,}0 \cdot 10^{-2}\,\text{m} \cdot \tan(40{,}7°)$
$y_2 = 3{,}4 \cdot 10^{-2}\,\text{m}$

Somit folgt:
$y_{Ges} = 1{,}1 \cdot 10^{-2}\,\text{m} + 3{,}4 \cdot 10^{-2}\,\text{m}$
$\mathbf{y_{Ges} = 4{,}5 \cdot 10^{-2}\,m}$

34. Es gilt: $\vec{v} = \vec{v}_\perp + \vec{v}_\parallel$

Für die Umlaufdauer T gilt:

$T = \frac{2\pi r}{v_\perp}$ (*)

Auf der Kreisbahn gilt:
Zentripetalkraft = Lorentzkraft
$$F_Z = F_L$$

Somit: $\quad \frac{m v_\perp^2}{r} = e\, v_\perp B$

bzw. $\quad r = \frac{m v_\perp}{e B}$

Einsetzen in (*) ergibt: $T = \frac{2\pi m v_\perp}{v_\perp e B}$

oder $\quad T = \frac{2\pi}{(e/m) B}$ (Die Umlaufzeit T ist von $v_\perp$ unabhängig.)

Berechnung:
$T = \frac{2 \cdot 3{,}14\,\text{kg m}^2}{1{,}7688 \cdot 10^{11}\,\text{As} \cdot 1{,}0 \cdot 10^{-3}\,\text{Vs}}$

$T = 3{,}57 \cdot 10^{-8}\,\frac{\text{s}^2\,\text{kg m}^2}{\text{kg m s m}}$

$\mathbf{T = 3{,}57 \cdot 10^{-8}\,s}$

Für die Ganghöhe H gilt:
$H = v_\parallel \cdot T$

Berechnung:
$H = 2{,}5 \cdot 10^7 \, \frac{\text{m}}{\text{s}} \cdot \cos(70°) \cdot 3{,}57 \cdot 10^{-8} \, \text{s}$
$H = 0{,}31 \, \text{m}$

35. Auf der Kreisbahn gilt:
Zentripetalkraft = Lorentzkraft
$$F_Z = F_L$$
$$\frac{mv^2}{r} = Q v B$$
bzw. $\quad r = \underbrace{\frac{m}{Q \cdot B}}_{\text{konst.}} v$

Da das Teilchen laufend kinetische Energie verliert, wird seine Geschwindigkeit v kleiner. Somit nimmt auch der Radius r ab.

Spiralbahnen eines Elektron-Positron-Paares

36. a) Auszuwählen sind die Messungen mit konstanter magnetischer Flussdichte B, also die Messungen Nr. 1, 2 und 4.

Messung Nr.	1	2	4
$\sqrt{U}$ in $\sqrt{\text{V}}$	6,2	7,7	13,0

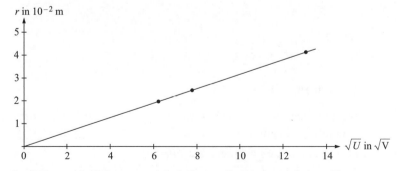

Im Rahmen der Messgenauigkeit liegen die Punkte auf einer Ursprungsgeraden, d. h. es gilt: $r \sim \sqrt{U}$, $B = 1{,}04 \, \text{mT} = \text{konst.}$

b) Auszuwählen sind die Messungen mit konstanter Beschleunigungsspannung U_B, also die Messungen Nr. 3, 4 und 5.

Messung Nr.	3	4	5
B in mT	1,43	1,04	0,85
$\frac{1}{B}$ in $\frac{1}{mT}$	0,70	0,96	1,18

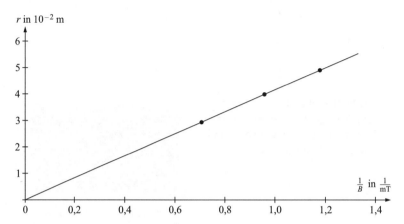

Im Rahmen der Messgenauigkeit liegen die Punkte auf einer Ursprungsgeraden, d. h. es gilt: $r \sim \frac{1}{B}$, $U = 170{,}0$ V = konst.

c) Es gilt:
$$r \sim \frac{\sqrt{U_B}}{B}$$
$$r = C \frac{\sqrt{U_B}}{B}$$
$$C = \frac{rB}{\sqrt{U_B}}$$

Berechnung:
$$C = \frac{3{,}0 \cdot 10^{-2}\,\text{m} \cdot 1{,}43 \cdot 10^{-3}\,\text{T}}{\sqrt{170{,}0\,\text{V}}}$$
$$C = 3{,}3 \cdot 10^{-6} \frac{\text{Tm}}{\sqrt{\text{V}}}$$

Wir untersuchen den Zusammenhang zwischen C und der spezifischen Ladung $\frac{e}{m}$. Es gilt:

Zentripetalkraft F_Z = Lorentzkraft F_L
$$\frac{mv^2}{r} = evB$$
$$\frac{e}{m} = \frac{v}{Br} \quad (*)$$

Im Fadenstrahlrohr erhalten die Elektronen nach Durchlaufen der Beschleunigungsspannung U_B die Geschwindigkeit:

$$v = \sqrt{2\frac{e}{m}U_B}$$

Einsetzen in Gleichung (*) ergibt:

$$\frac{e}{m} = \frac{\sqrt{2\frac{e}{m}U_B}}{B\,r}$$

Quadrieren ergibt:

$$\frac{e^2}{m^2} = \frac{2\frac{e}{m}U_B}{B^2\,r^2}$$

bzw. $\quad \dfrac{e}{m} = \dfrac{2\,U_B}{B^2\,r^2}$

Aufgelöst nach r ergibt sich:

$$r = \sqrt{\frac{2\,U_B\,m}{e\,B^2}}$$

$$r = \sqrt{\frac{2\,m}{e}} \cdot \frac{\sqrt{U_B}}{B}$$

Somit gilt: $\quad C = \sqrt{\dfrac{2\,m}{e}}$

bzw. $\quad C = \sqrt{\dfrac{2}{\frac{e}{m}}}$

Ermittlung von $\dfrac{e}{m}$:

Aus $C = \sqrt{\dfrac{2}{\frac{e}{m}}}\quad$ folgt $\dfrac{e}{m} = \dfrac{2}{C^2}$

Berechnung:

$$\frac{e}{m} = \frac{2}{\left(3{,}3 \cdot 10^{-6}\,\frac{Tm}{\sqrt{V}}\right)^2}$$

$$\boxed{\frac{e}{m} = 1{,}85 \cdot 10^{11}\,\frac{V}{T^2 m^2}}$$

Einheitenkontrolle:

$$1\,\frac{V}{T^2 m^2} = 1\,\frac{V}{\left(\frac{Vs}{m^2}\right)^2 \cdot m^2} = 1\,\frac{V}{\frac{V^2 s^2}{m^4}\cdot m^2} = 1\,\frac{m^2}{V s^2} = 1\,\frac{m^2}{\frac{J}{C}\cdot s^2} = 1\,\frac{C\,m^2}{J\,s^2} = 1\,\frac{C\,m^2}{Nm\cdot s^2} =$$

$$= 1\,\frac{C\,m}{N\,s^2} = 1\,\frac{C\,m}{\frac{kg\,m}{s^2}\cdot s^2} = 1\,\frac{C}{kg}$$

Sollwert:

$$\frac{e}{m} = 1{,}76\cdot 10^{11}\,\frac{C}{kg}$$

Prozentuale Abweichung f_p

$$f_p = \left| \frac{1{,}85 \cdot 10^{11} \frac{C}{kg} - 1{,}76 \cdot 10^{11} \frac{C}{kg}}{1{,}76 \cdot 10^{11} \frac{C}{kg}} \right| \cdot 100\%$$

$f_p = 5{,}1\%$

37. a) Es gilt das Kräftegleichgewicht:

$\vec{F}_C = -\vec{F}_L$
$F_C = F_L$
$Q\,E = Q\,v_0\,B_1$
$B_1 = \frac{E}{v_0}$

Berechnung:

$B_1 = \dfrac{2{,}0 \cdot 10^3 \frac{V}{m}}{2{,}5 \cdot 10^6 \frac{m}{s}}$

$\boldsymbol{B_1 = 8{,}0 \cdot 10^{-4} \frac{V\,s}{m^2}}$

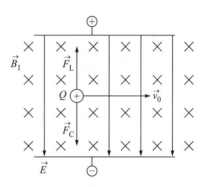

b) Die Coulombkraft $F_C = Q\,E$ hängt nicht von der Geschwindigkeit ab, sie bleibt somit konstant. Die Lorentzkraft $F_L = Q\,v\,B_1$ ist proportional zur Geschwindigkeit v. Wegen $v > v_0$ folgt somit $F_L > F_C$. Die Ionen werden nach oben abgelenkt.

c) Die Ionen können sich nur durch ihre Masse unterscheiden, da das Kräftegleichgewicht zwischen der Coulombkraft $\vec{F}_C$ und der Lorentzkraft $\vec{F}_L$ unabhängig von der Ionenmasse ist.

d)

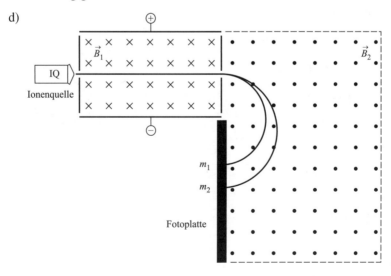

Auf die Ionen wirkt die Lorentzkraft F_L als Zentripetalkraft F_Z. Es gilt:
$$F_Z = F_L$$
$$\frac{m v_0^2}{r} = Q v_0 B_2$$
$$m = \frac{Q B_2}{v_0} r$$

Es gilt: $m_1 = \frac{2 e B_2}{v_0} r_1$

Berechnung:
$$m_1 = \frac{2 \cdot 1{,}6 \cdot 10^{-19} \text{C} \cdot 0{,}50 \frac{\text{V s}}{\text{m}^2}}{2{,}5 \cdot 10^6 \frac{\text{m}}{\text{s}}} \cdot 10{,}4 \cdot 10^{-2} \text{m}$$
$$\boldsymbol{m_1 = 6{,}66 \cdot 10^{-27} \text{kg}}$$

Analog ergibt sich: $m_2 = \frac{2 e B_2}{v_0} r_2$

Berechnung:
$$m_2 = \frac{2 \cdot 1{,}6 \cdot 10^{-19} \text{C} \cdot 0{,}50 \frac{\text{V s}}{\text{m}^2}}{2{,}5 \cdot 10^6 \frac{\text{m}}{\text{s}}} \cdot 7{,}8 \cdot 10^{-2} \text{m}$$
$$\boldsymbol{m_2 = 4{,}99 \cdot 10^{-27} \text{kg}}$$

Einheitenkontrolle:
$$1 \frac{\text{C} \cdot \frac{\text{V s}}{\text{m}^2} \cdot \text{m}}{\frac{\text{m}}{\text{s}}} = 1 \frac{\text{C V s}^2}{\text{m}^2} = 1 \frac{\text{J s}^2}{\text{m}^2} = 1 \frac{\text{N m s}^2}{\text{m}^2} = 1 \frac{\text{N s}^2}{\text{m}} = 1 \frac{\text{kg m s}^2}{\text{s}^2 \text{m}} = 1 \text{kg}$$

Bei den Ionen mit der Masse m_1 handelt es sich um α-Teilchen ($^4_2\text{He}^{++}$). Die Ionenmassen m_1 und m_2 unterscheiden sich um die Masse eines Neutrons ($m_N = 1{,}67 \cdot 10^{-27}$ kg). Bei den Ionen mit der Masse m_2 handelt es sich um das Heliumisotop $^3_2\text{He}^{++}$.

38. a) Es gilt: $\Phi = B A$

Mit $B = \mu_0 \frac{N_1}{l_1} I_1$ und $A = \pi r_1^2$ folgt $\Phi = \mu_0 \frac{N_1}{l_1} I_1 \pi r_1^2$

Berechnung:
$$\Phi = 4 \pi \cdot 10^{-7} \frac{\text{V s}}{\text{A m}} \frac{1{,}0 \cdot 10^4}{80 \cdot 10^{-2} \text{m}} 2{,}0 \text{A} \cdot 3{,}14 \cdot (6{,}0 \cdot 10^{-2} \text{m})^2$$
$$\boldsymbol{\Phi = 3{,}6 \cdot 10^{-4} \text{V s}}$$

b) Es gilt:
$F = N_2 \, I_2 \, b \, B$

Mit $B = \mu_0 \frac{N_1}{l_1} I_1$ folgt:

$F = N_2 \, I_2 \, b \, \mu_0 \frac{N_1}{l_1} I_1$

Berechnung:
$F = 500 \cdot 3{,}5 \text{ A} \cdot 5{,}0 \cdot 10^{-2} \text{ m} \cdot$
$\quad \cdot 4 \cdot \pi \cdot 10^{-7} \, \frac{\text{V s}}{\text{A m}} \, \frac{1{,}0 \cdot 10^4}{0{,}80 \text{ m}} \cdot 2{,}0 \text{ A}$

$F = 2{,}7 \text{ N}$

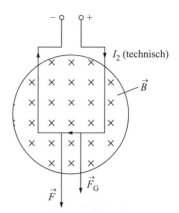

Da die Ströme in den vertikalen Leiterstücken der Flachspule entgegengesetzte Richtung haben, ist die resultierende Kraft auf die Seitenteile null (Kräftegleichgewicht). Diese Kräfte liefern somit keinen Beitrag in Bezug auf die zusätzliche Kraft $\vec{F}$.

39. a) Die Elektronen im Leiterstück $\overline{PQ} = a$ bewegen sich mit der konstanten Geschwindigkeit $\vec{v}$ senkrecht zum Magnetfeld der Flussdichte $\vec{B}$. Die auftretende konstante Lorentzkraft $\vec{F}_L$ steht senkrecht auf $\vec{v}$

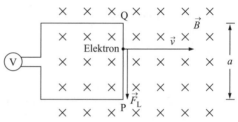

und $\vec{B}$ und zeigt in der Abbildung nach unten. Dadurch werden die Elektronen im Leiterstück nach unten bewegt, so dass bei P Elektronenüberschuss (Minuspol) und bei Q Elektronenmangel (Pluspol) auftritt. Zwischen P und Q baut sich im Inneren des Leiters ein homogenes elektrisches Feld $\vec{E}$ auf. In diesem wirkt auf die Elektronen die Coulombkraft $\vec{F}_C$, die der Lorentzkraft $\vec{F}_L$ entgegengerichtet ist. Mit zunehmender Ladungsanhäufung im Punkt P nimmt der Betrag der Coulombkraft zu, bis aufgrund des Gleichgewichts der auf die Elektronen wirkenden Kräfte gilt:

$$\vec{F}_L = -\vec{F}_C$$

bzw. $\quad F_L = F_C$

Es gilt: $\quad e \, v \, B = e \, E$

Mit $E = \frac{U}{a}$ folgt: $\quad v \, B = \frac{U}{a}$

Mit $v = \frac{a}{\Delta t}$ ergibt sich: $U = a \cdot \frac{a}{\Delta t} B$

Somit zeigt das Voltmeter eine konstante Spannung U an.

Berechnung:
$$U = 0{,}50 \text{ m} \frac{0{,}50 \text{ m}}{0{,}50 \text{ s}} \cdot 2{,}0 \cdot 10^{-3} \frac{\text{V s}}{\text{m}^2}$$
$$\mathbf{U = 1{,}0 \cdot 10^{-3} \text{ V}}$$

b) Für den ohmschen Widerstand R gilt:
$$R = \rho \cdot \frac{l}{A}$$
Mit $l = 4a$ folgt:
$$R = \rho \cdot \frac{4a}{A}$$

Berechnung:
$$R = 0{,}017 \cdot 10^{-6} \,\Omega\text{m} \cdot \frac{4 \cdot 0{,}50 \text{ m}}{50 \cdot 10^{-6} \text{ m}^2}$$
$$\mathbf{R = 6{,}8 \cdot 10^{-4} \,\Omega}$$

Für den Betrag des auftretenden Induktionsstromes I gilt: $I = \frac{U}{R}$

Berechnung:
$$I = \frac{1{,}0 \cdot 10^{-3} \text{ V}}{6{,}8 \cdot 10^{-4} \frac{\text{V}}{\text{A}}}$$
$$\mathbf{I = 1{,}47 \text{ A}}$$

c) Für die Kraft $\vec{F}$ gilt: $F = I\,a\,B$

Berechnung:
$$F = 1{,}47 \text{ A} \cdot 0{,}50 \text{ m} \cdot 2{,}0 \cdot 10^{-3} \text{ T}$$
$$\mathbf{F = 1{,}47 \cdot 10^{-3} \text{ N}}$$

Einheitenkontrolle:
$$1 \text{ A m T} = 1 \text{ A m} \frac{\text{N}}{\text{A m}} = 1 \text{ N}$$

Für die mechanische Arbeit W gilt: $W = F\,a$

Berechnung:
$$W = 1{,}47 \cdot 10^{-3} \text{ N} \cdot 0{,}50 \text{ m}$$
$$\mathbf{W = 7{,}35 \cdot 10^{-4} \text{ J}}$$

40. a) Die Bewegung der Leiterschleife kann in drei Abschnitte aufgeteilt werden.

1. Abschnitt: Die Leiterschleife tritt vollständig in das Magnetfeld ein.
Für die wirksame Fläche A gilt:
$$A(t) = b\, x(t) \quad \text{für} \quad 0 \leq x \leq a$$
Mit $\quad x(t) = v\,t \quad$ für $\quad 0 \leq t \leq \frac{a}{v}$

folgt: $A(t) = b\,v\,t \quad$ für $\quad 0 \leq t \leq \frac{a}{v}$

Für den magnetischen Fluss Φ durch die Leiterschleife gilt:
$\Phi(t) = B\,A(t)$
Somit gilt: $\Phi(t) = B\,b\,v\,t \quad$ für $\quad 0 \leq t \leq \frac{a}{v}$

Berechnung:
$$\Phi(t) = 1{,}0\,\frac{\text{V s}}{\text{m}^2} \cdot 3{,}0 \cdot 10^{-2}\,\text{m} \cdot 2{,}0 \cdot 10^{-2}\,\frac{\text{m}}{\text{s}} \cdot t \quad \text{für} \quad 0 \leq t \leq \frac{5{,}0 \cdot 10^{-2}\,\text{m}}{2{,}0 \cdot 10^{-2}\,\frac{\text{m}}{\text{s}}}$$

$\Phi(t) = 6{,}0 \cdot 10^{-4}\,\text{V} \cdot t \quad\quad\quad$ für $\quad 0 \leq t \leq 2{,}5\,\text{s}$

2. Abschnitt: Die Leiterschleife befindet sich vollständig im Magnetfeld.
Für die wirksame Fläche A gilt:
$A = a\,b \quad$ für $\quad a \leq x \leq d$
Für den magnetischen Fluss Φ durch die Leiterschleife gilt:
$\Phi(t) = B\,A$
Somit gilt: $\Phi(t) = B\,a\,b \quad$ für $\quad \frac{a}{v} < t \leq \frac{d}{v}$

Berechnung:
$$\Phi(t) = 1{,}0\,\frac{\text{V s}}{\text{m}^2} \cdot 5{,}0 \cdot 10^{-2}\,\text{m} \cdot 3{,}0 \cdot 10^{-2}\,\text{m} \quad \text{für} \quad \frac{5{,}0 \cdot 10^{-2}\,\text{m}}{2{,}0 \cdot 10^{-2}\,\frac{\text{m}}{\text{s}}} < t \leq \frac{10{,}0 \cdot 10^{-2}\,\text{m}}{2{,}0 \cdot 10^{-2}\,\frac{\text{m}}{\text{s}}}$$

$\Phi(t) = 15{,}0 \cdot 10^{-4}\,\text{V s} \quad\quad\quad$ für $\quad 2{,}5\,\text{s} < t \leq 5{,}0\,\text{s}$

3. Abschnitt: Die Leiterschleife tritt vollständig aus dem Magnetfeld heraus.
Für die wirksame Fläche A gilt:
$A(t) = a\,b - b\,v\,(t - 5{,}0\,\text{s}) \quad$ für $\quad \frac{d}{v} < t \leq \frac{a+d}{v}$

Für den magnetischen Fluss Φ durch die Leiterschleife gilt:
$\Phi(t) = B\,A(t)$
Somit gilt:
$\Phi(t) = B\,a\,b - B\,b\,v\,(t - 5{,}0\,\text{s}) \quad$ für $\quad \frac{d}{v} < t \leq \frac{a+d}{v}$

Berechnung:
$\Phi(t) = 15{,}0 \cdot 10^{-4}\,\text{Vs} - 6{,}0 \cdot 10^{-4}\,\text{V}(t - 5{,}0\,\text{s}) \quad$ für $\quad 5{,}0\,\text{s} < t \leq 7{,}5\,\text{s}$

Abschnittsweise Darstellung:

$$\Phi(t) = \begin{cases} 6{,}0 \cdot 10^{-4}\,\text{V} \cdot t & \text{für } 0 \leq t \leq 2{,}5\,\text{s} \\ 15{,}0 \cdot 10^{-4}\,\text{V\,s} & \text{für } 2{,}5\,\text{s} < t \leq 5{,}0\,\text{s} \\ 15{,}0 \cdot 10^{-4}\,\text{V\,s} - 6{,}0 \cdot 10^{-4}\,\text{V}(t - 5{,}0\,\text{s}) & \text{für } 5{,}0\,\text{s} < t \leq 7{,}5\,\text{s} \end{cases}$$

t-Φ-Diagramm

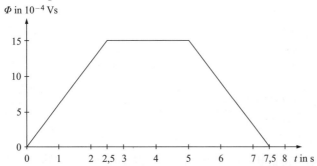

b) Für die Induktionsspannung U_i in der Leiterschleife ($N_i = 1$) gilt:

$$U_i(t) = -\dot{\Phi}(t)$$

$$U_i(t) = \begin{cases} -6{,}0 \cdot 10^{-4}\,\text{V} & \text{für } 0 < t < 2{,}5\,\text{s} \\ 0 & \text{für } 2{,}5\,\text{s} < t < 5{,}0\,\text{s} \\ 6{,}0 \cdot 10^{-4}\,\text{V} & \text{für } 5{,}0\,\text{s} < t < 7{,}5\,\text{s} \end{cases}$$

t-U_i-Diagramm

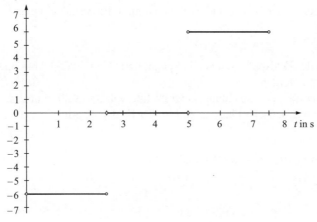

c) Für die Kraft F auf die stromdurchflossene Leiterschleife ($N_i = 1$) gilt:
$F = I\, b\, B$

Mit $I = \dfrac{U_0}{R}$ ergibt sich:

$$F = \dfrac{U_0}{R} b\, B$$

Diese Kraft F beschleunigt den Wagen mit der Leiterschleife.
Mit $F = m\, a$ folgt:

$$m\, a = \dfrac{U_0}{R} b\, B$$
$$a = \dfrac{U_0\, b\, B}{R\, m}$$

Berechnung:

$$a = \dfrac{10{,}0\,\text{V} \cdot 3{,}0 \cdot 10^{-2}\,\text{m} \cdot 1{,}0\,\frac{\text{V s}}{\text{m}^2}}{0{,}5\,\frac{\text{V}}{\text{A}} \cdot 0{,}1\,\text{kg}}$$

$$a = 6{,}0\,\dfrac{\text{m}}{\text{s}^2}$$

Einheitenkontrolle:

$$1\dfrac{\text{V m}\,\frac{\text{V s}}{\text{m}^2}}{\frac{\text{V}}{\text{A}}\,\text{kg}} = 1\dfrac{\text{V A s}}{\text{m kg}} = 1\dfrac{\text{J}}{\text{m kg}} = 1\dfrac{\text{N m}}{\text{m kg}} = 1\dfrac{\text{N}}{\text{kg}} = 1\dfrac{\text{kg m}}{\text{s}^2\,\text{kg}} = 1\dfrac{\text{m}}{\text{s}^2}$$

Während der Bewegung der Leiterschleife gilt für die Kraft F:

$$F(t) = b\, B\, I(t)$$

Mit $\quad I(t) = \dfrac{U_0 + U_i(t)}{R}$

und $\quad U_i(t) = -b\, B\, v(t)$ folgt:

$$F(t) = b\, B \cdot \dfrac{U_0 - b\, B\, v(t)}{R}$$

Mit wachsender Geschwindigkeit $v(t)$ nimmt die beschleunigende Kraft $F(t)$ ab.

41. a) Die an der Feldspule anliegende Spannung U kann in drei Abschnitte aufgeteilt werden.
1. Abschnitt: Die Spannung steigt im Intervall $0 \leq t \leq 20$ s linear an.
Für die magnetische Flussdichte B in der Feldspule gilt:

$$B(t) = \mu_0 \dfrac{N_F}{l_F} \cdot I_F(t)$$

Für den Feldspulenstrom $I_F(t)$ gilt:

$$I_F(t) = \dfrac{U(t)}{R}$$

Mit $U(t) = \dfrac{U_{\max} - 0}{t_1 - 0} \cdot t$ ergibt sich:

$$B(t) = \mu_0 \dfrac{N_F}{l_F} \dfrac{1}{R} \cdot \dfrac{U_{\max}}{t_1} \cdot t \quad \text{für} \quad 0 \leq t \leq 20\,\text{s}$$

Für den magnetischen Fluss Φ durch die Induktionsspule mit der Querschnittsfläche A_i gilt: $\Phi(t) = B(t) \cdot A_i$
Mit $A_i = \pi\, r_i^2$ folgt:

$$\Phi(t) = B(t)\, \pi\, r_i^2$$

bzw. $\Phi(t) = \mu_0\, \dfrac{N_F}{l_F}\, \dfrac{1}{R} \cdot \dfrac{U_{max}}{t_1}\, \pi\, r_i^2 \cdot t$

Berechnung:

$$\Phi(t) = 4\,\pi \cdot 10^{-7}\, \frac{Vs}{Am} \cdot 2{,}5 \cdot 10^4\, m^{-1} \cdot \frac{1}{2{,}5 \cdot 10^3 \frac{V}{A}} \cdot \frac{250\,V}{20\,s} \cdot 3{,}14 \cdot (4{,}5 \cdot 10^{-2}\, m)^2 \cdot t$$

$\Phi(t) = 1{,}0 \cdot 10^{-6}\, V \cdot t$ für $0 \le t \le 20\,s$

2. Abschnitt: Die Spannung U ist im Intervall $20\,s < t \le 50\,s$ konstant.
Für den magnetischen Fluss Φ gilt:
$\Phi(t) = \Phi(20\,s)$
$\Phi(t) = 1{,}0 \cdot 10^{-6}\, V \cdot 20\,s$
$\Phi(t) = 2{,}0 \cdot 10^{-5}\, Vs$ für $20\,s < t \le 50\,s$

3. Abschnitt: Die Spannung nimmt im Intervall $50\,s < t \le 90\,s$ linear ab.
Für den magnetischen Fluss Φ gilt:

$$\Phi(t) = \frac{\Phi(90\,s) - \Phi(50\,s)}{t_3 - t_2}(t - t_2) + \Phi(50\,s)$$

Mit $\Phi(90\,s) = 0$ folgt:

$$\Phi(t) = \frac{0 - 2{,}0 \cdot 10^{-5}\, Vs}{90\,s - 50\,s}(t - 50\,s) + 2{,}0 \cdot 10^{-5}\, V\,s$$

$\Phi(t) = -0{,}5 \cdot 10^{-6}\, V(t - 50\,s) + 2{,}0 \cdot 10^{-5}\, V\,s$ für $50\,s < t \le 90\,s$

Insgesamt ergibt sich folgende Funktionsgleichung für den magnetischen Fluss Φ:

$$\Phi(t) = \begin{cases} 1{,}0 \cdot 10^{-6}\, V \cdot t & \text{für } 0 \le t \le 20\,s \\ 2{,}0 \cdot 10^{-5}\, V\,s & \text{für } 20\,s < t \le 50\,s \\ -0{,}5 \cdot 10^{-6}\, V(t - 50\,s) + 2{,}0 \cdot 10^{-5}\, V\,s & \text{für } 50\,s < t \le 90\,s \end{cases}$$

t-Φ-Diagramm

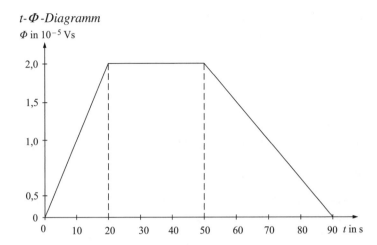

b) Für die Induktionsspannung U_i gilt:

$$U_i(t) = -N_i \, \dot{\Phi}(t)$$

Da sich der magnetische Fluss $\Phi(t)$ linear ändert, kann der Differenzialquotient durch den Differenzenquotienten ersetzt werden.

Es gilt: $U_i(t) = -N_i \cdot \dfrac{\Delta \Phi}{\Delta t}$

$$U_i(t) = \begin{cases} -100 \cdot \dfrac{\Phi(20\,\text{s}) - \Phi(0\,\text{s})}{20\,\text{s} - 0\,\text{s}} & \text{für } 0 < t < 20\,\text{s} \\ 0 & \text{für } 20\,\text{s} < t < 50\,\text{s} \\ -100 \cdot \dfrac{\Phi(90\,\text{s}) - \Phi(50\,\text{s})}{90\,\text{s} - 50\,\text{s}} & \text{für } 50\,\text{s} < t < 90\,\text{s} \end{cases}$$

oder

$$U_i(t) = \begin{cases} -100 \cdot \dfrac{2{,}0 \cdot 10^{-5}\,\text{V s} - 0}{20\,\text{s}} & \text{für } 0 < t < 20\,\text{s} \\ 0 & \text{für } 20\,\text{s} < t < 50\,\text{s} \\ -100 \cdot \dfrac{0 - 2{,}0 \cdot 10^{-5}\,\text{V s}}{40\,\text{s}} & \text{für } 50\,\text{s} < t < 90\,\text{s} \end{cases}$$

bzw.

$$U_i(t) = \begin{cases} -1{,}0 \cdot 10^{-4}\,\text{V} & \text{für } 0 < t < 20\,\text{s} \\ 0 & \text{für } 20\,\text{s} < t < 50\,\text{s} \\ 0{,}5 \cdot 10^{-4}\,\text{V} & \text{für } 50\,\text{s} < t < 90\,\text{s} \end{cases}$$

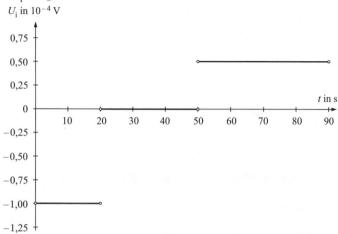

t-U_i-Diagramm
U_i in 10^{-4} V

42. a) Die Bewegung des Bügels kann in drei Abschnitte eingeteilt werden.

1. Abschnitt: Bei der Bewegung des Bügels von $x_0 = 0$ cm bis $x_1 = 15{,}0$ cm ist der magnetische Fluss durch die Leiterschleife null.

Es gilt: $\Phi(t) = 0$ für $0 \leq t \leq \frac{x_1}{v}$

d.h. $\Phi(t) = 0$ für $0 \leq t \leq \frac{15{,}0 \cdot 10^{-2}\,\text{m}}{7{,}5 \cdot 10^{-2}\,\text{m s}^{-1}}$

bzw. $\Phi(t) = 0$ für $0 \leq t \leq 2{,}0$ s

2. Abschnitt: Bei der Bewegung des Bügels von $x_1 = 15{,}0$ cm bis $x_2 = 60{,}0$ cm gilt für die wirksame Fläche A:

$A(t) = l\, x(t)$ für $\frac{x_1}{v} < t \leq \frac{x_2}{v}$

Mit $x(t) = v\left(t - \frac{x_1}{v}\right)$ folgt somit:

$A(t) = l\, v\left(t - \frac{x_1}{v}\right)$ für $\frac{x_1}{v} < t \leq \frac{x_2}{v}$

Für den magnetischen Fluss Φ durch die Leiterschleife ergibt sich:
$\Phi(t) = B\, A(t)$

Somit: $\Phi(t) = B\, l\, v\left(t - \frac{x_1}{v}\right)$ für $\frac{x_1}{v} < t \leq \frac{x_2}{v}$

Berechnung:

$\Phi(t) = 2{,}0\,\frac{\text{V s}}{\text{m}^2} \cdot 5{,}0 \cdot 10^{-2}\,\text{m} \cdot 7{,}5 \cdot 10^{-2}\,\text{m s}^{-1} \cdot \left(t - \frac{15{,}0 \cdot 10^{-2}\,\text{m}}{7{,}5 \cdot 10^{-2}\,\text{m s}^{-1}}\right)$

$\Phi(t) = 7{,}5 \cdot 10^{-3}\,\text{V}\,(t - 2{,}0\,\text{s})$ für $2{,}0\,\text{s} < t \leq 8{,}0\,\text{s}$

3. Abschnitt: Bei der Bewegung des Bügels von $x_2 = 60{,}0$ cm bis $x_3 = 75{,}0$ cm ist der magnetische Fluss konstant.

Es gilt: $\Phi(t) = \Phi(8{,}0\,\text{s})$ für $\frac{x_2}{v} < t \leq \frac{x_3}{v}$

$\Phi(t) = 7{,}5 \cdot 10^{-3}\,\text{V}\,(8{,}0\,\text{s} - 2{,}0\,\text{s})$ für $\frac{60{,}0 \cdot 10^{-2}\,\text{m}}{7{,}5 \cdot 10^{-2}\,\text{m}\,\text{s}^{-1}} < t \leq \frac{75{,}0 \cdot 10^{-2}\,\text{m}}{7{,}5 \cdot 10^{-2}\,\text{m}\,\text{s}^{-1}}$

$\Phi(t) = 4{,}5 \cdot 10^{-2}\,\text{V}\,\text{s}$ für $8{,}0\,\text{s} < t \leq 10{,}0\,\text{s}$

Die Funktionsgleichung für den magnetischen Fluss Φ lautet somit:

$$\Phi(t) = \begin{cases} 0 & \text{für } 0 \leq t \leq 2{,}0\,\text{s} \\ 7{,}5 \cdot 10^{-3}\,\text{V}\,(t - 2{,}0\,\text{s}) & \text{für } 2{,}0\,\text{s} < t \leq 8{,}0\,\text{s} \\ 4{,}5 \cdot 10^{-2}\,\text{V}\,\text{s} & \text{für } 8{,}0\,\text{s} < t \leq 10{,}0\,\text{s} \end{cases}$$

t-Φ-Diagramm

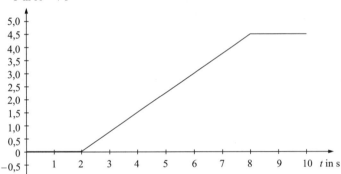

b) Für die Induktionsspannung U_i gilt:
$U_i(t) = -N_i\,\dot{\Phi}(t)$

Mit $N_i = 1$ (Leiterschleife) folgt: $U_i(t) = -\dot{\Phi}(t)$

Da sich der magnetische Fluss $\Phi(t)$ linear ändert, kann der Differenzialquotient durch den Differenzenquotienten ersetzt werden.

Es gilt: $U_i(t) = -\frac{\Delta \Phi}{\Delta t}$

$$U_i(t) = \begin{cases} 0 & \text{für } 0 < t < 2{,}0\,\text{s} \\ -7{,}5 \cdot 10^{-3}\,\text{V} & \text{für } 2{,}0\,\text{s} < t < 8{,}0\,\text{s} \\ 0 & \text{für } 8{,}0\,\text{s} < t < 10{,}0\,\text{s} \end{cases}$$

t-U_i-Diagramm

U_i in 10^{-3} V

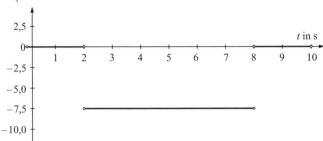

43. a) Für die Induktionsspannung U_i gilt:

$$U_i(t) = -N_i \, \dot{\Phi}(t)$$

Dem *t-U_i-Diagramm* lässt sich entnehmen, dass die Induktionsspannung abschnittsweise konstant ist. Somit ist auch der Differenzialquotient $\dot{\Phi}(t)$ abschnittsweise konstant. Deshalb kann der Differenzialquotient durch den Differenzenquotient $\frac{\Delta \Phi}{\Delta t}$ ersetzt werden. Somit ergibt sich:

$$U_i(t) = -N_i \frac{\Delta \Phi}{\Delta t}$$

Mit $\Delta \Phi = \Delta B \cdot A_i$ und $\Delta B = \mu_0 \frac{N_F}{l_F} \cdot \Delta I_F$ folgt für die Induktionsspannung:

$$U_i(t) = -N_i \, A_i \, \mu_0 \frac{N_F}{l_F} \frac{\Delta I_F}{\Delta t} \quad \text{bzw.}$$

$$\frac{\Delta I_F}{\Delta t} = -\frac{l_F}{N_i \, N_F \cdot A_i \, \mu_0} \cdot U_i(t)$$

Für die einzelnen Zeitintervalle ergibt sich:

$$\frac{\Delta I_F}{\Delta t} = -\frac{0{,}50\,\text{m}}{1{,}0 \cdot 10^3 \cdot 1{,}0 \cdot 10^4 \cdot 40 \cdot 10^{-4}\,\text{m}^2 \cdot 4\pi 10^{-7}\,\frac{\text{V s}}{\text{A m}}} \cdot (-15{,}0 \cdot 10^{-3}\,\text{V})$$

$$\frac{\Delta I_F}{\Delta t} = 1{,}5 \cdot 10^{-1}\,\frac{\text{A}}{\text{s}} \quad \text{für} \quad 0 \le t \le 0{,}2\,\text{s}$$

$$\frac{\Delta I_F}{\Delta t} = -\frac{0{,}50\,\text{m}}{1{,}0 \cdot 10^3 \cdot 1{,}0 \cdot 10^4 \cdot 40 \cdot 10^{-4}\,\text{m}^2 \cdot 4\pi 10^{-7}\,\frac{\text{V s}}{\text{A m}}} \cdot 10{,}0 \cdot 10^{-3}\,\text{V}$$

$$\frac{\Delta I_F}{\Delta t} = -1{,}0 \cdot 10^{-1}\,\frac{\text{A}}{\text{s}} \quad \text{für} \quad 0{,}2\,\text{s} < t \le 0{,}6\,\text{s}$$

b) Für den Feldspulenstrom I_F gilt:

$$I_F(t) = \begin{cases} 1{,}5 \cdot 10^{-1}\,\frac{A}{s} \cdot t & \text{für } 0\,\text{s} \leq t \leq 0{,}2\,\text{s} \\ -1{,}0 \cdot 10^{-1}\,\frac{A}{s}(t - 0{,}2\,\text{s}) + 0{,}03\,\text{A} & \text{für } 0{,}2\,\text{s} < t \leq 0{,}6\,\text{s} \end{cases}$$

t-I_F-Diagramm
I_F in 10^{-2} A

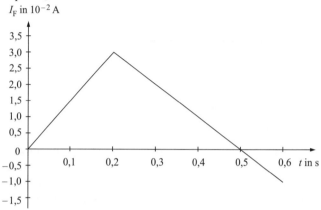

44. a) Für den magnetischen Fluss Φ gilt:
$\Phi(t) = -B\,A_i \cdot \sin(2\,\pi f \cdot t)$

Berechnung:
$\Phi(t) = -5{,}0 \cdot 10^{-3}\,\frac{Vs}{m^2} \cdot 200 \cdot 10^{-4}\,m^2 \cdot$
$\qquad \cdot \sin(2\,\pi\,50\,s^{-1} \cdot t)$
$\Phi(t) = -1{,}0 \cdot 10^{-4}\,Vs \cdot \sin(100\,\pi\,s^{-1} \cdot t)$

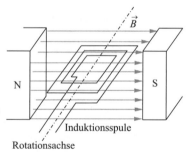

t-Φ-Diagramm
Φ in 10^{-4} Vs

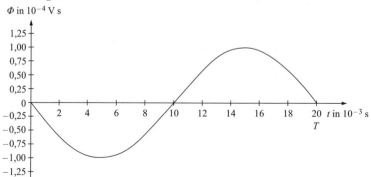

b) Es gilt: $U_i(t) = -N_i \dot{\Phi}(t)$
   Es folgt: $U_i(t) = N_i\, B\, A_i \cdot 2\pi f \cdot \cos(2\pi f \cdot t)$
   Berechnung:
   $U_i(t) = 150 \cdot 5{,}0 \cdot 10^{-3}\, \dfrac{\text{V s}}{\text{m}^2} \cdot 200 \cdot 10^{-4}\, \text{m}^2 \cdot 2 \cdot \pi \cdot 50\, \text{s}^{-1} \cdot \cos(2\pi\, 50\, \text{s}^{-1} \cdot t)$

   $\boldsymbol{U_i(t) = 4{,}7\ \text{V} \cdot \cos(100\,\pi\,\text{s}^{-1} \cdot t)}$

   t-U_i-Diagramm

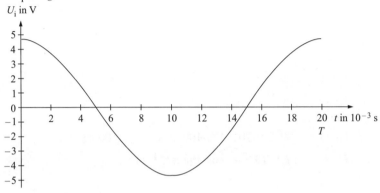

   Es soll gelten: $\dfrac{4{,}7\ \text{V}}{2} = 4{,}7\ \text{V} \cdot \cos(100\,\pi\,\text{s}^{-1} \cdot t_1)$

   $\cos(100\,\pi\,\text{s}^{-1} \cdot t_1) = 0{,}5$

   $100\,\pi\,\text{s}^{-1} \cdot t_1 = 1{,}05 \qquad t_1 = 3{,}3 \cdot 10^{-3}\,\text{s}$

   $t_2 = T - t_1$
   $t_2 = 20 \cdot 10^{-3}\,\text{s} - 3{,}3 \cdot 10^{-3}\,\text{s} \qquad \boldsymbol{t_2 = 16{,}7 \cdot 10^{-3}\,\text{s}}$

45. a) Für den magnetischen Fluss Φ gilt:
   $\Phi(t) = B(t) \cdot A_i$

   Mit $B(t) = \mu_0\, \dfrac{N_F}{l_F} \cdot I_F(t)$ folgt:

   $\Phi(t) = \mu_0\, \dfrac{N_F}{l_F}\, A_i \cdot I_F(t)$

   Berechnung:

   $\Phi(t) = 4\pi \cdot 10^{-7}\, \dfrac{\text{V s}}{\text{A m}} \cdot \dfrac{1{,}0 \cdot 10^3}{1{,}25\ \text{m}} \cdot 20 \cdot 10^{-4}\, \text{m}^2 \cdot 1{,}0\ \text{A} \cdot \sin(100\,\pi\,\text{s}^{-1} \cdot t)$

   $\boldsymbol{\Phi(t) = 2{,}0 \cdot 10^{-6}\ \text{Vs} \cdot \sin(100\,\pi\,\text{s}^{-1} \cdot t)}$

t-Φ-Diagramm

Φ in 10^{-6} V s

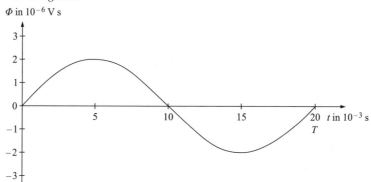

b) Es gilt: $U_i(t) = -N_i \dot{\Phi}(t)$

Berechnung:

$U_i(t) = -100 \cdot 2{,}0 \cdot 10^{-6}$ V s $\cdot 100 \cdot \pi \cdot$ s$^{-1} \cdot \cos(100\, \pi\, \text{s}^{-1} \cdot t)$

$\mathbf{U_i(t) = -62{,}8 \cdot 10^{-3}}$ **V** $\cdot \cos(100\, \pi\, \text{s}^{-1} \cdot t)$

t-U_i-Diagramm

U_i in 10^{-3} V

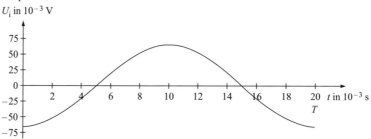

46. a) Es gilt: $U(t) = U_m \sin(\omega t)$

Berechnung:

$U(5\text{ ms}) = 311$ V $\cdot \sin(2\, \pi \cdot 50\text{ s}^{-1} \cdot 5 \cdot 10^{-3}\text{ s})$

$\mathbf{U(5\text{ ms}) = 311}$ **V**

$I(5\text{ ms}) = \dfrac{U(5\text{ ms})}{R}$

Berechnung:

$I(5\text{ ms}) = \dfrac{311\text{ V}}{50\text{ V A}^{-1}}$

$\mathbf{I(5\text{ ms}) = 6{,}2}$ **A**

b) Es gilt: $\quad 4{,}0\text{ A} = 6{,}2\text{ A}\cdot\sin(2\pi 50\text{ s}^{-1}\cdot t_1)$

$$2\pi\cdot 50\text{ s}^{-1}\cdot t_1 = \arcsin\frac{4{,}0\text{ A}}{6{,}2\text{ A}}$$

$$t_1 = \left(\arcsin\frac{4{,}0\text{ A}}{6{,}2\text{ A}}\right)\frac{\text{s}}{2\pi\cdot 50}$$

$$\boldsymbol{t_1 = 2{,}2\cdot 10^{-3}\text{ s}}$$

47. a) $U_{\text{ind}} = -L\dfrac{\Delta I}{\Delta t}$ (lineare Stromänderung)

Berechnung:

$$U_{\text{ind}} = -10\cdot 10^{-3}\frac{\text{V s}}{\text{A}}\cdot\frac{(0{,}0\text{ A} - 0{,}1\text{ A})}{10\cdot 10^{-3}\text{ s}}$$

$$\boldsymbol{U_{\text{ind}} = 0{,}1\text{ V}}$$

b) $\Delta t = -\dfrac{L\,\Delta I}{U_{\text{ind}}}$

Wegen $U_{\text{ind}} \leq 50\text{ V}$ folgt: $\Delta t \geq -\dfrac{L\,\Delta I}{U_{\text{ind}}}$

Berechnung:

$$\Delta t \geq \frac{-10\cdot 10^{-3}\text{ V s A}^{-1}(0{,}0\text{ A} - 0{,}1\text{ A})}{50\text{ V}}$$

$$\boldsymbol{\Delta t \geq 2{,}0\cdot 10^{-5}\text{ s}}$$

c) $L = \dfrac{\mu_0 N^2 A}{l}$; mit $A = \pi r^2$ folgt:

$$N = \sqrt{\frac{L\,l}{\mu_0\,\pi r^2}}$$

Berechnung:

$$N = \sqrt{\frac{10\cdot 10^{-3}\text{ V s A}^{-1}\cdot 50{,}0\cdot 10^{-2}\text{ m}}{4\pi\cdot 10^{-7}\text{ V s A}^{-1}\text{ m}^{-1}\,\pi\cdot(5{,}0\cdot 10^{-2}\text{ m})^2}}$$

$$\boldsymbol{N = 711}$$

48. a) *t-I-Diagramm*

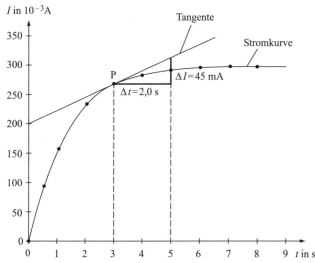

b) Nach dem Schließen des Schalters beginnt die Stromstärke I von 0 A aus zu steigen. Die Änderung der Stromstärke I bewirkt eine Änderung des magnetischen Flusses Φ in der Spule selbst. Dies führt zu einer Selbstinduktionsspannung $U_i(t) = -L \cdot \dot{I}(t) < 0$, welche der anliegenden Spannung U_0 entgegengerichtet ist und den Stromanstieg behindert. Deshalb erreicht die Stromstärke I nicht sofort den maximalen Wert I_{max}. Die Selbstinduktionsspannung U_i tritt nur solange auf, wie die Stromstärke bzw. der magnetische Fluss durch die Spule anwächst. Mit $\dot{I}(t)$ strebt auch $U_i(t)$ gegen null, sodass sich die Stromstärke I schließlich dem Wert

$$I_{max} = \frac{U_0}{R_{Sp}}$$

annähert.

c) Aus der gegebenen Wertetabelle kann die maximale Stromstärke I_{max} entnommen werden. Es ergibt sich $I_{max} = 300$ mA. Mit dem ohmschen Gesetz folgt:

$U_0 = R_{Sp} \cdot I_{max}$

Berechnung:

$U_0 = 750 \frac{V}{A} \cdot 300 \cdot 10^{-3}$ A

$U_0 = 225$ V

d) Für die momentane Stromstärke $I(t)$ der angelegten Gleichspannung U_0, der momentanen Selbstinduktionsspannung $U_i(t)$ und dem ohmschen Widerstand R_{Sp} der Spule gilt die Beziehung:

$U_0 + U_i(t) = I(t) \cdot R_{Sp}$ bzw.

$U_i(t) = I(t) \cdot R_{Sp} - U_0$

$U_i(3,0 \text{ s}) = I(3,0 \text{ s}) \cdot R_{Sp} - U_0$

Berechnung:

$U_i(3,0 \text{ s}) = 271 \cdot 10^{-3} \text{ A} \cdot 750 \frac{\text{V}}{\text{A}} - 225 \text{V}$

$\boldsymbol{U_i(3,0 \text{ s}) = -21,8 \text{ V}}$

e) Es gilt: $U_i(t) = -L \cdot \dot{I}(t)$

Ersetzt man den Differenzialquotienten $\dot{I}(t)$ durch den Differenzenquotienten $\frac{\Delta I}{\Delta t}$ (Steigung der Tangente im Punkt P(3,0 s; 271 mA) des t-I-Diagramms), so ergibt sich:

$L = -\dfrac{U_i(3,0\text{s})}{\frac{\Delta I}{\Delta t}}$

Berechnung:

$L = -\dfrac{-21,8 \text{V}}{\frac{45 \cdot 10^{-3} \text{A}}{2,0 \text{s}}} = 967 \frac{\text{Vs}}{\text{A}}$

$\boldsymbol{L = 967 \text{ H}}$

f) Für die von der Gleichspannungsquelle abgegebene Leistung P_{ab} gilt:

$P_{ab} = U_0 \cdot I_1$

Berechnung:

$P_{ab} = 225 \text{ V} \cdot 200 \cdot 10^{-3} \text{ A} = 45 \text{ W}$

Für die Wärmeleistung P_Ω am ohmschen Widerstand der Spule gilt:

$P_\Omega = R_{Sp} \cdot I_1^2$

Berechnung:

$P_\Omega = 750 \frac{\text{V}}{\text{A}} \cdot (200 \cdot 10^{-3} \text{A})^2 = 30 \text{ W}$

Somit gilt:

$P_{ab} > P_\Omega$

Die Leistung $P_{ab} - P_\Omega$ wird zum Aufbau des magnetischen Feldes in der Spule benötigt. Im stationären Endzustand wird die gesamte Batterieleistung P_{ab} in Wärmeleistung am ohmschen Widerstand umgesetzt.

49. a) Es gilt:

$L = \mu_0 \dfrac{N_F^2}{l_F} \cdot A_F$

Berechnung:

$L = 4\pi \cdot 10^{-7} \frac{\text{Vs}}{\text{Am}} \cdot \dfrac{(1,2 \cdot 10^4)^2}{0,80 \text{ m}} \cdot 45 \cdot 10^{-4} \text{m}^2 = 1,0 \frac{\text{Vs}}{\text{A}}$

$\boldsymbol{L = 1,0 \text{ H}}$

Für die magnetische Feldenergie W_m in Abhängigkeit von der Zeit t gilt:
$W_m(t) = \frac{1}{2}L[I_F(t)]^2$

$$W_m(t) = \begin{cases} \frac{1}{2} \cdot 1{,}0 \frac{Vs}{A} \left(\frac{100 \cdot 10^{-3} A}{0{,}2 s} \cdot t \right)^2 & \text{für} \quad 0 \leq t \leq 0{,}2\,s \\ \frac{1}{2} \cdot 1{,}0 \frac{Vs}{A} \left(\frac{-200 \cdot 10^{-3} A}{0{,}2 s} (t - 0{,}3\,s) \right)^2 & \text{für} \quad 0{,}2\,s < t \leq 0{,}4\,s \\ \frac{1}{2} \cdot 1{,}0 \frac{Vs}{A} \left(\frac{200 \cdot 10^{-3} A}{0{,}4 s} (t - 0{,}6\,s) \right)^2 & \text{für} \quad 0{,}4\,s < t \leq 0{,}8\,s \\ \frac{1}{2} \cdot 1{,}0 \frac{Vs}{A} \left(\frac{-200 \cdot 10^{-3} A}{0{,}2 s} (t - 0{,}9\,s) \right)^2 & \text{für} \quad 0{,}8\,s < t \leq 1{,}0\,s \end{cases}$$

$$W_m(t) = \begin{cases} 0{,}125 \frac{VA}{s} \cdot t^2 & \text{für} \quad 0 \leq t \leq 0{,}2\,s \\ 0{,}5 \frac{VA}{s} \cdot (t - 0{,}3\,s)^2 & \text{für} \quad 0{,}2\,s < t \leq 0{,}4\,s \\ 0{,}125 \frac{VA}{s} \cdot (t - 0{,}6\,s)^2 & \text{für} \quad 0{,}4\,s < t \leq 0{,}8\,s \\ 0{,}5 \frac{VA}{s} \cdot (t - 0{,}9\,s)^2 & \text{für} \quad 0{,}8\,s < t \leq 1{,}0\,s \end{cases}$$

t-W_m-*Diagramm*

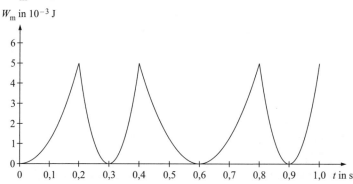

b) Für die Änderung der magnetischen Feldenergie gilt:
$\Delta W_m = \frac{1}{2} L I_2^2 - \frac{1}{2} L I_1^2$
$\Delta W_m = \frac{1}{2} L (I_2^2 - I_1^2)$

Berechnung:
$\Delta W_m = \frac{1}{2} \cdot 1{,}0 \frac{Vs}{A} ((100 \cdot 10^{-3}\,A)^2 - (50 \cdot 10^{-3}\,A)^2)$
$\boldsymbol{\Delta W_m = 3{,}75 \cdot 10^{-3}\,J}$

Notizen

Notizen

Ihre Meinung ist uns wichtig!

Ihre Anregungen sind uns immer willkommen. Bitte informieren Sie uns mit diesem Schein über Ihre Verbesserungsvorschläge!

Titel-Nr.	Seite	Vorschlag

Lernen ▪ Wissen ▪ Zukunft
STARK

21-V1T_NW

Bitte ausfüllen und im frankierten Umschlag an uns einsenden. Für Fensterkuverts geeignet.

STARK Verlag
Postfach 1852
85318 Freising

Zutreffendes bitte ankreuzen!

Die Absenderin/der Absender ist:

- ☐ Lehrer/in in den Klassenstufen:
- ☐ Fachbetreuer/in — Fächer:
- ☐ Seminarlehrer/in — Fächer:
- ☐ Regierungsfachberater/in — Fächer:
- ☐ Oberstufenbetreuer/in

Unterrichtsfächer: (Bei Lehrkräften)

- ☐ Schulleiter/in
- ☐ Referendar/in, Termin 2. Staatsexamen:
- ☐ Leiter/in Lehrerbibliothek
- ☐ Leiter/in Schülerbibliothek
- ☐ Sekretariat
- ☐ Eltern
- ☐ Schüler/in, Klasse:
- ☐ Sonstiges:

Absender (Bitte in Druckbuchstaben)

Kennen Sie Ihre Kundennummer?
Bitte hier eintragen.

Name/Vorname

Straße/Nr.

PLZ/Ort/Ortsteil

Telefon privat   Geburtsjahr

E-Mail

Schule/Schulstempel (Bitte immer angeben!)

Bitte hier abtrennen

Sicher durch das Abitur!

Effektive Abitur-Vorbereitung für Schülerinnen und Schüler:
Klare Fakten, systematische Methoden, prägnante Beispiele sowie Übungsaufgaben auf Abiturniveau <u>mit erklärenden Lösungen zur Selbstkontrolle</u>.

Mathematik

Analysis – LK	Best.-Nr. 940021
Analysis mit CAS	Best.-Nr. 540021
Analytische Geometrie	Best.-Nr. 940051
Analytische Geometrie und lineare Algebra 2	Best.-Nr. 54008
Analytische Geometrie – mit Hinweisen zu GTR-/CAS-Nutzung	Best.-Nr. 540038
Stochastik	Best.-Nr. 94009
Analysis – Bayern	Best.-Nr. 9400218
Analysis Pflichtteil Baden-Württemberg (Abitur 2012/13)	Best.-Nr. 840018
Analysis Wahlteil Baden-Württemberg (Abitur 2012/13)	Best.-Nr. 840028
Analytische Geometrie Pflicht- und Wahlteil Baden-Württemberg (Abitur 2012/13)	Best.-Nr. 840038
Stochastik Pflicht- und Wahlteil Baden-Württemberg (Abitur 2013)	Best.-Nr. 840091
Klausuren Mathematik Oberstufe	Best.-Nr. 900461
Kompakt-Wissen Abitur Analysis	Best.-Nr. 900151
Kompakt-Wissen Abitur Analytische Geometrie	Best.-Nr. 900251
Kompakt-Wissen Abitur Wahrscheinlichkeitsrechnung und Statistik	Best.-Nr. 900351
Kompakt-Wissen Abitur Kompendium Mathematik – Bayern	Best.-Nr. 900152

Chemie

Chemie 1 – Gleichgewichte · Energetik · Säuren und Basen · Elektrochemie	Best.-Nr. 84731
Chemie 2 – Naturstoffe · Aromatische Verbindungen · Kunststoffe	Best.-Nr. 84732
Chemie 1 – Bayern Aromatische Kohlenwasserstoffe · Farbstoffe · Kunststoffe · Biomoleküle · Reaktionskinetik	Best.-Nr. 947418
Methodentraining Chemie	Best.-Nr. 947308
Rechnen in der Chemie	Best.-Nr. 84735
Abitur-Wissen Protonen und Elektronen	Best.-Nr. 947301
Abitur-Wissen Struktur der Materie und Kernchemie	Best.-Nr. 947303
Abitur-Wissen Stoffklassen organischer Verbindungen	Best.-Nr. 947304
Abitur-Wissen Biomoleküle	Best.-Nr. 947305
Abitur-Wissen Biokatalyse und Stoffwechselwege	Best.-Nr. 947306
Abitur-Wissen Chemie am Menschen – Chemie im Menschen	Best.-Nr. 947307
Kompakt-Wissen Abitur Chemie Organische Stoffklassen Natur-, Kunst- und Farbstoffe	Best.-Nr. 947309
Kompakt-Wissen Abitur Chemie Anorganische Chemie, Energetik · Kinetik · Kernchemie	Best.-Nr. 947310

Biologie

Biologie 1 – Strukturelle und energetische Grundlagen des Lebens · Genetik und Gentechnik · Neuronale Informationsverarbeitung	Best.-Nr. 947018
Biologie 2 – Evolution · Der Mensch als Umweltfaktor – Populationsdynamik und Biodiversität · Verhaltensbiologie	Best.-Nr. 947028
Biologie 1 – Baden-Württemberg, Zell- und Molekularbiologie · Genetik · Neuro- und Immunbiologie	Best.-Nr. 847018
Biologie 2 – Baden-Württemberg, Evolution · Angewndte Biologie	Best.-Nr. 847028
Biologie 1 – NRW, Zellbiologie, Genetik, Informationsverarbeitung, Ökologie	Best.-Nr. 54701
Biologie 2 – NRW, Angewandte Genetik · Evolution	Best.-Nr. 54702
Chemie für den LK Biologie	Best.-Nr. 54705
Grundlagen, Arbeitstechniken und Methoden	Best.-Nr. 94710
Abitur-Wissen Genetik	Best.-Nr. 94703
Abitur-Wissen Neurobiologie	Best.-Nr. 94705
Abitur-Wissen Verhaltensbiologie	Best.-Nr. 94706
Abitur-Wissen Evolution	Best.-Nr. 94707
Abitur-Wissen Ökologie	Best.-Nr. 94708
Abitur-Wissen Zell- und Entwicklungsbiologie	Best.-Nr. 94709
Klausuren Biologie Oberstufe	Best.-Nr. 907011
Kompakt-Wissen Abitur Biologie Zellbiologie · Genetik · Neuro- und Immunbiologie Evolution – Baden-Württemberg	Best.-Nr. 84712
Kompakt-Wissen Abitur Biologie Zellen und Stoffwechsel Nerven · Sinne und Hormone · Ökologie	Best.-Nr. 94712
Kompakt-Wissen Abitur Biologie Genetik und Entwicklung Immunbiologie · Evolution · Verhalten	Best.-Nr. 94713
Kompakt-Wissen Abitur Biologie Fachbegriffe der Biologie	Best.-Nr. 94714

(Bitte blättern Sie um)

Sicher durch das Abitur!

Effektive Abitur-Vorbereitung für Schülerinnen und Schüler:
Klare Fakten, systematische Methoden, prägnante Beispiele sowie Übungsaufgaben auf Abiturniveau <u>mit erklärenden Lösungen zur Selbstkontrolle</u>.

Physik

Elektromagnetisches Feld und Relativitätstheorie	Best.-Nr. 943028
Mechanik	Best.-Nr. 94307
Abitur-Wissen Elektrodynamik	Best.-Nr. 94331
Kompakt-Wissen Abitur Physik 1 – Mechanik, Thermodynamik, Relativitätstheorie	Best.-Nr. 943012
Kompakt-Wissen Abitur Physik 2 – Elektrizitätslehre, Magnetismus, Elektrodynamik, Wellenoptik	Best.-Nr. 943013
Kompakt-Wissen Abitur Physik 3 Atom-, Kern- und Teilchenphysik	Best.-Nr. 943011

Erdkunde / Geographie

Erdkunde – Atmosphäre · Relief- und Hydrosphäre · Wirtschaftsprozesse und -strukturen · Verstädterung	Best.-Nr. 94909
Geographie 1 – Bayern	Best.-Nr. 94911
Geographie 2 – Bayern	Best.-Nr. 94912
Geographie – Baden-Württemberg	Best.-Nr. 84904
Erdkunde – NRW	Best.-Nr. 54902
Abitur-Wissen Entwicklungsländer	Best.-Nr. 94902
Abitur-Wissen Die USA	Best.-Nr. 94903
Abitur-Wissen Europa	Best.-Nr. 94905
Abitur-Wissen Der asiatisch-pazifische Raum	Best.-Nr. 94906
Abitur-Wissen GUS-Staaten/Russland	Best.-Nr. 94908
Kompakt-Wissen Abitur Erdkunde Allgemeine Geografie · Regionale Geografie	Best.-Nr. 949010
Kompakt-Wissen Abitur – Bayern Geographie Q11/Q12	Best.-Nr. 9490108
Lexikon Erdkunde	Best.-Nr. 94904

Englisch

Übersetzung	Best.-Nr. 82454
Grammatikübungen	Best.-Nr. 82452
Themenwortschatz	Best.-Nr. 82451
Grundlagen, Arbeitstechniken und Methoden mit Audio-CD	Best.-Nr. 944601
Sprachmittlung Deutsch – Englisch Englisch – Deutsch	Best.-Nr. 94469
Sprechfertigkeit mit Audio-CD	Best.-Nr. 94467
Klausuren Englisch Oberstufe	Best.-Nr. 905113
Abitur-Wissen Landeskunde Großbritannien	Best.-Nr. 94461
Abitur-Wissen Landeskunde USA	Best.-Nr. 94463
Abitur-Wissen Englische Literaturgeschichte	Best.-Nr. 94465
Kompakt-Wissen Abitur Themenwortschatz	Best.-Nr. 90462
Kompakt-Wissen Abitur Landeskunde/Literatur	Best.-Nr. 90463
Kompakt-Wissen Kurzgrammatik	Best.-Nr. 90461
Kompakt-Wissen Grundwortschatz	Best.-Nr. 90464

Deutsch

Dramen analysieren und interpretieren	Best.-Nr. 944092
Erörtern und Sachtexte analysieren	Best.-Nr. 944094
Gedichte analysieren und interpretieren	Best.-Nr. 944091
Epische Texte analysieren und interpretieren	Best.-Nr. 944093
Abitur-Wissen Erörtern und Sachtexte analysieren	Best.-Nr. 944064
Abitur-Wissen Textinterpretation Lyrik · Drama · Epik	Best.-Nr. 944061
Abitur-Wissen Deutsche Literaturgeschichte	Best.-Nr. 94405
Abitur-Wissen Prüfungswissen Oberstufe	Best.-Nr. 94400
Kompakt-Wissen Rechtschreibung	Best.-Nr. 944065

Natürlich führen wir noch mehr Titel für alle Fächer und Stufen: Alle Informationen unter
www.stark-verlag.de

Bestellungen bitte direkt an:
STARK Verlagsgesellschaft mbH & Co. KG · Postfach 1852 · 85318 Freising
Tel. 0180 3 179000* · Fax 0180 3 179001* · www.stark-verlag.de · info@stark-verlag.de
*9 Cent pro Min. aus dem deutschen Festnetz, Mobilfunk bis 42 Cent pro Min.
Aus dem Mobilfunknetz wählen Sie die Festnetznummer: 08167 9573-0

Lernen · Wissen · Zukunft
STARK